Die Diskussion um das Verhältnis von Rechtsanwaltschaft und Notariat
seit dem Ende des 18. Jahrhunderts bis zum Erlass der Bundesnotarordnung

Rechtshistorische Reihe

Band 437

Peter Lang
Frankfurt am Main · Berlin · Bern · Bruxelles · New York · Oxford · Wien

Martin Komusiewicz

Die Diskussion um das Verhältnis von Rechtsanwaltschaft und Notariat seit dem Ende des 18. Jahrhunderts bis zum Erlass der Bundesnotarordnung

Peter Lang
Internationaler Verlag der Wissenschaften

Bibliografische Information der Deutschen Nationalbibliothek
Die Deutsche Nationalbibliothek verzeichnet diese Publikation in der Deutschen Nationalbibliografie; detaillierte bibliografische Daten sind im Internet über http://dnb.d-nb.de abrufbar.

Zugl.: Jena, Univ., Diss., 2012

Die vorliegende Arbeit wurde von
Prof. Dr. Gerhard Lingelbach zur Aufnahme
in die Reihe empfohlen.

Umschlagabbildung:
Justitia. Allegorie der Gerechtigkeit.
Druck aus dem 17. Jahrhundert.

27
ISSN 0344-290X
ISBN 978-3-631-62595-8

Für Arthur und Christoph

Vorwort

Die vorliegende Arbeit wurde im Wintersemester 2011/2012 von der Rechtswissenschaftlichen Fakultät der Friedrich-Schiller-Universität Jena als Dissertation angenommen.

Mein besonderer Dank gilt Frau Professor Dr. Elisabeth Koch für die freundliche und überaus engagierte Betreuung und ihre stete Gesprächsbereitschaft. Herrn Professor Dr. Gerhard Lingelbach möchte ich für die umgehende und sorgfältige Erstellung des Zweitgutachtens und dafür danken, dass er die Arbeit zur Aufnahme in die „Rechtshistorische Reihe" empfohlen hat.

Herzlich bedanken möchte ich mich auch bei meiner Frau Susann und meinen Eltern, deren Unterstützung diese Arbeit erst ermöglicht hat.

Jena, im August 2012

Martin Komusiewicz

Inhaltsverzeichnis

A. Einleitung

Die Diskussion über die optimale Form des Notariats wird seit langer Zeit geführt. Als das Rheinland nach der Niederlage Napoleons an Preußen fiel, trafen zwei Notariatsformen aufeinander: das preußische mit der Advokatur verbundene Notariat und das französische Nur-Notariat. Während die Altpreußen fortan das preußische System der Verbindung auch im Rheinland etablieren wollten, kämpften die Rheinländer um ihr rheinisches Recht und das selbständige Notariat. Es gelang ihnen weitgehend, die Einführung des preußischen Systems im Rheinland zu verhindern, sie vermochten allerdings nicht, dem Nur-Notariat in ganz Preußen zum Durchbruch zu verhelfen.

Da sich die Diskussion bis zur Reichsgründung vornehmlich in Preußen abgespielt hat, beschränkt sich die nachfolgende Darstellung zunächst im Wesentlichen auf dieses Territorium und konzentriert sich anschließend auf das Deutsche Reich und die Bundesrepublik Deutschland. Ausführungen zu anderen Gebieten gibt es nur dort, wo es für die generelle Behandlung der Frage relevant ist.

Im ersten Teil der Arbeit wird der zeitliche Ablauf der Diskussion bis zum Erlass der Bundesnotarordnung dargestellt. Dabei konzentriert sich die Schilderung auf die Zeit ab dem Ende des 18. Jahrhunderts.

Im zweiten Teil der Arbeit folgt die inhaltliche Darstellung der Diskussion. Hier sollen die für und wider die Verbindung des Notariats mit der Advokatur vorgetragenen Argumente geordnet und auf ihre Berechtigung überprüft werden.

Daran schließt sich eine Zusammenfassung der in den beiden ersten Teilen gewonnenen Erkenntnisse an.

B. Zeitliche Darstellung der Diskussion

I. Das Notariat im alten Reich

Schon nach der im Oktober 1512 von Kaiser Maximilian I. erlassenen „Ordnung [...] zu Underrichtung der offenen Notarien, wie die ir Aempter üben sollen“[1] (Reichsnotariatsordnung) war der Notar Träger eines öffentlichen Amtes. In der Notariatsordnung wurde er als „Diener [...] gemeines Nutzens“[2] bezeichnet, durch dessen Amt „Handlung und Willen der Menschen, damit sie nicht in Vergessen gesetzt, durch Mittel der Schrift in ewiger Gedächtnis behalten und durch glaubwürdige offene Urkund befestiget werden“[3] sollten. Ihre Legitimation leiteten die Notare meist zumindest indirekt vom Papst oder Kaiser ab.[4] Daneben konnten jedoch auch Könige und Städte für ihre Territorien Notare ernennen.[5] Der Notar versah eine amtliche Tätigkeit, übte jedoch keine hoheitliche Gewalt aus.[6] Tätig werden durfte er nur, wenn die Parteien ihn darum gebeten oder ihn dazu aufgefordert hatten; nach der entsprechenden Aufforderung war der Notar dann allerdings zur Amtsausführung verpflichtet.[7] Weiter waren die Notare nach der Reichsnotariatsordnung zur persönlichen Amtsausübung[8], zur Verschwiegenheit[9], zur Belehrung der Parteien[10] verpflichtet und an das Recht gebunden[11]. Die Pflicht des Notars zur Unparteilichkeit war in der Reichsnotariatsordnung nicht ausdrücklich normiert; sie ergab sich jedoch daraus, dass der Notar nicht als rechtsberatender Beruf, sondern als besonderer Zeuge begriffen wurde, und dass man in eigenen Angelegenheiten nicht Zeuge sein konnte.[12]

---

1 Oesterley, Das deutsche Notariat, Bd. 1, S. 504 f.; Grziwotz, Kaiserliche Notariatsordnung, S. 35.

2 § 15 Reichsnotariatsordnung (RNO), zitiert nach: Senckenberg/Schmauß, Bd. II, S. 151 ff. Faksimile der Urfassung abgedruckt bei: A. Meyer, Die Notariatsordnungen von 1512 und 1871, S. 65 ff.

3 Präambel der RNO, Senckenberg/Schmauß, Bd. II, S. 152.

4 Conrad, DNotZ 1960, S. 3, 27; Oesterley, Das deutsche Notariat, Bd. 1, S. 134.

5 Trusen, in: GS Conrad, S. 549; ders., in: Classen (Hrsg.), Recht und Schrift im Mittelalter, S. 211.

6 Conrad, DNotZ 1960, S. 3, 27; Grziwotz, Kaiserliche Notariatsordnung, S. 48.

7 Vgl. §§ 3, 5, 15 RNO, Senckenberg/Schmauß, Bd. II, S. 153 f., 157.

8 Vgl. §§ 6, 7, 8, 10 RNO, Senckenberg/Schmauß, Bd. II, S. 154 ff.

9 Vgl. § 23 RNO, Senckenberg/Schmauß, Bd. II, S. 159.

10 Vgl. Teil IV. § 2 RNO, Senckenberg/Schmauß, Bd. II, S. 165.

11 Vgl. § 15 RNO, Senckenberg/Schmauß, Bd. II, S. 157.

12 Conrad, DNotZ 1960, S. 3, 30; Grziwotz, Kaiserliche Notariatsordnung, S. 58; Vogel, Gemeinrechtliches Notariat, S. 155 f.

Die Reichsnotariatsordnung galt bis zur Auflösung des Reichs im Jahre 1806 als gemeinsame Rechtsgrundlage des deutschen Notariats fort.[13] Im Laufe der Zeit begannen die Landesherren allerdings zunehmend, die landesherrliche Zulassung kaiserlicher Notare zu verlangen[14] oder sogar das Recht der ausschließlichen Ernennung der Notare für sich zu beanspruchen[15].

Über das Verhältnis von Notariat und Advokatur enthielt die Reichsnotariatsordnung selbst keine Regelung. Eine solche findet sich zuerst in einem Edikt Kaiser Karls V. vom 3. August 1548.[16] Das Edikt schildert, dass viele Notare Parteien beraten und vertreten und „des Heiligen Reichs Rechten zuwider sich in derselben Sachen auch als Notarien [...] gebrauchen lassen“[17] und verbietet dem Notar das Auftreten als Rechtsberater einer Partei in einer Sache, mit der er bereits als Notar vorbefasst war.[18] Die Reichskammergerichtsordnung von 1555 wiederholt diese Regelung.[19]

Die Verbindung des Notariats mit anderen Berufen war üblich, da das Notariat allein oft nicht als Lebensgrundlage ausreichte. Die Notare waren oft auch als Prokuratoren und Advokaten tätig oder hatten zugleich kirchliche oder städtische Ämter inne.[20]

Das Edikt vom 3. August 1548 und die Wiederholung der darin enthaltenen Regelung in der Reichskammergerichtsordnung von 1555 belegen, dass es die Verbindung des Notariats mit der Advokatur bereits zu dieser Zeit gab und dass das Problem einer möglichen Interessenkollision bei gleichzeitiger Tätigkeit als Advokat oder Prokurator und als Notar bereits im 16. Jahrhundert bekannt war. Es wurde so gelöst, dass bei Vorbefassung als Notar eine Tätigkeit als Sachwalter in dieser Angelegenheit unzulässig war. Abgesehen von diesen Fällen war es den Notaren gestattet, als Prokurator oder Advokat tätig zu werden.[21] Dabei ist aufgrund der in dem Edikt von 1548 gewählten Formulierung „des Heiligen

---

13 Vogel, Gemeinrechtliches Notariat, S. 66.

14 Vgl. Conrad, DNotZ 1960, S. 3, 12; Oesterley, Das deutsche Notariat, Bd. 1, S. 532 ff.

15 Oesterley, Das deutsche Notariat, Bd. 1, S. 543 ff.

16 Abgedruckt bei: Schmauß, Corpus Juris Publici, S. 463 f.

17 Schmauß, Corpus Juris Publici, S. 464.

18 Ebenda. Zu diesem Ergebnis gelangen auch Conrad, DNotZ 1960, S. 3, 13 und Vogel, Gemeinrechtliches Notariat, S. 157 f.

19 Vgl. 1. Teil, Titel 39, § 2 der Reichskammergerichtsordnung 1555, abgedruckt bei: Senckenberg/Schmauß, Bd. III, S. 73.

20 Vgl. Conrad, DNotZ 1960, S. 3, 13; Vogel, Gemeinrechtliches Notariat, S. 156 f., 206 ff.

21 So auch Conrad, DNotZ 1960, S. 3, 13; Vogel, Gemeinrechtliches Notariat, S. 157 f.; Mihm, Berufsrechtliche Kollisionsprobleme beim Anwaltsnotar, S. 38; U. Meyer, Die Abgrenzung von anwaltlicher und notarieller Tätigkeit beim Anwaltsnotar, S. 6.

Reichs Rechten zuwider“[22] davon auszugehen, dass die beschriebene Tätigkeit als Sachwalter und als Notar in derselben Angelegenheit schon vor seinem Erlass für unzulässig erachtet worden war und nun erstmals ausdrücklich verboten wurde.

II. Die Situation um 1800

1. Preußen

In Preußen hatte man schon Anfang des 18. Jahrhunderts damit begonnen, das Notariat als landesrechtliches Institut auszugestalten.

So legte bereits die neumärkische verbesserte Kammergerichtsordnung vom 11. Dezember 1700 fest, dass Notare „im rechten studiret haben, und deßhalben von der Universität…ein gutes Zeugniß bringen“ müssen.[23] Mit Schreiben vom 30. Juli 1708 führte der preußische König die Pflicht zur Examinierung und Immatrikulation für die Notare ein.[24] Die „Neu verfaßte Cammer-Gerichts-Ordnung in der Chur und Marck Brandenburg“ vom 1. März 1709 sah vor, dass sich alle Notare bei Gericht rezipieren lassen mussten.[25] Nachdem man 1724 in Magdeburg die Annahme einer durch einen kaiserlichen Notar zugestellten Appellationsschrift wegen seiner dort fehlenden Rezeption verweigert hatte, kam es zu einem Konflikt zwischen dem Kaiser und dem preußischen König.[26] Trotzdem wurde der einmal eingeschlagene Weg konsequent weiter verfolgt, was schließlich zum Erlass einer eigenständigen Notariatsordnung im Jahre 1771 führte.[27] Die Ausübung des Notariats in Preußen hing von nun an vom Rechtsstudium, dem Bestehen einer Prüfung und der königlichen Bestallung ab.[28]

§ 5 der Instruktion enthielt folgende Regelung über das Verhältnis von Notariat und Advokatur:

> „Die Notarii welche nicht zugleich Advocati sind, müssen sich alles Advocirens und Procurirens in Proceß-Sachen bey der im Codice geordneten Strafe enthalten, auch

---

22 Schmauß, Corpus Juris Publici, S. 464.

23 CCM II 1 No. XCIV, Sp. 219, 257.

24 GStA PK, I. HA Rep. 9 K lit. g II Fasc. 1, fol. 17 f.

25 CCM II, 1 No. CXIX, Sp. 357, 400.

26 Vgl. Weißler, Das Notariat der Preußischen Monarchie, S. 31; Wiedemann, Preußische Justizreformen und die Entwicklung zum Anwaltsnotariat in Altpreußen, S. 54.

27 “Instruction für die Notarien in den Königlichen Preußischen sämtlichen Provintzien“ v. 11. Juli 1771, NCC, Va., Sp. 271-282.

28 Vgl. Müller, Die Entwicklung des Notariats in Deutschland, S. 28.

bey den ausser-gerichtlichen Handlungen, worüber sie ein Instrument aufnehmen sollen, niemahlen die vices mandatarii einer Parthey zugleich übernehmen.

Ist der Notarius zugleich Advokat, so kann er so wenig zum Behuf eines Processes, worinn er advocando dient, eine Notariat-Handlung verrichten, noch in einer Sache, worinn er ein Instrument aufgenommen, nachher einer der Partheyen advocando bedient seyn."[29]

Notare durften also nur dann advozieren oder prokurieren, wenn sie zugleich Advokat waren. Waren sie mit einer Angelegenheit als Advokat oder als Notar vorbefasst, so war in dieser Angelegenheit eine Tätigkeit in der jeweils anderen Funktion ausgeschlossen.

Die Carmersche[30] Gesetzgebung schaffte 1780 die Advokaten ab und führte an ihrer Stelle Assistenzräte und Justizkommissare ein.[31] Die Assistenzräte versahen ein Richteramt und wurden den Parteien eines Rechtsstreits, die persönlich vor Gericht zu erscheinen hatten, beigeordnet. In erster Linie hatten sie dem Gericht bei Sammlung des Tatsachenstoffs zu assistieren und den Prozessgang zu kontrollieren. Nur bei der Erörterung der Rechtslage waren sie als Beistände der Parteien anzusehen.[32]

Ehemalige Advokaten, die nicht zum Assistenzrat geeignet, aber dennoch brauchbar waren, erhielten das Amt eines Justizkommissars als Entschädigung.[33] Die Justizkommissare wurden mit der Beratung und Vertretung in außergerichtlichen Rechtsangelegenheiten betraut.[34] Daneben war ihnen das Notariat vorbehalten.[35] Die Parteivertretung in anhängigen Prozessen war den Justizkommissaren zunächst hingegen nicht gestattet.[36] Neu an diesem System war „die grundsätzliche Trennung des Notariats von der Advokatur."[37]

29 NCC, Va., Sp. 273.

30 Benannt nach Johann Heinrich Casimir von Carmer, der 1779 die Nachfolge des aufgrund des Müller-Arnold-Prozesses entlassenen Großkanzlers von Fürst angetreten hatte.

31 Vgl. hierzu die ausführliche Darstellung bei Wiedemann, Preußische Justizreformen und die Entwicklung zum Anwaltsnotariat in Altpreußen, S. 93 ff.

32 CJF, 1. Buch, 3. Teil, 3. Titel, § 22.

33 Rescript v. 18. Dezember 1780, NCC, VI., Sp. 3091, 3098 f. Vgl. auch Weißler, Die Umbildung der Anwaltschaft unter Friedrich dem Großen, S. 129; Müller, Die Entwicklung des Notariats in Deutschland, S. 31.

34 CJF, 1. Buch, 3. Teil, 7. Titel, §§ 4, 13.

35 CJF, 1. Buch, 3. Teil, 7. Titel, §§ 3, 4, 13.

36 CJF, 1. Buch, 3. Teil, 7. Titel, §§ 27, 28.

37 Weißler, Zur Geschichte des Preußischen Notariats, S. 39. Vgl. dazu auch die Einschätzung von Wiedemann, Preußische Justizreformen und die Entwicklung zum Anwaltsnotariat in Altpreußen, S. 217.

Da sich die Institution der Assistenzräte nicht bewährte und die Pflicht der Parteien zum persönlichen Erscheinen vor Gericht sich als nicht praktikabel erwies, wurden die Justizkommissare schon kurze Zeit später wieder als Prozessbevollmächtigte der Parteien zugelassen.[38] Jedenfalls ab diesem Zeitpunkt können die Justizkommissare als Advokaten angesehen werden,[39] so dass man erstmals von einer notwendigen Verbindung von Advokatur und Notariat sprechen kann.[40]

Die Allgemeine Gerichtsordnung für die Preußischen Staaten von 1793/95 sah weiterhin die Verbindung von Justizkommissariat und Notariat vor, allerdings mit der Einschränkung, dass nicht jeder Justizkommissar notwendig auch Notar war. Die jungen Leute sollten zunächst „nur als Justizkommissare angesetzt und ihnen das Notariat erst in der Folge, wenn sie sich dazu noch mehr qualifiziert haben, anvertraut werden."[41] Nach § 26, 3. Teil, 7. Titel AGO durfte der Notar im Falle der außergerichtlichen Vorbefassung für einen der Beteiligten nur dann beurkunden, wenn er den anderen Beteiligten darüber aufgeklärt und dieser keine Einwände gegen die Aufnahme durch ihn erhoben hatte.[42]

2. Das Rheinland

Durch die Verordnung vom 24. Juli 1798 wurde im zum damaligen Zeitpunkt unter französischer Verwaltung stehenden Rheinland das französische Notariatsrecht auf der Grundlage des Dekrets vom 6. Oktober 1791 eingeführt.[43] Das Notariat wurde zu einem öffentlichen, auf Lebenszeit übertragenen Amt. Nach dem

38 Zunächst durch Reskript an die Pommersche Regierung v. 20. November 1782, NCC, VI., Sp. 1709 ff. und durch Reskript an das Kammergericht v. 6. Januar 1783, NCC, VII., Sp. 1967 ff. Allgemein durch "Circulare an sämtliche Regierungen und Ober-Landes-Justiz-Collegia" v. 20. September 1783, NCC, VII., Sp. 2395 ff.

39 Weißler, Die Umbildung der Anwaltschaft unter Friedrich dem Großen, S. 160; Müller , Die Entwicklung des Notariats in Deutschland, S. 36; Bomsdorf, Prozeßmaximen und Rechtswirklichkeit, S. 85; Wiedemann, Preußische Justizreformen und die Entwicklung zum Anwaltsnotariat in Altpreußen, S. 112 f., 133.

40 Von dieser notwendigen Verbindung waren nach einem Erlass v. 31. Mai 1781 lediglich zweifelhafte Justizkommissare ausgenommen, vgl. Weißler, Die Umbildung der Anwaltschaft unter Friedrich dem Großen, S. 131.

41 AGO, 3. Teil, 7. Titel, § 9.

42 Meerkatz, Systematisches Handbuch der freiwilligen Gerichtsbarkeit, S. 238 f.

43 Weisweiler, Rheinpreußisches Notariat, Bd. 1, S. 77 f.; Conrad, DNotZ 1960, S. 3, 20; Bockemühl, 150 Jahre Rheinpreußisches Notariat, in: Klein/Bockemühl (Hrsg.), Weltgeschichte am Rhein erlebt, S. 292.

Dekret war neben anderen Tätigkeiten auch die Advokatur mit dem Amt eines Notars unvereinbar.[44]

Nachdem das Rheinland an Frankreich gefallen war, wurde das Dekret von 1791 im Jahre 1803 durch das „Gesetz über die Organisation des Notariats“ (Ventôse-Gesetz) ersetzt.[45] Der Notar war nun der für die Aufnahme von Urkunden über Rechtsakte und Verträge ausschließlich zuständige „öffentliche Beamte“.[46] Das Gesetz hielt an der Unvereinbarkeit des Notariats mit der Advokatur und anderen Ämtern, wie z. B. dem des Richters oder dem des Staatsanwalts, fest[47] und führte zur vollständigen Trennung zwischen freiwilliger und streitiger Gerichtsbarkeit.[48] Im rechtsrheinischen Großherzogtum Berg erließ Napoleon am 29. Januar 1811 die bergische Notariatsordnung, bei der es sich um eine Weiterentwicklung des französischen Notariats nach dem Ventôse-Gesetz handelte.[49]

3. Zwischenergebnis

Die Abschaffung der Advokatur durch die Carmersche Gesetzgebung führte in Preußen zur Trennung des Notariats von der Advokatur, noch bevor im Rheinland das selbständige Notariat nach französischem Vorbild eingeführt wurde. Allerdings war die Trennung in Preußen nur von kurzer Dauer. Weil sich das Institut der Assistenzräte nicht bewährte und die Justizkommissare deshalb wieder zur Parteivertretung im Prozess zugelassen wurden, gab es hier erstmals eine notwendige Verbindung der Advokatur mit dem Notariat.

---

44 Titre I, section II art. 3.

45 Loi contenant organisation du Notariat du 25 Ventôse XI (16. März 1803). Text im Bulletin des Lois de la Republique, N. 2440.

46 Art. 1 des Ventôse-Gesetzes.

47 Art. 7 des Ventôse-Gesetzes.

48 Vgl. Conrad, DNotZ 1960, S. 3, 19 f.; Schubert, in: Schmoeckel/Schubert (Hrsg.), Handbuch zur Geschichte des Notariats der europäischen Traditionen, S. 212.

49 Weisweiler, Rheinpreußisches Notariat, Bd. 1, S. 228 f.

III. Die Entwicklung in der ersten Hälfte des 19. Jahrhunderts

1. Die Entwicklung im Rheinland nach dem Sieg über Napoleon

Nach dem Sieg über Napoleon fielen zunächst nur die früheren preußischen Gebiete am Rhein wieder an Preußen zurück. Dort wurde in der Folgezeit das preußische Recht wieder eingeführt.

Auf dem Wiener Kongress wurden auch die Rheinlande dem König von Preußen zugesprochen. Zunächst wurden die Provinzen Jülich-Kleve-Berg und Niederrhein geschaffen, die später zur preußischen Rheinprovinz verbunden wurden.[50] Auch in diesem Gebiet beabsichtigte der preußische Justizminister *von Kircheisen*, das preußische Recht einzuführen.[51] Zu diesem Zweck setzte er den Präsidenten des Oberlandesgerichts Münster, *Christoph Wilhelm Heinrich Sethe*, als Justiz-Organisations-Kommissar für die Rheinprovinzen ein, der die Einführung der Preußischen Gesetze und der Preußischen Gerichtsordnung in den Rheinlanden vorbereiten sollte.[52] Dieses Vorhaben stieß jedoch auf den Widerstand der Rheinländer, die das französische Recht inzwischen als rheinisches Recht betrachteten.[53] Aus diesem Grund setzte *Friedrich Wilhelm III.* – dem Rat *Hardenbergs* folgend – durch Kabinettsorder vom 20. Juni 1816 die „Rheinische Immediat-Justiz-Kommission" ein.[54]

---

50 Durch Kabinettsordre v. 22. Juni 1822, vgl. Conrad, in: Wolffram/Klein (Hrsg.), Recht und Rechtspflege in den Rheinlanden, S. 85

51 Landsberg, Das rheinische Recht und die rheinische Gerichtsverfassung, in: Hansen (Hrsg.), Die Rheinprovinz 1815-1915, S. 151; Bockemühl, 150 Jahre Rheinpreußisches Notariat, in: Klein/Bockemühl (Hrsg.), Weltgeschichte am Rhein erlebt, S. 293; Klein, Eine geschichtliche Einführung in die Lebenserinnerungen Christoph Wilhelm Henrich Sethes, in: Klein/Bockemühl (Hrsg.), Weltgeschichte am Rhein erlebt, S. 49.

52 Landsberg, Die Gutachten der Rheinischen Immediat-Justiz-Kommission, S. XXX unter Hinweis auf das Kommissorium v. 18. Juli 1815.

53 Bockemühl, 150 Jahre Rheinpreußisches Notariat, in: Klein/Bockemühl (Hrsg.), Weltgeschichte am Rhein erlebt, S. 293; Klein, Eine geschichtliche Einführung in die Lebenserinnerungen Christoph Wilhelm Henrich Sethes, in: Klein/Bockemühl (Hrsg.), Weltgeschichte am Rhein erlebt, S. 49.

54 Landsberg, Das rheinische Recht und die rheinische Gerichtsverfassung, in: Hansen (Hrsg.), Die Rheinprovinz 1815-1915, S. 152 f.; Conrad, in: Wolffram/Klein (Hrsg.), Recht und Rechtspflege in den Rheinlanden, S. 85; Klein, Eine geschichtliche Einführung in die Lebenserinnerungen Christoph Wilhelm Henrich Sethes, in: Klein/Bockemühl (Hrsg.), Weltgeschichte am Rhein erlebt, S. 49; ders., Hardenbergs letzte Reform, in: Laum/Klein/Strauch (Hrsg.), Rheinische Justiz, S. 41; Kleensang, Zur

Wesentliche Aufgabe der Immediat-Justiz-Kommission war neben der Verwaltung der Rheinischen Justiz als Justiz-Ministerial-Behörde und der Erarbeitung eines Regulativs für das Verhältnis zwischen Gerichts- und Verwaltungsbehörden vor allem die Vorbereitung der materiellen Gesetzgebung und der Gerichtsverfassung in den Rheinlanden.[55] Neben *Sethe* als Vorsitzendem gehörten der Kommission zunächst der Ober-Appellations-Rat *Bölling* und der Justiz-Commissar *Simon* an,[56] später kamen noch der Aachener Tribunals-Präsident *Fischenisch*, der Appellationsrat *Schwartz* und der Justizrat *Müller* hinzu, wobei die beiden Letztgenannten wohl hauptsächlich die Aufgaben der laufenden Verwaltung erfüllt haben.[57] Zudem wurde die Arbeit der Kommission von *Heinrich Gottfried Wilhelm Daniels* unterstützt, der ihr jedoch nicht angehörte, sondern Mitglied des Staatsrates war.[58]

In der Kabinettsorder vom 20. Juni 1816 hieß es:

> „Ich will, daß das Gute überall, wo es sich findet, benutzt und das Rechte anerkannt werde, daß daher die Kommission überall ohne vorgefaßte Meinungen zu Werke gehe und mit allen dortigen Gerichtshöfen und rechtsgelehrten Männern, sie mögen in einem Justiz-Amte stehen oder nicht, wo sie nützliche und erfahrungsreiche Mittheilung zu vermuthen glaubt, sich in Verbindung setze. Auch Institute und Einrichtungen in der Justiz-Verwaltung, welche aus der Lage der dortigen Verhältnisse als nothwendig und überwiegend nützlich sich ergeben, sollen deshalb, weil sie sich nicht in dieser Art in Meinen übrigen Staaten finden, nicht verworfen, sondern nur in eine Richtung gebracht werden, als sie der Zusammenhang mit dem Ganzen verträgt.“[59]

Ob es sich dabei nur um eine diplomatische Redewendung handelte,[60] ob die Einsetzung der Immediat-Justiz-Kommission auf die Einführung des preußi-

---

Geschichte des preußischen Notariats, in: Rheinische Notarkammer/Verein für das Rheinische Notariat e.V. (Hrsg.), Notar und Rechtsgestaltung, S. 635.

55 Kabinettsorder v. 20. Juni 1816, abgedruckt bei: Lottner, Sammlung, Bd. 1, S. 414 ff. Vgl. auch § 6 der Instruction der Immediat Justiz Commission für die Rheinprovinzen v. 8. Juli 1816, abgedruckt bei: Landsberg, Zeitschrift für Politik 1913, S. 171, 177.

56 § 4 S. 1 der Instruction v. 8. Juli 1816, abgedruckt bei: Landsberg, Zeitschrift für Politik 1913, S. 176.

57 Landsberg, Die Gutachten der Rheinischen Immediat-Justiz-Kommission, S. LIV f.; Klein, Hardenbergs letzte Reform, in: Laum/Klein/Strauch (Hrsg.), Rheinische Justiz, S. 43.

58 Landsberg, Die Gutachten der Rheinischen Immediat-Justiz-Kommission, S. LVII; Klein, Hardenbergs letzte Reform, in: Laum/Klein/Strauch (Hrsg.), Rheinische Justiz, S. 45.

59 Lottner, Sammlung, Bd. 1, S. 414, 416.

60 So ausdrücklich Becker, JuS 1985, S. 338, 340.

schen Rechts abzielte[61] oder ob Hardenberg auf diesem Wege eine „französische Lösung“ herbeiführen wollte[62], soll hier nicht erörtert werden. Im Rheinland wurde die Kabinettsorder jedenfalls stets so interpretiert, dass das Gute auch dann benutzt und das Rechte auch dann anerkannt werden solle, wenn es sich in den französischen Gesetzen findet.[63]

Ein Gegenstand, mit dem sich die Immediat-Justiz-Kommission im Rahmen der materiellen Gesetzgebung und Gerichtsverfassung befassen sollte, war die Frage der Trennung von freiwilliger und streitiger Gerichtsbarkeit.[64] Dazu hatte sie „alle Gründe, welche dafür oder dagegen sprechen, mit Sorgfalt aufzusuchen und zu erwägen, ob und mit welchen etwaigen Modificationen ... [sie] beizubehalten, oder was dagegen aus unserer Verfassung zu substituiren sey.“[65]

Die Kommission informierte die Öffentlichkeit am 4. November 1816 darüber, dass der König die altpreußischen Gesetze in den Rheinprovinzen einführen wolle und dass dabei „dasjenige, was die bisherige Rechts- und Gerichts-Verfassung in diesen neuen Provinzen Besseres und Vorzüglicheres aufzuweisen haben könnte, nicht untergehen, sondern in das preußische Rechtssystem aufgenommen, und demselben konsequent angeeignet werden möge.“[66] Gleichzeitig rief sie die sachkundige Bevölkerung dazu auf, sich zu den im Einzelnen aufgeführten Rechtsmaterien zu äußern.[67]

Die rheinische Bevölkerung kam diesem Aufruf nach und gab zahlreiche Stellungnahmen ab, in denen sie sich fast einmütig für die Beibehaltung des französischen Rechts aussprach. Die Gegenstimmen zugunsten des preußischen Rechts blieben in der Minderheit.[68]

1818 stellte die Immediat-Justiz-Kommission ihre Gutachten über die Gesetzgebung fertig. Auch sie sprach sich im Wesentlichen für die Beibehaltung

---

61 Landsberg, Die Gutachten der Rheinischen Immediat-Justiz-Kommission, S. XLII f.

62 In diesem Sinne Klein, Hardenbergs letzte Reform, in: Laum/Klein/Strauch (Hrsg.), Rheinische Justiz, S. 41.

63 Klein, Hardenbergs letzte Reform, in: Laum/Klein/Strauch (Hrsg.), Rheinische Justiz, S. 42.

64 § 14 d) der Instruction v. 8. Juli 1816, abgedruckt bei: Landsberg, Zeitschrift für Politik 1913, S. 179.

65 § 14 S. 2 der Instruction v. 8. Juli 1816, abgedruckt bei: Landsberg, Zeitschrift für Politik 1913, S. 180.

66 Niederrheinisches Archiv für Gesetzgebung, Rechtswissenschaft und Rechtspflege, Bd. 1, S. 7, 9.

67 Niederrheinisches Archiv für Gesetzgebung, Rechtswissenschaft und Rechtspflege, Bd. 1, S. 7, 12 f.

68 Vgl. Klein, Hardenbergs letzte Reform, in: Laum/Klein/Strauch (Hrsg.), Rheinische Justiz, S. 46.

des französischen Rechts aus.[69] Im Mai 1818 übersandte sie die Akten mit dem Gutachten über das Notariat nach Berlin.[70] Die Mehrheit der Kommission kam in diesem Gutachten zu dem Ergebnis,

> „die Vereinigung der streitigen mit der sogenannten freiwilligen Gerichtsbarkeit, und namentlich die theilweise Beibehaltung des zugleich mit der Advokatur verbundenen Notariats als eine sich selbst widersprechende und ihren nächsten Zweck verfehlende Einrichtung in diesen Rheinprovinzen nicht einzuführen; vielmehr die hier von jeher gekannte und angewöhnte Notariatsverfassung, jedoch in einer vollkommener und besser organisierten Art und Form beizubehalten."[71]

Nach dem Eingang der Gutachten wies *Hardenberg* den für die Gesetzgebung zuständigen Minister *Carl Friedrich von Beyme* an, die Gutachten in seinem Ministerium gemeinsam mit *Eichhorn* und *Daniels* auszuwerten.[72] In seinem Votum vom 27. Juni 1818 schlug *von Beyme* vor, entsprechend den Vorschlägen der Immediat-Justiz-Kommission zu verfahren und verfasste einen entsprechenden Instruktions-Entwurf.[73]

Dies veranlasste den Justizminister *von Kircheisen*, seine entgegengesetzte Überzeugung in einem Gegengutachten darzulegen.[74] Hierauf erwiderte *Daniels* in seinem Bericht vom 14. Juli 1818, dass der Schwebezustand der rheinischen Justizverfassung dringend beseitigt werden müsse und dass man vor Einführung der preußischen Gesetzgebung in den Rheinprovinzen am besten die bereits vom König angeordnete Revision abwarten und solange die französischen Gesetze fortgelten lassen solle.[75]

Diesem Vorschlag stimmten *Hardenberg*, der König und sämtliche Minister zu. Durch Kabinettsorder und Instruktion vom 19. November 1818 bestimmte

---

69 Klein, Eine geschichtliche Einführung in die Lebenserinnerungen Christoph Wilhelm Henrich Sethes, in: Klein/Bockemühl (Hrsg.), Weltgeschichte am Rhein erlebt, S. 51.

70 Bockemühl, 150 Jahre Rheinpreußisches Notariat, in: Klein/Bockemühl (Hrsg.), Weltgeschichte am Rhein erlebt, S. 294.

71 Gutachten der IJK über das Notariat, LArch NRW, Abteilung Rheinland, Immediat-Justiz-Kommission Nr. 63, fol. 61 f. Auch abgedruckt in: Klein/Bockemühl (Hrsg.), Weltgeschichte am Rhein erlebt, S. 303, 339.

72 Klein, Hardenbergs letzte Reform, in: Laum/Klein/Strauch (Hrsg.), Rheinische Justiz, S. 49; Landsberg, Die Gutachten der Rheinischen Immediat-Justiz-Kommission, S. XCIV.

73 Landsberg, Die Gutachten der Rheinischen Immediat-Justiz-Kommission, S. CIII.

74 Votum des Justizministers v. Kircheisen betreffend die Organisation der Justiz in den Rheinprovinzen, in Bezug auf die von der Königlichen Immediat-Justiz-Kommission zu Cöln gemachten Vorschläge, abgedruckt bei: Landsberg, Die Gutachten der Rheinischen Immediat-Justiz-Kommission, S. 281 ff.

75 Bericht von Daniels nebst Begleitschreiben, abgedruckt bei: Landsberg, Die Gutachten der Rheinischen Immediat-Justiz-Kommission, S. 351 ff.

der König, die in den Rheinlanden geltenden Gesetze einschließlich der Gerichtsverfassung bis zum Abschluss der 1817 angeordneten Revision der preußischen Gesetze beizubehalten.[76] Damit war auch entschieden, dass das Nur-Notariat im Rheinland zunächst fortbestehen sollte.[77]

Allerdings bestand das Problem, dass es in Rheinpreußen zwei Notariate gab. Links des Rheins galt das französische Notariat nach dem Ventôse-Gesetz, auf der rechten Rheinseite die bergische Notariatsordnung von 1811.[78] Nach anfänglichen Überlegungen, den räumlichen Geltungsbereich der bergischen Notariatsordnung auf die linksrheinischen Gebiete der Rheinprovinz auszudehnen,[79] entschloss man sich dazu, beide Notariatsgesetze aufzuheben und durch eine einheitliche Notariats- und Taxordnung zu ersetzen.[80]

Am 25. April 1822 wurde die „Verordnung und Taxordnung für die Notarien in den Niederrheinischen Provinzen" erlassen.[81] Entsprechend dem französischen Vorbild wurde das Nur-Notariat beibehalten: Nach Art. 5 dieser Verordnung war den Notaren weder die Bekleidung eines anderen öffentlichen Amtes noch die Ausübung der Advokatur gestattet.[82]

Da die Revision der preußischen Gesetze nicht abzusehen war, ordnete der König am 9. Dezember 1824 an, die preußische Gesetzgebung unabhängig von ihrer Revision in der Rheinprovinz einzuführen.[83] Im Oktober 1826 wurde der rheinische Provinziallandtag davon unterrichtet.[84] Der Landtag sollte einen Ausschuss einsetzen, der darüber beraten sollte, was bei der Einführung des preußischen Rechts vom rheinischen Provinzialrecht beizubehalten sei.[85]

Doch es regte sich erneut Widerstand gegen die Einführung der preußischen Gesetzgebung. Zahlreiche Stadträte verfassten Petitionen für die Beibehaltung des französischen Rechts. Auch die Mehrheit des Landtages stimmte gegen das

---

76 § 4 der Kabinetts-Ordre und Instruktion für v. Beyme v. 19. November 1818, abgedruckt bei: Landsberg, Die Gutachten der Rheinischen Immediat-Justiz-Kommission, S. 367, 368.

77 So auch Weisweiler, Rheinpreußisches Notariat, Bd. 2, S. 65 f.; Kleensang, Zur Geschichte des preußischen Notariats, in: Rheinische Notarkammer/Verein für das Rheinische Notariat e.V. (Hrsg.), Notar und Rechtsgestaltung, S. 680; Wiedemann, Preußische Justizreformen und die Entwicklung zum Anwaltsnotariat in Altpreußen, S. 169.

78 Weisweiler, Rheinpreußisches Notariat, Bd. 2, S. 66 f.

79 Weisweiler, Rheinpreußisches Notariat, Bd. 2, S. 67 f., 74.

80 Weisweiler, Rheinpreußisches Notariat, Bd. 2, S. 110.

81 Gesetz-Sammlung für die Königlichen Preußischen Staaten 1822, S. 109 ff.

82 Gesetz-Sammlung für die Königlichen Preußischen Staaten 1822, S. 109.

83 Landsberg, Das rheinische Recht und die rheinische Gerichtsverfassung, in: Hansen (Hrsg.), Die Rheinprovinz 1815-1915, S. 157.

84 Bornhak, Preußische Staats- und Rechtsgeschichte, S. 452.

85 Ebenda.

Vorhaben.[86] Der Ausschuss bat den König darum, mit der Einführung der preußischen Gesetze bis zum Abschluss der Gesetzesrevision zu warten.[87] Im November 1827 versprach der König, die Einführung eines als nachteilig zu erachtenden Provisoriums nicht zu befehlen.[88] Im März 1828 wurde im Staatsministerium noch einmal über die Angelegenheit verhandelt mit dem Ergebnis, dass die Einführung von Allgemeiner Gerichtsordnung, Hypothekenordnung, Kriminalrecht, Kriminalordnung und der ersten drei Titel des zweiten Teils des Allgemeinen Landrechts bis zur Revision verschoben wurde.[89]

Zur Herstellung der Rechtseinheit wurde in der Folgezeit an der Revision der preußischen Gesetze gearbeitet. Die Gesetzrevision scheiterte schließlich, als 1848 das Revisionsministerium aufgehoben wurde. Damit wurde aus der nur als vorübergehend gedachten Beibehaltung der französischen Gesetze in Rheinpreußen ein dauerhafter Zustand.[90]

2. Überlegungen zur Trennung von Notariat und Advokatur in Altpreußen

Auch in Altpreußen gab es Überlegungen, das Notariat von der Advokatur zu trennen. Bereits 1810 hatte der preußische Justizminister *Beyme* dies in Erwägung gezogen. Dabei hatte er zunächst Zweifel daran geäußert, ob die Trennung ohne Entschädigung der Justizkommissare möglich sei.[91] Schließlich wurde davon Abstand genommen, weil „die Prozeßpraxis allein ohne Notariat den Justizkommissarien kein hinlängliches Auskommen verschaffe“.[92]

Unter dem Justizminister *von Kamptz* wurde 1833 erneut vorgeschlagen, das Notariat vom Justizkommissariat zu trennen. Nach dem vom Revisor vorgelegten „Entwurf eines Gesetzes über die Justiz-Einrichtung“ sollten die Advokaten „nicht zugleich Notarien seyn“ können.[93] Dies wurde damit begründet, dass sich

---

86 Vgl. Schubert, Der Rheinische Provinziallandtag, in: Schulze (Hrsg.), Französisches Zivilrecht in Europa, S. 132 ff.

87 Bornhak, Preußische Staats- und Rechtsgeschichte, S. 452.

88 Vgl. Schubert, Der Rheinische Provinziallandtag, in: Schulze (Hrsg.), Französisches Zivilrecht in Europa S. 137.

89 Landsberg, Das rheinische Recht und die rheinische Gerichtsverfassung, in: Hansen (Hrsg.), Die Rheinprovinz 1815-1915, S. 163.

90 Bornhak, Preußische Staats- und Rechtsgeschichte, S. 455, Wiedemann, Preußische Justizreformen und die Entwicklung zum Anwaltsnotariat in Altpreußen, S. 210.

91 Reskript v. 3. März 1810, GStA PK I. HA Rep. 84 a, Nr. 40883, fol. 28.

92 Reskript des Justizministers v. Kircheisen v. 20. Oktober 1810, GStA PK I. HA Rep. 84 a, Nr. 40883, fol. 36; auch abgedruckt bei: Mathis, IX., S. 427 f.

93 Vgl. § 280 des Entwurfs, abgedruckt bei: Schubert/Regge (Hrsg.), Gesetzrevision, Bd. 9.1, S. 1043, 1086.

die Eigenschaft als Sachwalter einer Partei nicht mit der für die Beurkundung eines Rechtsgeschäftes erforderlichen Unparteilichkeit der Urkundsperson vertrage.[94]

1835 wurde die Forderung der nach dem Entwurf von 1833 vorgesehenen Trennung des Notariats von der Advokatur aufgegeben. Sie wurde zwar nach wie vor für zweckmäßig erachtet, allerdings sei die „Subsistenz der Justiz-Kommissarien bei den kleinern Land- und Stadtgerichten zuweilen nur dadurch zu sichern …, daß ihnen zugleich das Notariat verliehen wird."[95] Der neue Entwurf sah daher vor, den bei den Untergerichten angestellten Justizkommissaren das Notariat zu verleihen, „wenn ihnen ihre Praxis kein hinreichendes Auskommen gewährt".[96] Auch dieser Entwurf wurde nicht umgesetzt.

Erneut aufgeworfen wurde die Frage der Trennung von Advokatur und Notariat in Altpreußen durch eine mit der Bitte um Erweiterung ihrer Befugnisse verbundene Beschwerde von Berliner Justizkommissar-Notaren über die Beeinträchtigung ihrer Notariatspraxis durch das Kammergericht an König *Friedrich Wilhelm IV.*[97] Dieser sicherte den Beschwerdeführern zu, ihr Anliegen bei der anstehenden Revision der Gerichts-Ordnung in Erwägung zu ziehen, und forderte den Justizminister *Mühler* am 5. März 1842 dazu auf, gutachtlich zu einer möglichen Erweiterung der Kompetenzen der Notare Stellung zu nehmen.[98] *Mühler* wies das Kammergericht und die Oberlandesgerichte unter dem 23. März 1842 an, Gutachten darüber, ob für die Ausdehnung der notariellen Befugnisse ein Bedürfnis bestehe, ob dieses so dringend sei, dass die Gesetzrevision nicht abgewartet werden könne, und darüber zu erstellen, welche Handlungen der freiwilligen Gerichtsbarkeit auch den Notaren zugewiesen werden könnten.[99]

---

94 Motive zu dem vom Revisor vorgelegten Entwurf eines Gesetzes über die Justiz-Einrichtung, abgedruckt bei: Schubert/Regge (Hrsg.), Gesetzrevision, Bd. 9.1, S. 1103, 1129 f.

95 Denkschrift zu den Grundzügen der Justiz-Einrichtung, abgedruckt bei: Schubert/Regge (Hrsg.), Gesetzrevision, Bd. 9.1, S. 1233, 1242 f.

96 § 128 des Entwurfs von 1835, in: Denkschrift zu den Grundzügen der Justiz-Einrichtung, abgedruckt bei: Schubert/Regge (Hrsg.), Gesetzrevision, Bd. 9.1, S. 1233, 1279.

97 Schreiben v. 28. September 1841, GStA PK, I. HA Rep. 84 a, Nr. 48290, fol. 184a – 184c.

98 GStA PK, I. HA Rep. 84 a, Nr. 48290, fol. 184.

99 GStA PK, I. HA Rep. 84 a, Nr. 48290, fol. 185 ff.; GStA PK, I. HA Rep. 84 a, Nr. 48294, fol. 2 (Abschrift).

Die Mehrheit der Gerichte lehnte eine Erweiterung der notariellen Kompetenzen ab,[100] wobei die ablehnende Haltung unter anderem mit der Verbindung von Notariat und Justizkommissariat begründet wurde.[101]

Simon erklärte ebenfalls, es bestünden Zweifel an der Vereinbarkeit von Notariat und Advokatur. Im Fall der Trennung des Notariats von der Advokatur stünde einer im Wesentlichen unbeschränkten Konkurrenz der Notare mit den Gerichten auf dem Gebiet der freiwilligen Gerichtsbarkeit nichts mehr entgegen.[102]

Mühler folgte den gerichtlichen Stellungnahmen und befürwortete in seinem Bericht an den König vom 22. April 1843, die Befugnisse der Notarien nur hinsichtlich der Spezial-Vollmachten und der Proteste trockener Wechsel auszudehnen.[103]

In der Kabinettsorder vom 7. Juni 1843 gab der König seine Meinung kund, es dürfte „ebensowohl zulässig, als im Interesse der Rechtsverwaltung nützlich sein, das Notariat dahin zu erweitern, daß von den nach der gegenwärtigen Gesetzgebung gerichtlich zu vollziehenden Rechtsgeschäften, mit Ausnahme der Testamente, Erbverträge und Fideikommißstiftungen, alle diejenigen Geschäfte, bei denen die Einwirkung des Richters nicht durch ein öffentliches Interesse, durch das Bedürfniß einer besonderen Fürsorge des Staates, oder durch das Erforderniß einer Untersuchung des Sachverhältnisses (causae cognitio) nothwendig gemacht wird, zur Kompetenz der Notarien gewiesen werden“[104], und beauftragte die Minister mit der Prüfung, für welche Rechtsgeschäfte die Notare danach für zuständig erklärt werden könnten.[105]

Mühler erarbeitete einen entsprechenden Gesetzentwurf, der vom Staatsministerium gebilligt wurde. Bei den Beratungen des Gesetzentwurfs im Staatsministerium wurde zunächst befürwortet, das Notariat von der Advokatur zu tren-

---

100 Schubert, in: Schubert/Regge (Hrsg.), Gesetzrevision, Bd. 11.1, S. XLIV; Wiedemann, Preußische Justizreformen und die Entwicklung zum Anwaltsnotariat in Altpreußen, S. 190.

101 Vgl. die Zusammenstellung des wesentlichen Inhalts der vom Kammergericht, sämmtlichen Ober-Landesgerichten und mehreren Untergerichten auf die Verfügung vom 23. März d. J. (1842) erstatteten Berichte, betreffend die Ausdehnung der Befugnisse der Notarien zur Aufnahme von Handlungen der freiwilligen Gerichtsbarkeit, GStA PK, I. HA Rep. 84 a, Nr. 48290, fol. 194 ff.; auch abgedruckt bei: Schubert/Regge (Hrsg.), Gesetzrevision, Bd. 11.3, S. 1298 ff. Anderer Ansicht war insbesondere das Oberlandesgericht Münster, vgl. Schubert/Regge (Hrsg.), Bd. 11.3, S. 1311.

102 Votum v. 12. November 1842, GStA PK, I. HA Rep. 84 a, Nr. 48290, fol. 222 f.

103 GStA PK, I. HA Rep. 84 a, Nr. 48291, fol. 26 ff.

104 GStA PK, I. HA Rep. 84 a, Nr. 48291, fol. 48.

105 Vgl. Schubert, in: Schubert/Regge (Hrsg.), Gesetzrevision, Bd. 11.1, S. XLV.

nen.[106] Im Ergebnis der Beratungen sollte jedoch auf eine Trennung verzichtet und lediglich eine mögliche Interessenkollision geregelt werden.[107] Auch konnte *von Savigny* nicht mit seinem Vorschlag durchdringen, zur Vorbereitung der Trennung, von nun an „keine Notarien in Verbindung mit dem Amte der Justiz-Kommissarien“ mehr anzustellen.[108] In seinem dem Gesetzentwurf beigefügten Bericht an den König vom 30. September 1844 schlug das Staatsministerium vor, zukünftig Justizkommissare nur noch unter der Bedingung zu Notaren zu ernennen, „daß sie im Falle einer künftigen Trennung des Notariats von dem Justiz-Kommissariate das erstere ohne alle Entschädigung niederzulegen verpflichtet seyen“.[109]

Der König beauftragte den Staatsrat mit Prüfung und Begutachtung des Entwurfs.[110] In seinem Gutachten äußerte auch der Staatsrat seine Bedenken an der Zweckmäßigkeit der Verbindung von Advokatur und Notariat: „Für die Partheien entsteht dadurch der Nachtheil, daß der Rathgeber des einen Theils zugleich instrumentirender Notar seyn kann, und die Justiz-Kommissarien werden dadurch nur zu leicht verleitet, auf lukrative Geldgeschäfte, bei denen sie das Amt des Mäklers übernehmen, mehr ihr Augenmerk zu richten, als auf ihren eigentlichen Beruf.“[111]

Am 11. Juli 1845 erließ der König das „Gesetz über das Verfahren bei Aufnahme von Notariatsinstrumenten“ und das „Gesetz über die Form einiger Rechtsgeschäfte“.[112] Jenes regelte in § 6, dass ein Notar in den prozessualischen Angelegenheiten, in denen er einem Beteiligten als Justizkommissar bedient oder bedient gewesen ist, oder wenn er Generalbevollmächtigter einer Partei ist,

---

106 Protokoll Nr. 38b v. 23. Juli 1844, abgedruckt bei: Schubert/Regge (Hrsg.), Gesetzrevision, Bd. 11.3, S. 1338, 1343.

107 Protokoll Nr. 37c v. 16. Juli 1844, abgedruckt bei: Schubert/Regge (Hrsg.), Gesetzrevision, Bd. 11.3, S. 1334, 1337; Protokoll Nr. 38b v. 23. Juli 1844, abgedruckt bei: Schubert/Regge (Hrsg.), Gesetzrevision, Bd. 11.3, S. 1338.

108 Vgl. Relation betreffend die bei der schriftlichen Abstimmung über den Entwurf eines Gesetzes wegen anderweitiger Regulirung der Kompetenz der Notarien und Abänderung des Verfahrens bei Aufnahme notarieller Instrumente vorgebrachten Erinnerungen, abgedruckt bei: Schubert/Regge (Hrsg.), Gesetzrevision, Bd. 11.3, S. 1344, 1363.

109 Bericht des Staatsministeriums v. 30. September 1844, GStA PK, I. HA Rep. 84 a, fol. 262. Auch abgedruckt bei: Schubert/Regge (Hrsg.), Gesetzrevision, Bd. 11.3, S. 1294, 1297.

110 Kabinettsorder v. 14. Oktober 1844, GStA PK, I. HA Rep. 84 a, fol. 262. Auch abgedruckt bei: Schubert/Regge (Hrsg.), Gesetzrevision, Bd. 11.3, S. 1293.

111 Gutachten der Justiz-Abtheilung des Königlichen Staatsraths, abgedruckt bei: Schubert/Regge (Hrsg.), Gesetzrevision, Bd. 11.3, S. 1391, 1393.

112 Gesetzestexte abgedruckt bei: Schubert/Regge (Hrsg.), Gesetzrevision, Bd. 11.3, S. 1443 ff.

keine Handlungen der freiwilligen Gerichtsbarkeit aufnehmen kann.[113] Bei außergerichtlicher Vorbefassung mit der zu beurkundenden Angelegenheit für einen der Beteiligten blieb es bei der Regelung in § 26, 3. Teil, 7. Titel AGO, wonach der Notar in diesen Fällen nur beurkunden durfte, wenn er den anderen Beteiligten darüber aufgeklärt und dieser keine Einwände gegen die Aufnahme durch ihn erhoben hatte.[114]

Damit blieb es bei der Verbindung von Advokatur und Notariat. Die „Bestimmungen über Anstellung, Rechte und Pflichten der Notare" aus der AGO wurden insoweit nicht abgeändert.[115]

Durch die Verordnung vom 2. Januar 1849 wurde für Justizkommissare und Advokaten die neue Bezeichnung „Rechtsanwalt" eingeführt.[116] Eine Veränderung des Wesens des Justizkommissariats war jedoch mit der neuen Bezeichnung nicht verbunden.[117] Die Verordnung sah vor, dass künftig Rechtsanwälten am Obertribunal und an den Appellationsgerichten das Notariat regelmäßig nicht mehr verliehen werden sollte und dass in Städten mit mindestens 50.000 Einwohnern Nur-Notare eingestellt werden sollten.[118] Durch diese Regelung wollte man Interessenkollisionen vermeiden und die Achtung des Rechtsanwalts in der Gesellschaft fördern.[119] Nach der Ansicht von *Weißler* sollte hierdurch die Trennung des Notariats von der Rechtsanwaltschaft vorbereitet werden. Allerdings sei die erste Vorschrift nicht befolgt und von der zweiten kein Gebrauch gemacht worden.[120] Abgesehen von diesen Einschränkungen blieb die Verbindung der Advokatur mit dem Notariat in Altpreußen bestehen. Seit dieser Zeit wird das mit der Rechtsanwaltschaft verbundene Notariat als Anwaltsnotariat bezeichnet.

---

113 Schubert/Regge (Hrsg.), Gesetzrevision, Bd. 11.3, S. 1444.

114 Meerkatz, Systematisches Handbuch der freiwilligen Gerichtsbarkeit, S. 238 f.

115 § 45 des Gesetzes über das Verfahren bei Aufnahme von Notariatsinstrumenten, abgedruckt bei: Schubert/Regge (Hrsg.), Gesetzrevision, Bd. 11.3, S. 1450.

116 § 30 der Verordnung, in: Gesetz-Sammlung für die Königlichen Preußischen Staaten 1849, S. 1, 10.

117 Vgl. Wiedemann, Preußische Justizreformen und die Entwicklung zum Anwaltsnotariat in Altpreußen, S. 211 f.

118 § 30 der Verordnung, in: Gesetz-Sammlung für die Königlichen Preußischen Staaten 1849, S. 1, 10.

119 Vgl. die Motive zum Entwurf eines Gesetzes über die anderweitige Organisation der Gerichte, Justiz-Ministerial-Blatt für die Preußische Gesetzgebung und Rechtspflege 1848, S. 382, 386.

120 Weißler, Das Notariat der Preußischen Monarchie, S. 46 f. Zu dieser Einschätzung gelangt auch Müller, Die Entwicklung des Notariats in Deutschland, S. 42.

3. Zwischenergebnis

Nachdem das selbständige Notariat nach französischem Vorbild in Rheinpreußen auch nach dem Sieg über Napoleon beibehalten worden war, wurden in Altpreußen Überlegungen zur Trennung des Notariats von der Advokatur angestellt und schließlich erste Schritte in diese Richtung eingeleitet.

IV. Die Entwicklung in der zweiten Hälfte des 19. Jahrhunderts

1. Die Erörterung der Frage auf den ersten Deutschen Juristentagen

Bereits auf dem Ersten Deutschen Juristentag wurde der Antrag auf Trennung des Notariats von der Advokatur gestellt,[121] jedoch nicht behandelt.[122] Auf dem Vierten Deutschen Juristentag 1863 beantragte *Dr. Eberty* zu beschließen, das Notariat von der Rechtsanwaltschaft zu trennen.[123] Von den vier über diesen Antrag erstatteten Gutachten kamen drei zu dem Ergebnis, dass Notariat und Anwaltschaft getrennt werden müssten.[124] Lediglich *Vissering* erklärte die Frage für eine „Sache lokaler Regelung".[125] Der Referent *von Sternenfels* stellte – *Dr. Eberty* und den Gutachtern *Faber*, *Dr. Kopp* und *Euler* folgend – den Antrag, zu beschließen: „Das Notariat soll von der Advokatur getrennt werden."[126] Allerdings schlug er für die Orte, „wo jede dieser Funktionen für sich ein genügendes Auskommen nicht gewährt", eine Ausnahme vor.[127] Der Antrag auf Trennung wurde ohne Diskussion angenommen, die vom Referenten *von Sternenfels* vorgeschlagene Ausnahmeregelung jedoch abgelehnt.[128]

---

121 Antrag von Krieger (Ziff. XIV. Nr. 3), Verh. d. Ersten Deutschen Juristentages, S. 139 f.

122 Weder in der IV. Abteilung noch in der Plenarsitzung am 30. August 1860 wurde dieser Antrag behandelt. A. A. Gsänger, Das Berufsrecht der Reichsnotarordnung, S. 32, der jedoch den Nachweis schuldig bleibt.

123 Deutsche Gerichtszeitung 1861, S. 223.

124 Vgl. die Gutachten von Faber, Verh. d. Vierten Deutschen Juristentages, Bd. 1, S. 44 ff.; Kopp Verh. d. Vierten Deutschen Juristentages, Bd. 1, S. 54 ff. und Euler, Verh. d. Vierten Deutschen Juristentages, Bd. 1, S. 313 ff.

125 Verh. d. Vierten Deutschen Juristentages, Bd. 1, S. 66, 76.

126 Verh. d. Vierten Deutschen Juristentages, Bd. 2, S. 297.

127 Verh. d. Vierten Deutschen Juristentages, Bd. 2, S. 297.

128 Verh. d. Vierten Deutschen Juristentages, Bd. 2, S. 320 f.

2. Die Bestrebungen um Vereinheitlichung des Notariatsrechts in Preußen

Nach den Gebietserwerbungen von 1866 bestanden in den preußischen Provinzen drei Notariatsverfassungen, die große Unterschiede aufwiesen.[129] In Altpreußen gab es die Verbindung der Rechtsanwaltschaft mit dem Notariat. Auch in Hannover war ein Teil der Rechtsanwälte Notar. Dagegen war in Rheinpreußen das Notariat nach wie vor mit der Anwaltschaft unvereinbar. Auch die Kompetenzen waren unterschiedlich geregelt.

Der preußische Justizminister *Leonhardt* beauftragte daher im Jahre 1868 seinen Beamten *Friedberg* damit, den Entwurf einer Notariatsordnung für Preußen ausarbeiten zu lassen.[130] Nach diesem dem Justizminister am 17. Juli 1868 überreichten Entwurf[131] sollte die Verbindung von Rechtsanwaltschaft und Notariat unangetastet bleiben. § 3 Abs. 2 des Entwurfs schloss diese Verbindung nicht aus; er lautete:

> „Dasselbe [das Amt eines Notars] kann, wo nicht gesetzliche Bestimmungen entgegenstehen, mit dem Amte eines Rechtsanwalts, Advokaten, Advokat-Anwalts verbunden werden.“[132]

Die einheitliche Notariatsverfassung für Preußen wurde jedoch wegen der im Rahmen des Norddeutschen Bundes geplanten Rechtsvereinheitlichung zunächst nicht weiter verfolgt.[133]

3. Der Neunte Deutsche Juristentag und die Gründung des Notariatsvereins für Deutschland und Österreich

Auf dem Neunten Deutschen Juristentag 1871 wurde die Frage der Verbindung des Notariats mit der Advokatur erneut erörtert und erneut beschlossen, dass beide Disziplinen voneinander getrennt werden sollen.[134]

---

129 Das altpreußische Anwaltsnotariat, das Notariat nach der hannoverschen Notariatsordnung v. 18. September 1853 und das rheinpreußische Nur-Notariat nach der Verordnung und Taxordnung für die Notarien in den Niederrheinischen Provinzen v. 25. April 1822.

130 Vgl. Schubert (Hrsg.), Materialien zur Vereinheitlichung des Notarrechts, S. 2 f.

131 Vgl. GStA PK, I. HA Rep. 84 a, Nr. 2412 fol. 254 ff.

132 GStA PK, I. HA Rep. 84 a, Nr. 2412 fol. 257 ff.

133 Vgl. Weißler, Zur Geschichte des Preußischen Notariats, S. 50; Schubert, Die vergeblichen Versuche Preußens und des Reichs, das Notariatsrecht zu vereinheitlichen, in: Schuler (Hrsg.), Tradition und Gegenwart, S. 160; dens. (Hrsg.), Materialien zur Vereinheitlichung des Notar-rechts, S. 3.

134 Verh. d. Neunten Deutschen Juristentages, Bd. 3, S. 109, 125 ff.

Nach dem Deutschen Juristentag von 1871 wurde der Notariatsverein für Deutschland und Oesterreich gegründet, der auf seiner ersten Generalversammlung, die am 7. Oktober 1871 unter Beteiligung vornehmlich rheinländischer, süddeutscher und österreichischer Notare stattfand,[135] unter anderem folgende Thesen feststellte:

> „I. Die sog. freiwillige Gerichtsbarkeit ist als ihrem inneren Wesen und ihrer praktischen Behandlung nach von der streitigen Gerichtsbarkeit grundverschieden, von dieser unbedingt und vollständig zu trennen.
>
> ...
>
> VII. Das Notariat muß von der Advokatur getrennt werden.“[136]

Die Hauptaufgabe des Vereins sahen die auf der ersten Generalversammlung Anwesenden „in der Einwirkung auf die Gesetzgebung und der Ueberwindung des zum Theile zur Schau getragenen passiven Widerstandes der Advocat-Notare Altpreußens“.[137]

Allerdings erklärte der Vorstand des Notariatsvereins, dass sich die Trennung des Notariats von der Advokatur nach seiner Auffassung allmählich von selbst ergeben werde und dass die Gesetzgebung nicht gewaltsam in die bisher – insbesondere in Norddeutschland bestehenden – Verhältnisse eingreifen solle. Das Postulat der Trennung sei „vorläufig nur im Sinne eines dem concreten Boden bedachtsam anzupassenden Theorems“ aufzufassen.[138] Ferner solle „die Verbindung des Notariats mit der Advokatur in den bisherigen personellen Besitzständen geschützt“ und der Landesgesetzgebung das Recht vorbehalten werden, Ausnahmen für kleine Ortschaften zu machen.[139]

Die zweite Generalversammlung des Notariatsvereins für Deutschland und Oesterreich beauftragte den Vorstand desselben am 29. August 1872, die deutschen Notare aufzufordern, ihre Wünsche zur Neugestaltung des Notariats unter besonderer Berücksichtigung der auf der ersten Generalversammlung aufgestellten Grundsätze zu äußern.[140] Notar *Heimburg* sollte dem Vorstand Bericht erstatten und Notar *Dr. Ortenau* einen Gegenbericht verfassen.[141]

Heimburg berichtete zwei Jahre später, dass die ihm nur von wenigen Kollegen zugetragenen Wünsche im Prinzip den auf dem ersten deutschen Notartag

---

135 Beilage zu Nr. 18 der DNotZ 1872, S. 5.

136 Beilage zu Nr. 18 der DNotZ 1872, S. 3 f.

137 Vgl. den Bericht über diese Versammlung, Zeitschrift für das Notariat und die freiwillige Gerichtsbarkeit in Bayern diesseits und jenseits des Rheins 1871, S. 305, 310.

138 DNotZ 1872, S. 1, 2.

139 Ebenda.

140 Beilage zu Nr. 18 der DNotZ 1872, S. 11 f.

141 Beilage zu Nr. 18 der DNotZ 1872, S. 19 f.

1871 gefassten Beschlüssen entsprächen und „im großen Ganzen durch Annahme der nur in einzelnen Punkten zu ändernden Notariatsgesetzgebung in Bayern rechts des Rheins befriedigt werden“ könnten.[142] Die Notare hatten sich offenbar für das selbständige Notariat ausgesprochen, so dass *Heimburg* in seinem 26-seitigen Bericht auf die Frage, ob die Verbindung von Notariat und Anwaltschaft zulässig sein sollte oder nicht, nicht weiter einging. Auch der Gegenbericht *Ortenaus*[143] behandelte diese Frage nicht.

Dies lässt den Schluss zu, dass im Notariatsverein für Deutschland und Oesterreich Einigkeit darüber bestand, dass das selbständige Notariat nach Vorbild des französischen Notariats einzuführen sei. Offenbar hielt man dies aufgrund der auf der ersten Generalversammlung des Notariatsvereins und auf den Juristentagen 1863 und 1871 gefassten Beschlüsse für selbstverständlich und nicht mehr besonders begründungsbedürftig.

Zu diesem Zeitpunkt dürfte die allgemeine Überzeugung bestanden haben, dass mit einer deutschen Notariatsordnung das selbständige Notariat zur Einführung gelangen würde.[144]

4. Die Gesetzentwürfe von Kurlbaum

Bereits am 20. März 1872 hatte *Kurlbaum* dem preußischen Justizminister *Leonhardt* – einem Auftrag desselben aus dem Frühjahr 1870 entsprechend[145] – den Entwurf eines Gesetzes, betreffend die Formen der öffentlichen Beurkundung in Sachen der freiwilligen Gerichtsbarkeit, nebst Begründung sowie den Entwurf eines Gesetzes, betreffend die Amtsstellung der Notare, nebst Begründung vorgelegt.[146]

§ 11 des Gesetzentwurfs über die Amtsstellung der Notare sah die Unvereinbarkeit des Notariats mit der Rechtsanwaltschaft vor.[147] In diesem Punkt wich

142 Beilage zu Nr. 13 der DNotZ 1874, S. 2.

143 Beilage zu Nr. 7 der DNotZ 1875, S. 1 ff.

144 So auch die Einschätzung von Weber, DNotZ 1898, S. 1, 6.

145 Im Frühjahr 1870 war Kurlbaum von Leonhardt mit der Aufgabe betraut worden, eine Notariatsordnung für den Norddeutschen Bund zu erstellen. Zuvor hatte Bismarck am 21. Dezember 1869 bei Leonhardt den Entwurf eines Gerichtsverfassungsgesetzes in Auftrag gegeben und dieser hatte sich entschlossen, anlässlich dieses Auftrages auch Gesetzentwürfe über Advokatur und Notariat vorbereiten zu lassen, vgl. Schubert, Die deutsche Gerichtsverfassung 1869-1877, S. 322, 325; dens. (Hrsg.), Materialien zur Vereinheitlichung des Notarrechts, S. 1.

146 GStA PK, I. HA Rep. 84 a, Nr. 2396, fol. 1.

147 GStA PK, I. HA Rep. 84 a, Nr. 2396, fol. 2, 3 (auch abgedruckt bei: Schubert (Hrsg.), Materialien zur Vereinheitlichung des Notarrechts, S. 21, 23).

er erheblich sowohl vom Entwurf *Friedbergs* von 1868 als auch von dem in den meisten Bundesstaaten geltenden Recht ab.[148]

Der Reichskanzler – dem *Leonhardt* die Entwürfe am 13. März 1874 übersandt hatte[149] – legte sie dem Bundesrat zur Beratung vor. In seiner Sitzung vom 25. März 1874 beschloss der Bundesrat, die Entwürfe dem Ausschuss für Justizwesen zur Berichterstattung über die Behandlung derselben zu überweisen.[150] Nach Ansicht des Ausschusses, der das Plenum des Bundesrates in seiner Sitzung vom 6. Mai 1874 folgte, bestand zu diesem Zeitpunkt kein Bedürfnis zu einer reichsgesetzlichen Regelung der in den beiden Entwürfen von *Kurlbaum* behandelten Materialien.[151]

Daraufhin erhielt *Kurlbaum* den Auftrag, seinen Gesetzentwurf über die Amtsstellung der Notare in einen entsprechenden Entwurf für Preußen umzuarbeiten. Den neuen Entwurf legte er Justizminister *Leonhardt* am 8. Oktober 1874 vor. Die nach dem Entwurf von 1872 geplante strikte Trennung von Notariat und Rechtsanwaltschaft war darin allerdings nicht mehr vorgesehen. § 11 sah nun die Zulässigkeit der Verbindung beider Ämter vor, wenn das örtliche Bedürfnis dies erforderte.[152] Dieser Entwurf blieb liegen, und zwar zunächst deshalb, weil die Arbeiten an den Reichsjustizgesetzen und den dazu gehörenden Ausführungsgesetzen als dringender angesehen wurden.[153] Auch danach unternahm *Leonhardt* keinen weiteren Versuch zur Vereinheitlichung des preußischen Notariatsrechts.

5. Der Entwurf einer Notariatsordnung des Notariatsvereins für Deutschland und Oesterreich

Am 9. April 1876 stellte der Vorstand des nach dem Neunten Deutschen Juristentag 1871 gegründeten Notariatsvereines für Deutschland und Oesterreich[154] den endgültigen Inhalt der – im Entwurf von *Dr. Braden* verfassten[155] – Denkschrift, betreffend Wünsche und Anträge des Notariats-Vereins für Deutschland

148 Schubert, Die vergeblichen Versuche Preußens und des Reichs, das Notariatsrecht zu vereinheitlichen, in: Schuler (Hrsg.), Tradition und Gegenwart, S. 169.

149 GStA PK, I. HA Rep. 84 a, Nr. 2414, fol. 207.

150 Verh. d. Bundesrathes d. Deutschen Reichs 1874, S. 131, 132 (§ 188).

151 Verh. d. Bundesrathes d. Deutschen Reichs 1874, S. 177, 181 (§ 270).

152 GStA PK, I. HA Rep. 84 a, Nr. 2412.

153 Schubert (Hrsg.), Materialien zur Vereinheitlichung des Notarrechts, S. 3; ders., Die vergeblichen Versuche Preußens und des Reichs, das Notariatsrecht zu vereinheitlichen, in: Schuler (Hrsg.), Tradition und Gegenwart, S. 160.

154 Siehe oben B.IV.3.

155 Dies geht z. B. aus DNotZ 1876 S. 65 f.; DNotZ 1876, S. 89; DNotZ 1887, S. 14 hervor.

und Oesterreich bei Neugestaltung des Notariats im deutschen Reiche fest. Dabei wurde unter anderem beschlossen, das Notariat vollständig von der Advokatur zu trennen, weil ein wirkliches Notariat im Sinne des Vereins mit der Advokatur „ganz unvereinbar" sei.[156] Zudem wurde der Herausgeber der Deutschen Notariats-Zeitung *Graf* mit der Ausarbeitung des Entwurfs einer deutschen Notariatsordnung auf den vereinbarten Grundlagen beauftragt.[157] Die Denkschrift wurde in einer Beilage zur Deutschen Notariats-Zeitung veröffentlicht.[158] Darin heißt es, dass die vollständige Trennung des Notariats von Advokatur und Anwaltschaft absolut notwendig sei.[159] Dementsprechend sah auch der von *Graf* gefertigte Entwurf einer Notariatsordnung die Unvereinbarkeit des Notariats mit der Rechtsanwaltschaft und allen öffentlichen Ämtern vor.[160]

Auf der vierten Generalversammlung des Notariatsvereins am 1. September 1876 wurde eine Kommission eingesetzt, die den vorliegenden Entwurf auf Grundlage der Denkschrift und unter Berücksichtigung der zwischenzeitlich dazu eingegangenen Stellungnahmen revidieren sollte.[161] Diese Kommission beschloss am 28. August 1880, vor der Redaktion des Entwurfs einer Reichsnotariatsordnung den Entwurf des Bürgerlichen Gesetzbuchs abzuwarten.[162]

6. Die Reichsjustizgesetze

Im Zusammenhang mit der Neuordnung der Gerichtsverfassung sollte nach den Beschlüssen der Kommission des Reichstags auch die Rechtsanwaltschaft – anders als das Notariat – neu geregelt werden.[163] Die Trennung von Rechtsanwaltschaft und Notariat war dabei nicht vorgesehen.[164]

Der V. Deutsche Anwaltstag 1876 fasste einen Beschluss, wonach die „Ausübung des Notariats [...] mit der Anwaltschaft unvereinbar" sei.[165] Nach

156 DNotZ 1876, S. 66.

157 DNotZ 1876, S. 76.

158 Beilage zu Nr. 14 der DNotZ 1876. Am 3. Juli 1876 wurde die Denkschrift des Reichskanzleramt übersandt, DNotZ 1876, S. 153. Der Empfang von 30 Exemplaren wurde von dort am 24. Juli 1876 bestätigt, vgl. DNotZ 1876, S. 130.

159 Beilage zu Nr. 14 der DNotZ 1876, S. 4 f.

160 Art. 7 des Entwurfs, DNotZ 1876, S. 105.

161 DNotZ 1876, S. 170 f.

162 DNotZ 1880, S. 306.

163 In Titel IXa. des Entwurfs zum Gerichtsverfassungsgesetz, abgedruckt bei: Schubert (Hrsg.), Entstehung und Quellen der Rechtsanwaltsordnung von 1878, S. 103 ff.

164 Die Ausübung des Notariats war nicht als Versagungsgrund genannt, vgl. § g. des Entwurfs zu Titel IXa., abgedruckt bei: Schubert (Hrsg.), Entstehung und Quellen der Rechtsanwaltsordnung von 1878, S. 103, 104.

165 JW 1876, S. 115 und Beilage zu Nr. 14 und 15 der JW 1876, S. 39.

dem Willen der Rechtsanwälte sollte die Regelung der Versagungsgründe in Titel IXa. des Gerichtsverfassungsgesetzes um diesen Zusatz ergänzt werden.[166]

Titel IXa. wurde später aus dem Entwurf zum Gerichtsverfassungsgesetz gestrichen und die Rechtsanwaltschaft durch die Rechtsanwaltsordnung vom 1. Juli 1878 geregelt, ohne dass dort über die Vereinbarkeit des Notariats mit der Rechtsanwaltschaft entschieden wurde.[167] Aufgrund der stark gegensätzlichen Behandlung dieser Frage in den einzelnen deutschen Staaten hatte man keine Veranlassung gesehen, „in das bestehende Partikularrecht einzugreifen und die Unvereinbarkeit als Grundsatz auszusprechen."[168]

7. Das Preußische Gesetz enthaltend Bestimmungen über das Notariat vom 8. März 1880

Bei der Beratung des Gesetzentwurfs enthaltend Bestimmungen über das Notariat im preußischen Abgeordnetenhaus am 14. Februar 1880 wurde der Wunsch nach einer reichsgesetzlichen Regelung des Notariats geäußert.[169] In diesem Zusammenhang warf der Abgeordnete *Traeger* die Frage nach der Trennung von Rechtsanwaltschaft und Notariat erneut auf.[170] Der preußische Justizminister *Friedberg* erklärte, dass nach seinen Informationen vorerst mit einer reichsgesetzlichen Regelung des Notariats nicht zu rechnen sei und dass er gegenwärtig an der Verbindung des Notariats mit der Rechtsanwaltschaft festhalten wolle.[171]

166 Vgl. § g. des Entwurfs zu Titel IXa. nach den Beschlüssen des V. Anwaltstages, JW 1876, S. 117.

167 Nach § 5 Nr. 4) der Rechtsanwaltsordnung musste die Zulassung zur Rechtsanwaltschaft lediglich versagt werden, „wenn der Antragsteller ein Amt bekleidet oder eine Beschäftigung betreibt, welche nach dem Gesetz oder nach dem Gutachten des Vorstandes der Anwaltskammer mit dem Beruf oder der Würde der Rechtsanwaltschaft nicht vereinbar sind", RGBl.1878, S. 177, 178.

168 Siegel, Die gesammten Materialien zu der Rechtsanwaltsordnung vom 1. Juli 1878, S. 230; Siegeth, Die Rechtsanwaltsordnung vom 1. Juli 1878 mit ihren sämmtlichen Unterlagen, S. 33.

169 Von den Abgeordneten Traeger, Petri und auch vom Justizminister Friedberg, Sten. Berichte über die Verh. der durch die Allerhöchste Verordnung v. 15. Oktober 1879 einberufenen beiden Häuser des Landtages, Abgeordnetenhaus, Bd. 2, S. 1741 ff. Das preußische Herrenhaus hatte zuvor in seiner Sitzung v. 3. Februar 1880 beschlossen, die Regierung um Vorlage einer reichseinheitlichen Notariatsordnung zu ersuchen, vgl. Weißler, Das Notariat der Preußischen Monarchie, S. 51.

170 Sten. Berichte über die Verh. der durch die Allerhöchste Verordnung v. 15. Oktober 1879 einberufenen beiden Häuser des Landtages, Abgeordnetenhaus, Bd. 2, S. 1742.

171 Sten. Berichte über die Verh. der durch die Allerhöchste Verordnung v. 15. Oktober 1879 einberufenen beiden Häuser des Landtages, Abgeordnetenhaus, Bd. 2, S. 1743.

Das Gesetz enthaltend Bestimmungen über das Notariat wurde am 8. März 1880 verkündet. Es führte das Notariat in den Teilen Preußens ein, wo es bis dahin fehlte, und teilte Preußen hinsichtlich der Notariatsverfassung in drei Rechtsgebiete ein: in den Oberlandesgerichtsbezirk Celle mit der hannoverschen Notariatsverfassung, den Oberlandesgerichtsbezirk Köln mit der rheinpreußischen Notariatsordnung und das übrige Preußen, wo das Gesetz vom 11. Juli 1845 galt.[172]

8. Das Gesetz betreffend die Vereinigung der Rechtsanwaltschaft und des Notariats im Geltungsbereich des Rheinischen Rechts vom 13. April 1888

In den 80er Jahren des 19. Jahrhunderts wurden in Rheinpreußen Klagen darüber laut, dass einige Notarstellen nicht besetzt waren.[173] Für die freien Stellen fanden sich keine Bewerber.[174] Ursächlich dafür war offenbar, dass ein erheblicher Teil der Notariate in der Rheinprovinz nicht lebensfähig war.[175] Ein weiteres Problem bestand darin, dass sich fast keine Rechtsanwälte bei den rheinischen Amtsgerichten niedergelassen hatten.[176]

Zur Beseitigung dieser Missstände schlug die preußische Regierung die Verbindung von Rechtsanwaltschaft und Notariat vor. Dies teilte der *preußische Justizminister* dem Oberlandesgericht Köln am 18. April 1887 durch eine Verfügung mit.[177]

Das *Oberlandesgericht Köln* und die Mehrheit der Landgerichte stimmten diesem Vorschlag zu. Die *Landgerichte Kleve* und *Elberfeld* äußerten Bedenken

---

172 Gesetz-Sammlung für die Königlichen Preußischen Staaten 1880, S. 177 ff.

173 Wortmeldung des Abgeordneten Bachem in der Sitzung des preußischen Abgeordnetenhauses v. 13. Februar 1885, Sten. Berichte über die Verh. der durch die Allerhöchste Verordnung v. 3. Januar 1885 einberufenen beiden Häuser des Landtages, Abgeordnetenhaus, Bd. 1, S. 435 f.

174 Stellungnahme des Vertreters der preußischen Regierung in der Sitzung des preußischen Abgeordnetenhauses v. 13. Februar 1885, Sten. Berichte über die Verh. der durch die Allerhöchste Verordnung v. 3. Januar 1885 einberufenen beiden Häuser des Landtages, Abgeordnetenhaus, Bd. 1, S. 436.

175 Bericht des General-Prokurators von Köln, Verh. d. Rheinischen Provinzial-Landtags, Bd. 33, S. 102 f.

176 Vgl. den Bericht des preußischen Justizministers über Justizverwaltung und Rechtspflege in Preußen 1882-1887, JW 1888, S. 7; Verh. d. Rheinischen Provinzial-Landtags, Bd. 33, S. 103 f.

177 Dies ergibt sich aus dem Bericht der XIV. Kommission d. preußischen Abgeordnetenhauses (Nr. 94 der Drucksachen), abgedruckt bei: Menzen (Hrsg.), Gesetz über das Grundbuchwesen, S. 172, 173.

am Vorliegen eines allgemeinen Bedürfnisses. Das *Landgericht Aachen* war prinzipiell gegen die Verbindung.[178] Der *Kölner Oberstaatsanwalt* wollte die freiwillige Gerichtsbarkeit lieber den Amtsgerichten übertragen, war aber für den Fall, dass sich dies nicht als praktikabel erweisen sollte, auch für die Verbindung.[179] Der *Vorstand der Anwaltskammer Köln*[180] und der *Vorstand des rheinpreußischen Notariatsvereins*[181] sprachen sich gegen den Vorschlag aus.

Die von der Staatsregierung zur Erarbeitung des Gesetzentwurfs einberufene *Kommission* war bis auf ein Mitglied der Ansicht, dass „im Bezirke des Rheinischen Rechtes viel mehr Abneigung gegen die Uebertragung der freiwilligen Gerichtsbarkeit auf die Gerichte, als gegen die Vereinigung von Rechtsanwaltschaft und Notariat bestehe."[182] Dementsprechend sah der ursprüngliche Entwurf des Gesetzes betreffend die Vereinigung der Rechtsanwaltschaft und des Notariats im Geltungsbereich des rheinischen Rechts in § 1 folgende Regelung vor:

> „Die Bestimmung des Artikels 5 der Verordnung und Taxordnung für die Notarien in den Rheinprovinzen vom 25. April 1822 (Ges.-Samml. S. 109), welche den Notaren die Ausübung der Advokatur untersagt, wird aufgehoben und ist demgemäß fortan die Verbindung des Notariats mit der Rechtsanwaltschaft gesetzlich zulässig."[183]

Der *rheinische Provinzial-Landtag* stimmte – dem Vorschlag des Provinzial-Verwaltungsrats folgend – dem Gesetzentwurf mit großer Mehrheit mit der Einschränkung zu, dass die Verbindung von Rechtsanwaltschaft und Notariat nur bei einem entsprechenden Bedürfnis zulässig sein sollte.[184] Später erklärte auch die *preußische Regierung*, sie „habe von vornherein beabsichtigt, mit der Vereinigung von Rechtsanwaltschaft und Notariat nur nach Maßgabe des vorhandenen Bedürfnisses voranzugehen."[185]

---

178 Vgl. Begründung zu dem „Entwurf eines Gesetzes, betreffend die Vereinigung der Rechtsanwaltschaft und des Notariats im Geltungsbereich des Rheinischen Rechts", abgedruckt bei: Menzen (Hrsg.), Gesetz über das Grundbuchwesen, S. 141, 147.

179 Das berichtete der Vertreter des preußischen Justizministeriums Stolterfoth bei der ersten Beratung des Gesetzentwurfs im rheinischen Provinzial-Landtag am 6. Februar 1888, Verh. d. Rheinischen Provinzial-Landtags, Bd. 33, S. 278.

180 DNotZ 1888, S. 27 ff.

181 Zeitschrift für das Notariat 1887, S. 197 ff.; Zeitschrift für das Notariat 1888, S. 41 ff.

182 Bericht über die Beratung einer von der Königlichen Staatsregierung einberufenen Kommission v. 22. September 1887, Zeitschrift für das Notariat 1888, S. 207, 208 f.

183 Verh. d. Rheinischen Provinzial-Landtags, Bd. 33, S. 101.

184 Verh. d. Rheinischen Provinzial-Landtags, Bd. 33, S. 18 f.

185 So z. B. der Vertreter des Justizministers Stolterfoth in der XIV. Kommission, vgl. deren Bericht (Nr. 94 der Drucksachen), abgedruckt bei: Menzen (Hrsg.), Gesetz über das Grundbuchwesen, S. 172, 174.

Am 13. Februar 1888 wurde der Gesetzentwurf mit der Beschränkung der Verbindung auf die Fälle, in denen ein entsprechendes Bedürfnis vorliegt, dem Preußischen Haus der Abgeordneten vorgelegt.[186] In der ersten Beratung des Entwurfs, die am 18. Februar 1888 stattfand, wurde beschlossen, den Entwurf einer Kommission zu überweisen.[187] Die eingesetzte Kommission betrachtete das Gesetz mehrheitlich als Notgesetz, „welches eine Entscheidung über das Prinzip nicht treffen wolle",[188] und nahm § 1 in beiden Lesungen einstimmig an.[189] In der zweiten[190] und in der dritten[191] Beratung beschlossen die Mitglieder des Abgeordnetenhauses die Annahme des Gesetzes. Nachdem auch das Herrenhaus den Gesetzentwurf angenommen hatte,[192] wurde das Gesetz betreffend die Vereinigung der Rechtsanwaltschaft und des Notariats im Geltungsbereich des Rheinischen Rechts am 13. April 1888 verkündet.[193] Durch § 1 dieses Gesetzes wurde das für Notare geltende Verbot, die Advokatur auszuüben, eingeschränkt; er lautete:

> „Die Bestimmung des Artikel 5 der Verordnung und Taxordnung für die Notarien in den Rheinprovinzen vom 25. April 1822 (Gesetz-Samml. S. 109), welche den Notaren die Ausübung der Advokatur untersagt, wird dahin abgeändert, daß die Verbindung der Rechtsanwaltschaft und des Notariats an denjenigen Orten erfolgen kann, wo ein Bedürfniß hierzu vorliegt."[194]

---

186 Schreiben des Justizministers Friedberg v. 13. Februar 1888, abgedruckt bei: Menzen (Hrsg.), Gesetz über das Grundbuchwesen, S. 139.

187 Sten. Berichte über die Verh. der durch die Allerhöchste Verordnung v. 2. Januar 1888 einberufenen beiden Häuser des Landtages, Abgeordnetenhaus, Bd. 2, S. 533, 542.

188 Bericht der XIV. Kommission d. preußischen Abgeordnetenhauses (Nr. 94 der Drucksachen), abgedruckt bei: Menzen (Hrsg.), Gesetz über das Grundbuchwesen, S. 172, 173.

189 Änderungen wurden lediglich für § 2 des Gesetzentwurfs beschlossen, vgl. den Bericht der XIV. Kommission (Nr. 94 der Drucksachen), abgedruckt bei: Menzen (Hrsg.), Gesetz über das Grundbuchwesen, S. 172, 177.

190 Sitzung v. 19. März 1888, Sten. Berichte über die Verh. der durch die Allerhöchste Verordnung v. 2. Januar 1888 einberufenen beiden Häuser des Landtages, Abgeordnetenhaus, Bd. 3, S. 973.

191 Sitzung v. 21. März 1888, Sten. Berichte über die Verh. der durch die Allerhöchste Verordnung v. 2. Januar 1888 einberufenen beiden Häuser des Landtages, Abgeordnetenhaus, Bd. 3, S. 1015.

192 In der Sitzung v. 23. März 1888, Sten. Berichte über die Verh. der durch die Allerhöchste Verordnung v. 2. Januar 1888 einberufenen beiden Häuser des Landtages, Herrenhaus, Bd. 1, S. 51.

193 Gesetz-Sammlung für die Königlichen Preußischen Staaten 1888, S. 72 f.

194 Gesetz-Sammlung für die Königlichen Preußischen Staaten 1888, S. 72.

Obwohl die Verbindung von Anwaltschaft und Notariat nur bei Vorliegen eines entsprechenden Bedürfnisses zulässig war, empfanden die rheinpreußischen Notare diese Regelung als „weitere sehr schwere Wunde“ für das selbständige Notariat.[195]

9. Das Preußisches Gesetz vom 15. Juli 1890

Durch das Gesetz vom 15. Juli 1890 wurden einheitliche Bestimmungen für wesentliche Teile des Notariats in Preußen geschaffen. Diese betrafen unter anderem die Befähigung zum Notariat, den Geschäftsbezirk, die Zeugen, die Unterschriftsbeglaubigung, die Registerführung und die Geldverwahrung. Das Verhältnis von Rechtsanwaltschaft und Notariat war darin nicht geregelt, so dass die insoweit bestehenden Unterschiede erhalten blieben.[196]

Bei der Beratung zu diesem Gesetz hatten die Kommission einstimmig und das Abgeordnetenhaus mit großer Mehrheit den Beschluss gefasst, die Regierung um Vorlage einer reichseinheitlichen Notariatsordnung zu ersuchen.[197]

Die *rheinpreußischen Notare* fürchteten jedoch, dass eine reichsgesetzliche Regelung zu einer Abschaffung des selbständigen Notariats und zur Einführung des Anwaltsnotariats führen könnte. Deshalb schlugen sie vor, der Landesgesetzgebung Regelungen darüber vorzubehalten, in welchen Fällen die Verbindung von Anwaltschaft und Notariat zulässig und in welchem Umfang die Gerichte zur Aufnahme von Akten der freiwilligen Gerichtsbarkeit zuständig sein sollten.[198] Sie hielten es für besser, die Buntscheckigkeit des Beurkundungswesens beizubehalten, als „durch Majorisierung um den Besitz … [der] theoretisch begründeten und praktisch bewährten besseren Institutionen gebracht zu werden“.[199]

Der *Vorstand des Deutschen Notariats-Vereins* fasste in seiner Sitzung am 10. September 1891 den Beschluss, für eine reichsgesetzliche Regelung des Notariats einzutreten. Von dieser Forderung wollte man jedoch Abstand nehmen und für die landesrechtliche Regelung der Verbindung von Rechtsanwaltschaft und Notariat und der gerichtlichen Zuständigkeit für Akte der freiwilligen Gerichtsbarkeit eintreten, falls eine reichsgesetzliche Regelung das selbständige Notariat zu sehr zu schädigen drohe.[200]

---

195 DNotZ 1891, S. 25, 36 f.

196 Gesetz-Sammlung für die Königlichen Preußischen Staaten 1890, S. 229 ff.

197 Vgl. Weißler, Das Notariat der Preußischen Monarchie, S. 51.

198 DNotZ 1891, S. 25, 45 f.

199 DNotZ 1891, S. 25, 46.

200 DNotZ 1891, S. 153, 154 f.

10. Die Arbeiten zum BGB und zum FGG

Im Zusammenhang mit den Vorarbeiten zur Einführung des Bürgerlichen Gesetzbuchs war zunächst die Schaffung einer Reichsnotariatsordnung im Gespräch.[201] Bei Aufzählung der gesetzgeberischen Nebenarbeiten zum BGB am 21. März 1895 im Reichstag wurde sie vom *Staatssekretär des Reichsjustizamtes* jedoch nicht mit erwähnt.[202]

Das Gesetz über die Angelegenheiten der freiwilligen Gerichtsbarkeit vom 17. Mai 1898[203] enthielt keine Regelungen zur Notariatsverfassung.[204] Die zur Vorberatung des Gesetzentwurfs vom Reichstag eingesetzte *Kommission* hatte ihrem Bericht vom 3. Februar 1898 unter anderem eine Resolution beigelegt, wonach der Reichskanzler zur Vorlage des Entwurfes einer Notariatsordnung aufgefordert werden sollte. Bei der zweiten Lesung im Reichstag am 15. Februar 1898 wurde der Entwurf en bloc mit den Resolutionen der Kommission angenommen.[205] Allerdings beschloss der *Bundesrat*, „der Resolution wegen der einheitlichen Ordnung des Notariatswesens keine Folge zu geben.“[206]

11. Die Vereinheitlichung des preußischen Notariats am Ende des 19. Jahrhunderts

Durch das Preußische Gesetz über die Angelegenheiten der freiwilligen Gerichtsbarkeit vom 21. September 1899 erfuhr das Notariat eine Vereinheitlichung.[207] Dieses Gesetz hob die Verordnung und Taxordnung für die Notarien in den Niederrheinischen Provinzen vom 25. April 1822, das Gesetz über das Verfahren bei Aufnahme von Notariatsinstrumenten vom 11. Juli 1845, die Hannoversche Notariatsordnung vom 18. September 1853, das Gesetz vom

201 Erklärung des preußischen Justizministers in der Sitzung des preußischen Abgeordnetenhauses v. 25. Januar 1895, vgl. Weißler, Das Notariat der Preußischen Monarchie, S. 52.

202 Ebenda.

203 RGBl. 1898, S. 771 ff.

204 Allerdings war nach den Motiven des Gesetzentwurfs die Verbindung von Anwaltschaft und Notariat unbedenklich, vgl. Denkschrift zu dem Entwurf eines Gesetzes über die Angelegenheiten der freiwilligen Gerichtsbarkeit, Reichstagsvorlage, Berlin 1897, S. 94 f.: „Der Generalbevollmächtigte wird gerade vermöge dieser seiner Eigenschaft häufig zur Errichtung von Urkunden, an denen sein Machtgeber betheiligt ist, besonders geeignet sein, ohne dadurch das Vertrauen der übrigen Betheiligten einzubüßen.“

205 Vgl. Fuchs, Das Reichsgesetz über Angelegenheiten der freiwilligen Gerichtsbarkeit vom 17. Mai 1898, S. XVII f.

206 Verh. d. Bundesrates d. Deutschen Reichs 1898, S. 461 (§ 435).

207 Gesetz-Sammlung für die Königlichen Preußischen Staaten 1899, S. 249 ff.

8. März 1880, das Gesetz vom 13. April 1888 und das Gesetz vom 15. Juli 1890 auf.[208]

Artikel 31 des Gesetzes bestimmte, dass Amtsgerichte und Notare nebeneinander für die Aufnahme von Urkunden der freiwilligen Gerichtsbarkeit zuständig waren.[209]

Artikel 78 des ursprünglichen – im *preußischen Justizministerium* ausgearbeiteten – Gesetzentwurfs lautete:

> „An Orten, die nicht mehr als fünfzigtausend Einwohner haben, sollen in der Regel nur Rechtsanwälte zu Notaren ernannt werden.
>
> In dem Oberlandesgerichtsbezirke Cöln ist die Verbindung der Rechtsanwaltschaft und des Notariats nur an solchen Orten zulässig, an denen dazu ein Bedürfniß besteht."[210]

Die *preußische Regierung* wollte das Verhältnis des Notariats zur Rechtsanwaltschaft also nicht neu ordnen, sondern an die Regelungen der Allgemeinen Gerichtsordnung und des § 30 der Verordnung vom 2. Januar 1849 anknüpfen. Allerdings sollten Ausnahmen zulässig sein und für den Bezirk des Oberlandesgerichts Köln sollte die Verbindung beider Berufe entsprechend dem Gesetz vom 13. April 1888 auf die Fälle des Bedürfnisses beschränkt bleiben.[211]

In der ersten Lesung des Gesetzes im Abgeordnetenhaus am 16. Februar 1899 wurde die Überweisung des Gesetzentwurfes in eine Kommission beschlossen,[212] die gegen den Widerstand des Justizministers *Schönstedt* beschloss, den zweiten Absatz des Artikel 78 zu streichen.[213] Nach den Beschlüssen der Kommission hätte Artikel 78 des Gesetzes folgenden Wortlaut haben sollen:

---

208 Artikel 144 Nr. 6, 15, 17, 19, 21, 22, Gesetz-Sammlung für die Königlichen Preußischen Staaten 1899, S. 282 f.

209 Gesetz-Sammlung für die Königlichen Preußischen Staaten 1899, S. 256.

210 Art. 78 des Regierungsentwurfs, Aktenstück Nr. 35, in: Anlagen zu den Sten. Berichten über die Verh. d. Abgeordnetenhauses während der I. Session der 19. Legislatur-Periode, 1899, Bd. 3, S. 1672.

211 Vgl. Begründung des Regierungsentwurfs, Aktenstück zu Nr. 35, in: Anlagen zu den Sten. Berichten über die Verh. d. Abgeordnetenhauses während der I. Session der 19. Legislatur-Periode, 1899, Bd. 3, S. 1679, 1703 f.

212 Sten. Berichte über die Verh. der durch die Allerhöchste Verordnung v. 16. Dezember 1898 einberufenen beiden Häuser des Landtages, Abgeordnetenhaus, Bd. 1, S. 643.

213 Bericht der XV. Kommission, Aktenstück Nr. 273, in: Anlagen zu den Sten. Berichten über die Verh. d. Abgeordnetenhauses während der I. Session der 19. Legislatur-Periode, 1899, Bd. 5, S. 3295, 3318 f.

„In der Regel sollen nur Rechtsanwälte zu Notaren ernannt werden.“[214]

In der zweiten Beratung des Gesetzes im preußischen Abgeordnetenhaus wurde Artikel 78 des Gesetzentwurfs in dieser von der Kommission vorgeschlagenen Fassung angenommen.[215]

In der dritten Beratung hatte das Abgeordnetenhaus über den Antrag des Abgeordneten *Schmitz* aus Düsseldorf auf Streichung des Artikels 78 zu entscheiden, den er damit begründete, dass die vorgesehene Bestimmung des inneren Grundes entbehre und das Entscheidungsrecht des Justizministers einenge, der im Gebiet des rheinischen Rechts an der bisherigen Praxis festhalten wolle.[216] Der Antrag fand die Unterstützung des Justizministers *Schönstedt*, da der Artikel in der von der Kommission beschlossenen Fassung nur noch „ein Torso des ursprünglichen Vorschlags der Königlichen Regierung“ sei.[217] Mit der Annahme dieses Antrags durch das Abgeordnetenhaus[218] war die von der Kommission vorgeschlagene Regelung, grundsätzlich nur Rechtsanwälte zu Notaren zu ernennen, vom Tisch.

In der schließlich vom preußischen Herrenhaus angenommenen Fassung hatte Artikel 78 dann folgenden Wortlaut:

„Die Notare werden von dem Justizminister auf Lebenszeit ernannt.

Die Ernennung eines Rechtsanwalts zum Notar kann für die Zeit erfolgen, während welcher er bei einem bestimmten Gerichte zur Rechtsanwaltschaft zugelassen ist.“[219]

Die Verbindung des Notariats mit der Rechtsanwaltschaft war also nicht als gesetzliche Regel festgelegt worden. Allerdings konnten von nun an in ganz Preu-

---

214 Zusammenstellung der Beschlüsse der Kommission, Aktenstück zu Nr. 273, in: Anlagen zu den Sten. Berichten über die Verh. d. Abgeordnetenhauses der I. Session der 19. Legislatur-Periode, 1899, Bd. 5, S. 3336, 3351.

215 Sten. Berichte über die Verh. der durch die Allerhöchste Verordnung v. 16. Dezember 1898 einberufenen beiden Häuser des Landtages, Abgeordnetenhaus, Bd. 4, S. 2693. Vgl. die Zusammenstellung des Gesetzentwurfs mit den in der zweiten Beratung gefassten Beschlüssen des Abgeordnetenhauses, Aktenstück Nr. 295, in: Anlagen zu den Sten. Berichten über die Verh. d. Abgeordnetenhauses während der I. Session der 19. Legislatur-Periode, 1899, Bd. 5, S. 3412, 3427.

216 Sten. Berichte über die Verh. der durch die Allerhöchste Verordnung v. 16. Dezember 1898 einberufenen beiden Häuser des Landtages, Abgeordnetenhaus, Bd. 4, S. 2725.

217 Ebenda.

218 Ebenda. Vgl. auch die Zusammenstellung des Gesetzentwurfs mit den in der dritten Beratung gefassten Beschlüssen des Abgeordnetenhauses, Aktenstück Nr. 308, in: Anlagen zu den Sten. Berichten über die Verh. d. Abgeordnetenhauses während der I. Session der 19. Legislatur-Periode, 1899, Bd. 5, S. 3495.

219 Gesetz-Sammlung für die Königlichen Preußischen Staaten 1899, S. 265.

ßen Rechtsanwälte zu Notaren ernannt werden.[220] Auch wenn der *Verein für das Rheinische Notariat* hervorhob, dass das selbständige Notariat in Art. 78 Abs. 1 und damit als Grundform behandelt wurde,[221] war damit der Ausnahmecharakter der Verbindung von Anwaltschaft und Notariat für Rheinpreußen aufgegeben worden.[222] Nach dem Gesetz vom 21. September 1899 war die Verbindung von Anwaltschaft und Notariat auch in diesem Gebiet generell zulässig, ohne dass es auf ein entsprechendes Bedürfnis ankam, das nach dem Gesetz vom 13. April 1888 noch erforderlich gewesen war.

Es ist also festzuhalten, dass durch das Preußische Gesetz über die Angelegenheiten der freiwilligen Gerichtsbarkeit das Notariatsrecht für Preußen auf eine einheitliche Grundlage gestellt wurde. Die von den Rheinpreußen gewünschte Trennung des Notariats von der Rechtsanwaltschaft wurde nicht verwirklicht, stattdessen war die Verbindung von Rechtsanwaltschaft und Notariat nun auch in Rheinpreußen zulässig, ohne dass ein entsprechendes Bedürfnis vorliegen musste.[223] Auch wenn vereinzelt die Ansicht vertreten wurde, dass sich die rheinischen Notare aufgrund der neuen Rechtslage von nun an bei Vorliegen der übrigen Voraussetzungen als Rechtsanwälte an ihrem Amtssitz eintragen lassen könnten, ohne das Notariat aufgeben zu müssen,[224] war nach den Äußerungen des preußischen Justizministers *Schönstedt* in der XV. Kommission[225] nicht damit zu rechnen, dass sich an der Verwaltungspraxis bei der Ernennung von Notaren in Rheinpreußen etwas ändern und die Verbindung auch im Rheinland zum Regelfall werden würde.

12. Zwischenergebnis

Obwohl sich zu Beginn der zweiten Hälfte des 19. Jahrhunderts viele Stimmen für das selbständige Notariat ausgesprochen hatten, wurde die Verbindung des Notariats mit der Anwaltschaft in Altpreußen aufrecht erhalten. Durch das Ge-

---

220 Art. 78 Abs. 2, Gesetz-Sammlung für die Königlichen Preußischen Staaten 1899, S. 265.

221 Seite 25 der Denkschrift vom April 1959, Bundesarchiv Koblenz, B 141/16889, Bl. 25 ff.

222 So auch Weißler, in: Deutscher Notarverein (Hrsg.), Das Urkundwesen der deutschen Staaten, S. 181.

223 Ebenda.

224 Jastrow, Formularbuch und Notariatsrecht, Anm. 4 zu Art. 78 des Preußischen Gesetzes über die freiwillige Gerichtsbarkeit (S. 120).

225 Bericht der XV. Kommission, Aktenstück Nr. 273, in: Anlagen zu den Sten. Berichten über die Verh. des Abgeordnetenhauses während der I. Session der 19. Legislatur-Periode, 1899, Bd. 5, S. 3295, 3319.

setz vom 13. April 1888 wurde sie sogar in Rheinpreußen in Form des Notaranwalts eingeführt.

Am Ende des 19. Jahrhunderts war eine einheitliche Regelung des Notariatsrechts für Preußen verwirklicht worden, das Nebeneinander von selbständigem Notariat und Anwaltsnotariat blieb allerdings bestehen. Dies wurde von den Befürwortern des selbständigen Notariats nicht unbedingt als Unglück empfunden, da bei einer reichseinheitlichen Regelung die als verhängnisvoll angesehene Vereinigung des Notariats mit der Rechtsanwaltschaft möglicherweise auf ganz Deutschland ausgedehnt worden wäre.[226]

V. Die Wiederaufnahme der Diskussion im 20. Jahrhundert

1. Das Ende des Deutschen Notariatsvereins und die Gründung des Deutschen Notarvereins

1899 erklärte der Vereinspräsident *Dr. Weber* den Deutschen Notariatsverein für gescheitert, da dessen wichtigstes Ziel, die Schaffung eines selbständigen deutschen Notariats, weder erreicht worden noch zu diesem Zeitpunkt überhaupt absehbar war.[227] Aus diesem Grund teilte er mit, dass „der Deutsche Notariats-Verein mit Ende des Jahres 1899 aufhört."[228]

Am 11. September 1900 wurde der Deutsche Notarverein in Bamberg gegründet. Er stand in der Tradition des alten Deutschen Notariats-Vereins, der die einheitliche Entwicklung der Notariatsgesetzgebung hatte fördern wollen. Vereinszweck war „die Pflege und Weiterbildung des Reichsrechts auf dem Gebiete der freiwilligen Gerichtsbarkeit und die Wahrung der Standesinteressen."[229] Von seinem Vorgängerverein unterschied er sich dadurch, dass er „die Verschiedenheit der Urkundordnungen als gegeben" ansah und den vorhandenen „drei Systemen Zeit lassen [wollte,] sich innerhalb des neuen Privatrechts zu bewähren."[230]

Weißler, der Schriftführer des neuen Notarvereins geworden war, betonte, dass nichts vertreten werden dürfe, „worüber sich nicht im Notariat eine gemeine Meinung gebildet hat" und dass aus diesem Grund das Problem „der Tren-

226 Rausnitz, Der Entwurf eines Gesetzes über die Angelegenheit der freiwilligen Gerichtsbarkeit, S. 57. In diesem Sinne auch Weber, Bayer. Not.-Ztg. 1899, S. 101, 102.

227 DNotZ 1899, S. 1 f.; DNotZ 1899, S. 165 ff.

228 DNotZ 1899, S. 165, 166.

229 § 2 der Satzung, DNotV 1901, S. 6.

230 DNotV 1901, S. 1, 2.

nung des Urkundwesens von den Gerichten, des Notariats von der Rechtsanwaltschaft“ vorläufig nicht geklärt werden könne.[231]

2. Der Versuch der Einrichtung selbständiger Notariate in Altpreußen

1906 gab der *preußische Justizminister* bekannt, dass in Berlin neue Notarstellen geschaffen werden sollen und dass bei mehreren davon „deren Inhaber nur Notare – nicht zugleich Rechtsanwälte – sein sollen.“[232] Zunächst war von 20 Stellen die Rede,[233] später waren sogar 50 Stellen im Gespräch.[234]

Tatsächlich wurden in Berlin zunächst 38 neue Stellen geschaffen, von denen jedoch nur zehn Stellen mit der Verpflichtung vergeben wurden, die Rechtsanwaltschaft nicht auszuüben.[235] In Breslau wurden drei Nur-Notare ernannt.[236] In Frankfurt am Main wurden zwei Nur-Notariate geschaffen,[237] in Hannover ein Nur-Notar ernannt.[238] Auch später wurde immer wieder über die Schaffung weiterer reiner Notariate berichtet.[239] Insgesamt gab es danach in Altpreußen zwischen 27[240] und 29[241] selbständige Notariate, denen im Jahre 1911 2.852 Anwaltsnotare gegenüberstanden.[242]

Die Reaktionen der Nur-Notare auf diese Versuche fielen unterschiedlich aus. Während der Vorsitzende des Rheinischen Notariatsvereins *Vleugels* die Versuche mit der Ernennung von Nur-Notaren in den altpreußischen Provinzen begrüßte,[243] wurde teilweise beklagt, dass durch die auch weiterhin vorgenommene Ernennung von Anwaltsnotaren ein gemischtes System geschaffen wurde.[244]

---

231 DNotV 1901, S. 49, 58. In diesem Sinne äußerte er sich auch anlässlich des Notartages 1902 und auf dem Notartag 1903, vgl. DNotV 1902, S. 349, 351; DNotV 1903, S. 480, 482 f.

232 Vgl. DNotV 1906, S. 157.

233 DNotV 1906, S. 236 f.

234 DNotV 1906, S. 431.

235 DNotV 1906, S. 513 f. und DNotV 1906, S. 575 ff.

236 Weißler, DNotV 1907, S. 1, 2.

237 DNotV 1907, S. 363.

238 Weißler, DNotV 1908, S. 1, 2.

239 DNotV 1908, S. 329, 445 f., 508 f.; DNotV 1910, S. 295, 374, 552 f.

240 DNotV 1912, S. 224.

241 DNotV 1911, S. 1, 5 f. und DNotV 1913, S. 1, 3.

242 DNotV 1912, S. 224.

243 Zeitschrift für das Notariat 1909, S. 7, 8.

244 DNotV 1908, S. 445 f.

Unter den Anwaltsnotaren regte sich allmählich Widerstand gegen die Einführung selbständiger Notariate. So erteilte die *Naumburger Anwaltskammer* ihrem Vorstand am 20. Juni 1908 den Auftrag, auch gegen die „nur vereinzelte Einführung eines von der Anwaltschaft getrennten selbständigen Notariats" gegenüber dem Justizministerium und den Präsidenten der Gerichte in ihrem Bezirk Stellung zu beziehen und „mit den sämtlichen anderen preußischen Kammervorständen wegen eines gemeinsamen Vorgehens in angedeuteter Richtung sich unverzüglich in Verbindung zu setzen."[245] In Ausführung dieses Beschlusses bat der *Vorstand der Naumburger Anwaltskammer* den preußischen Justizminister in einer unter dem 18. November 1908 verfassten Eingabe darum, von der weiteren Verleihung selbständiger Notariate abzusehen.[246] Auch die *Anwaltskammer Hannover* sah „in der vom Preußischen Justizministerium begonnenen Einführung des Nur-Notariats eine Gefährdung der Interessen des rechtsuchenden Publikums und eine ungerechtfertigte Schmälerung eines historischen Arbeitsgebietes der Rechtsanwaltschaft."[247]

1909 berichtete die *Breslauer Handelskammer*, dass insbesondere die Kaufleute dort die Anwaltsnotare bevorzugten und nur in dringenden Fällen die Dienste der Nur-Notare in Anspruch nahmen.[248]

3. Der deutsch-österreichische Notarkongress 1907

Auf dem deutsch-österreichischen Notarkongress im Jahre 1907 wurde beschlossen, dass bei zukünftiger Regelung der Notariatsverfassung das Notariat Hauptberuf sein und mit keinem anderen Hauptberufe verbunden werden solle.[249]

Nach diesem Kongress wurde die Forderung nach einer Reichs-Notariats-Ordnung laut,[250] der Deutsche Notarverein sah sich vor eine neue große Aufgabe gestellt.[251]

4. Die Versammlung der Anwaltskammervorstände 1909

Am 10. Januar 1909 fand in Berlin eine Versammlung der Vorstände der deutschen Anwaltskammern statt,[252] in der der Anwaltsnotar *Stranz* vorschlug, ent-

245 Vgl. DNotV 1908, S. 509 f.
246 Abgedruckt in DNotV 1909, S. 31 ff.
247 DNotV1908, S. 807.
248 DNotV 1909, S. 710 f.
249 Vgl. den Bericht in DNotV 1907, S. 505, 508.
250 Franz, DJZ 1907, Sp. 920 ff.; Weißler, DNotV 1908, S. 589 ff.
251 Weißler, DNotV 1908, S. 1, 4; ders., DNotV 1909, S. 1, 4.

weder Notariat und Rechtsanwaltschaft grundsätzlich zu trennen und nur dort, wo Anwaltstätigkeit und Notariat für sich genommen die Existenz nicht sichern könnten, die Verbindung zuzulassen, oder alternativ jedem Anwalt nach einer Wartezeit das Notariat zu verleihen.[253]

5. Die Behandlung im Reichstag

Bereits am 2. Mai 1908 war im Reichstag die Frage der Reichsnotariatsordnung gestreift und angekündigt worden, den Reichskanzler in der nächsten Session um Einbringung eines allgemeinen deutschen Notariatsgesetzes und einer Notariatsgebührenordnung zu ersuchen.[254]

Am 3. Dezember 1909 brachten der Nationalliberale *Bassermann* und Genossen den – in der Sitzung des Reichstages vom 2. Mai 1908 angekündigten – Antrag in den Reichstag ein, „die verbündeten Regierungen zu ersuchen, einen Gesetzentwurf zur einheitlichen Regelung des deutschen Notariatswesens vorzulegen.“[255]

Dieser Antrag wurde bei Beratung des Justiz-Etats im Reichstag am 20. Januar 1910 gestreift. Während der Abgeordnete *Dove* dem Antrag zustimmte,[256] hielt der Abgeordnete *Dr. Belzer* die reichsgesetzliche Regelung des Notariats für verfassungsrechtlich bedenklich und wegen der großen und tief verwurzelten Unterschiede der Notariatsverfassung für verfrüht.[257] Auch der Abgeordnete *Dr. Becker* sprach sich wegen der unterschiedlichen Notariatsverfassungen in und innerhalb der Bundesstaaten gegen eine einheitliche Regelung für das Reich aus.[258] Abgesehen von diesen Erörterungen wurde der Antrag nicht weiter behandelt.[259]

---

252 DNotV 1909, S. 132 f., 169 f.

253 DNotV 1909, S. 169.

254 Wortmeldung des Abgeordneten Quarck in der 148. Sitzung, Verh. d. Reichstags, Bd. 232, S. 5031.

255 Verh. d. Reichstags, XII. Legislaturperiode, II. Session, Band 270, Anlagen zu den Sten. Berichten, Nr. 101, S. 90.

256 Verh. d. Reichstags, XII. Legislaturperiode, II. Session, Band 258, S. 713.

257 Verh. d. Reichstags, XII. Legislaturperiode, II. Session, Band 258, S. 701.

258 Verh. d. Reichstags, XII. Legislaturperiode, II. Session, Band 258, S. 727.

259 Vgl. Rundschreiben des Reichsjustizministers v. 8. Februar 1926 an die Justizverwaltungen der im VII. Ausschuß des Reichsrats vertretenen Länder, Bundesarchiv, R 3001, Akte 4809, Bl. 207.

6. Die Behandlung im preußischen Abgeordnetenhaus

In der Sitzung des preußischen Abgeordnetenhauses vom 14. Mai 1909 kritisierte der Abgeordnete *Dr. Keil*, dass der Justizminister neuerdings in größeren altpreußischen Städten selbständige Notare ernenne, obwohl sich das Anwaltsnotariat in den altpreußischen Provinzen bewährt habe und auch in Rheinpreußen die Möglichkeit der Verbindung des Notariats mit der Anwaltschaft positiv aufgenommen worden sei. Es sei problematisch, wenn die Rechtsanwälte, die ihre Wartezeit auf das Notariat abgesessen hätten, nun nicht zum Zuge kämen und stattdessen junge Assessoren zu selbständigen Notaren ernannt würden.[260] Justizminister *Dr. Beseler* wies in seiner Stellungnahme zu dieser Wortmeldung auf die bei Anwaltsnotaren nicht immer gewährleistete Erreichbarkeit und darauf hin, dass diese selbständigen Notariate in der Regel an bewährte Rechtsanwälte vergeben worden seien.[261]

Anlässlich der Beratung des Justiz-Etats in der Sitzung am 5. Februar 1910 kam man erneut auf das Nur-Notariat zu sprechen. Der Abgeordnete *Böhmer* äußerte sich besorgt über die wachsende Zahl der Nur-Notariate.[262] Der preußische Justizminister *Dr. Beseler* wies wiederum darauf hin, dass man wegen der Verbindung des Notariats mit der Rechtsanwaltschaft insbesondere in den größeren Städten „infolge der großen Entfernungen und[,] weil die Anwälte auch auf dem Gericht selbst schwer zu finden“ seien, zu bestimmten Tageszeiten keinen Notar erreiche und dass die Justizverwaltung deshalb in einigen großen Städten einige Nur-Notariate errichtet habe. In den altpreußischen Provinzen betreffe dies lediglich 23 Stellen, die sich aber bewährt hätten und deshalb nicht mehr beseitigt werden könnten.[263]

7. Der Standpunkt von Weißler

Weißler widersprach dieser Darstellung des Justizministers: Die Nur-Notariate hätten sich nicht überall bewährt, es habe auch Stellen gegeben, die vom Publikum nicht angenommen und deshalb wieder aufgegeben worden seien. Aus diesem Grund empfahl er der Justizverwaltung, „ihre bisherige vorsichtige Haltung beizubehalten“, selbständige Notariate „nur in den ganz großen Städten zu errichten und […] mit erfahrenen Rechtsanwälten zu besetzen.[264]

---

260 Vgl. DNotV 1909, S. 349 ff.

261 Vgl. DNotV 1909, S. 351 f.

262 Hier zitiert nach DNotV 1910, S. 294.

263 Hier zitiert nach DNotV 1910, S. 294 f.

264 DNotV 1910, S. 296.

8. Die Position der Rechtsanwaltschaft

Nach einem Bericht aus dem Jahr 1916 war die *preußische Rechtsanwaltschaft* mit der Trennung vom Notariat in Berlin und anderen Großstädten nicht zufrieden. So hätten die Rechtsanwälte die Dienste der selbständigen Notare gemieden und die Parteien nicht an sie verwiesen. Aus dem Bezirk des Oberlandesgerichts Naumburg wurde berichtet, dass einem Anwalt Pflichtwidrigkeit vorgeworfen worden sei, weil er engere Geschäftsbeziehungen zu einem Nur-Notar unterhalten habe.[265]

In Bayern habe die *Anwaltskammer Augsburg* angeregt, der Notlage des Anwaltsstandes durch die Verbindung mit dem Notariat abzuhelfen.[266]

9. Zwischenergebnis

Nachdem in den Gebieten des Anwaltsnotariats zu Beginn des 20. Jahrhunderts mit der Ernennung von Nur-Notaren begonnen worden war, begann sich insbesondere unter den Rechtsanwälten Widerstand gegen die Einführung des Nur-Notariats zu regen. Auch in den Gebieten des Nur-Notariats gab es vereinzelt Bestrebungen, die auf die Verbindung von Anwaltschaft und Notariat gerichtet waren.

VI. Die Zeit ab 1914

1. Die Notlage der Notare durch den Ersten Weltkrieg

Als es durch den Ersten Weltkrieg zu einem Rückgang der notariellen Geschäfte gekommen war, bat der *Vorstand des Rheinpreußischen Notariatsvereins* in einer Eingabe an den Justizminister darum, die beschäftigungslos gewordenen Notare in Verwaltung und Justiz einzusetzen. Der *Justizminister* lehnte dies ab und wies in seiner Antwort darauf hin, dass die Vertretung von Rechtsanwälten das aussichtsreichere Betätigungsfeld für die Notare sein dürfte.[267]

Die *rheinpreußischen Notare* hielten trotz ihrer Lage weiter daran fest, dass das Notariat grundsätzlich von der Rechtsanwaltschaft zu trennen und die Verbindung beider Berufe nur an kleinen Orten, wo man von der Anwaltschaft allein nicht existieren könne, zuzulassen sei.[268]

---

265 DNotV 1916, S. 259 f.

266 Vgl. DNotV 1916, S. 720.

267 DNotV 1917, S. 127.

268 Bericht von der 61. Generalversammlung des Vereins für das Notariat in Rheinpreußen, DNotV 1918, S. 82, 83.

Demgegenüber stellte *Weißler* zu Beginn des Jahres 1917 fest, dass sich die Verbindung des Notariats mit der Rechtsanwaltschaft während des Krieges als wertvoll erwiesen habe, weil die anwaltlichen Geschäfte nicht so sehr eingebrochen seien wie die notariellen.[269]

2. Die Denkschrift von Unterstaatssekretär Dr. Mügel

Unterstaatssekretär *Dr. Mügel* kam in seiner dem Staatsministerium am 25. Januar 1918 vorgelegten Denkschrift zu dem Ergebnis, dass die für die Trennung von Rechtsanwaltschaft und Notariat sprechenden Gründe überwiegen würden, und schlug für die Organisation des Notariats vor:

> „1. wenn der Notar zugleich Friedensrichter ist, Trennung von Rechtsanwaltschaft und Notariat;
>
> 2. an Orten, die Sitz eines Amtsgerichts sind, aber nur einen geringen Geschäftsverkehr haben, Verbindung von Rechtsanwaltschaft und Notariat;
>
> 3. im übrigen gemischtes System, teils Verbindung von Rechtsanwaltschaft und Notariat, teils selbständiges Notariat unter Vermehrung der Zahl der Nurnotare und, falls sich diese Einrichtung auch außerhalb der Rheinprovinz einbürgert, Übergang zum System des selbständigen Notariats.“[270]

3. Die Änderungen bei der Bestellung von Anwaltsnotaren in Altpreußen

Ende des Jahres 1918 schlug die *Berliner Rechtsanwaltschaft* vor, jedem Rechtsanwalt nach einer höchstens zehnjährigen Wartezeit das Notariat zu verleihen, wenn nicht die Rechtsanwaltschaft Einspruch dagegen erhebe.[271]

Der Haushalts-Ausschuss der preußischen Landesversammlung nahm diesen Vorschlag bei der Beratung des Justiz-Haushalts an, wobei die Wartezeit wegen der Berliner Verhältnisse auf 20 Jahre festgelegt wurde.[272] Eine Verkürzung der Wartezeit auf zehn Jahre hielt man jedoch für denkbar und die Anrechnung von Kriegszeiten für möglich. Die Justizverwaltung bat die Anwaltskammern darum, sich zu diesem Vorschlag zu äußern. Die *Anwaltskammer Naumburg* unterstützte dieses Vorhaben.[273]

Schließlich nahm die *preußische Landesversammlung* den Antrag an, den Rechtsanwälten außerhalb Rheinpreußens nach Ablauf einer Wartezeit von

269 DNotV 1917, S. 1, 3.

270 Grundzüge einer landesrechtlichen Justizreform, S. 108 f.

271 Vgl. DNotV 1919, S. 65 f.

272 Vgl. DNotV 1919, S. 271; DNotV 1919, S. 325 f.

273 Vgl. Beschluss vom 14. Juni 1919, DNotV 1919, S. 271.

15 Jahren das Notariat zu erteilen, wenn die Anwaltskammer keine Bedenken äußert und der Anwalt mindestens zehn Jahre an seinem Amtssitz niedergelassen ist, wobei Kriegsjahre doppelt angerechnet werden sollten.[274]

Vor Durchführung des Beschlusses wurden die OLG-Präsidenten und die Vorstände der Anwaltskammern um ihre gutachtliche Stellungnahme ersucht.[275]

Nach Prüfung dieser Stellungnahmen erklärte der *Justizminister*, dass sich die Zahl der Notare in den mittleren und größeren Städten stark erhöhen werde, wenn man die Ernennung zu Notaren ohne Bedürfnisprüfung vornehme. Die Einnahmen aus dem Notariat würden sich dadurch verringern. Auf den einzelnen Notar entfiele eine geringere Anzahl von Notariatsgeschäften. Auch mit negativen Auswirkungen auf die wirtschaftliche Lage der Nur-Notare sei durch die übergroße Anzahl von Anwaltsnotaren zu rechnen.[276] Dieser Meinung seien offenbar auch die Vorstände der Anwaltskammern gewesen, die trotzdem ganz überwiegend die Ansicht geäußert hätten, dass die Neuregelung eine Verbesserung gegenüber dem bisherigen Zustand bedeute.[277]

Um dem von der Anwaltschaft mehrheitlich geäußerten Wunsch Rechnung zu tragen, habe die Justizverwaltung ihre Bedenken gegen den Beschluss zurückgestellt. Sie werde daher zukünftig „alle Rechtsanwälte spätestens dann zum Notar [...] ernennen, wenn sie den im Beschluß der Landesversammlung festgelegten zeitlichen Voraussetzungen genügen."[278]

4. Die Bestrebungen der Rechtsanwälte in Rheinpreußen und die Reaktion der Notare

Auch im Rheinland setzten sich die Rechtsanwälte für die Verbindung von Rechtsanwaltschaft und Notariat ein. Der Vorstand des rheinpreußischen Notariatsvereins verfügte über Informationen, wonach sich nur der Kölner Anwaltsverein gegen die Verbindung ausgesprochen habe, die Anwälte in den anderen rheinischen Landgerichtsbezirken aber dafür gestimmt und einen entsprechenden Antrag gestellt hätten.[279]

Die Bestrebungen aus der Anwaltschaft veranlassten den Verein für das Rheinische Notariat dazu, durch Notar *Vleugels* eine Stellungnahme an den

274 In der Sitzung v. 3. Juli 1919, vgl. DNotV 1919, S. 325 f. Der Beschluss ist abgedruckt in DNotV 1920, S. 198.

275 Vgl. Auszug aus der Denkschrift des preußischen Justizministers, DNotV 1920, S. 199.

276 DNotV 1920, S. 199 ff.

277 DNotV 1920, S. 199, 201.

278 Ebenda.

279 Zeitschrift für das Notariat 1920, S. 2.

preußischen Justizminister verfassen zu lassen.[280] Auch in den außerordentlichen Generalversammlungen des Vereins vom 17. April 1920[281] und vom 5. Juni 1920[282] befassten sich die rheinischen Notare mit der Frage der Notariatsverfassung. Obwohl der preußische Justizminister erklärt hatte, dass ein auf Verbindung der Rechtsanwaltschaft mit dem Notariat in Rheinpreußen gerichteter Antrag des Deutschen Anwaltvereins zu diesem Zeitpunkt nicht vorlag und der bestehende Zustand im Rheinland nicht geändert werden solle,[283] hielten die rheinpreußischen Notare die Lage für so ernst, dass sie „diese Frage in einer Kommission besonders energisch und sofort" bearbeiten und „durch Eingaben die zuständigen Stellen auf die große Bedeutung der Frage" hinweisen wollten.[284]

Auf der 64. Generalversammlung des *rheinpreußischen Notariatsvereins* wurden die rheinpreußischen Notare davon unterrichtet, dass die Anwaltskammern Köln und Düsseldorf in einer Eingabe an den Justizminister die Vereinigung von Rechtsanwaltschaft und Notariat für das Gebiet des rheinischen Rechts gefordert hätten und dass dem Justizminister eine Erwiderung des Vereins vorläge.[285] Die Mitglieder des Vereins waren sich darüber einig, dass die Vereinigung

> „1. eine entschiedene Verschlechterung des bestehenden Rechtszustandes,
>
> 2. die Beseitigung einer der besten und bewährtesten Eigentümlichkeiten des Rheinlandes,
>
> 3.die Vernichtung der wirtschaftlichen Existenz der rheinischen Notare"

bedeuten würde.[286] Am 24. Oktober 1920 wurde die Frage auf einer weiteren außerordentlichen Generalversammlung besprochen und beschlossen, die Aufrechterhaltung des bestehenden Rechtszustandes unter allen Umständen anzustreben.[287]

In der Erklärung des *preußischen Justizministers* an die Anwaltskammern von Köln und Düsseldorf auf ihr Schreiben vom 7. September 1920 heißt es:

> „Dem Antrage, auch in dem früheren Gebiete des rheinischen Rechts allen Rechtsanwälten, die ihren Beruf einwandfrei ausüben, nach spätestens 15 Jahren das Notariat zu verleihen, vermag ich nicht zu entsprechen. Ausreichende Gründe für eine

---

280 Zeitschrift für das Notariat 1920, S. 28 f.

281 Zeitschrift für das Notariat 1920, S. 74, 76 f. (Punkt 3 der Tagesordnung).

282 Zeitschrift für das Notariat 1920, 97, 100 (Punkt 10 der Tagesordnung).

283 Zeitschrift für das Notariat 1920, S. 74, 76.

284 Zeitschrift für das Notariat 1920, S. 97, 100.

285 Bericht über die 64. Generalversammlung v. 10. Oktober 1920, Zeitschrift für das Notariat 1920, S. 165, 171.

286 Zeitschrift für das Notariat 1920, S. 165, 176.

287 Zeitschrift für das Notariat 1920, S. 177 f.

Änderung des bestehenden Zustandes liegen nicht vor; vielmehr lassen ganz überwiegende Gründe eine grundsätzliche Verbindung des Notariats mit der Rechtsanwaltschaft im rheinischen Rechtsgebiet unangebracht erscheinen."[288]

5. Der Elfte Deutsche Notartag

Bei Eröffnung des Elften Deutschen Notartages am 11. September 1925 gab der Vorsitzende des Deutschen Notarvereins *Elze* eine Deutsche Notariatsordnung als Ziel vor und erklärte, dass der Notartag hoffentlich einen Beitrag in diese Richtung leisten werde.[289]

Der Rechtsanwalt und Notar *Dr. Oberneck* stellte den Antrag, den Vorstand zur Einsetzung einer Kommission zu ermächtigen, die bis zum nächsten Notartag den Entwurf für eine Reichsnotariatsordnung erstellen solle.[290] Ferner stellte er zehn Leitsätze für die zukünftige Regelung des Notariats auf, in denen er unter anderem vorschlug, dass das Notariat Hauptberuf sei und mit keinem anderen Hauptberuf verbunden werden könne, allerdings mit der Möglichkeit die Verbindung mit der Rechtsanwaltschaft durch Landesrecht zu gestatten. In diesem Zusammenhang sollte der Kommission nach den Vorstellungen *Oberncks* die Prüfung vorbehalten bleiben, ob der landesrechtliche Vorbehalt auf kleinere Orte beschränkt werden solle.[291]

Die Versammlung nahm sowohl *Obernecks* Antrag auf Einsetzung der Kommission als auch die zehn von ihm formulierten Leitsätze an.[292]

6. Die Vorstellungen des Deutschen Anwaltvereins

Die Bemühungen um Vereinheitlichung der für das Notariat geltenden Bestimmungen wurden auch vom *Deutschen Anwaltverein* begrüßt. Auch er hielt den Erlass einer Reichsnotariatsordnung für wünschenswert, allerdings mit der Maßgabe der Verbindung des Notariats mit der Anwaltschaft, die zweckmäßig und geboten sei.[293] Die gegen diese Verbindung erhobenen Bedenken seien „mehr oder weniger am Schreibtisch erklügelt" und nicht „durch die Jahrzehnte

288 Erklärung des preußischen Justizministers v. 13. Januar 1921, vgl. Zeitschrift für das Notariat 1921, S. 25 f.

289 Niederschrift über den 11. Deutschen Notartag, DNotV 1925, S. 363.

290 DNotV 1925, S. 383, 389.

291 DNotV 1925, S. 383, 391 f. (Leitsatz 4).

292 DNotV 1925, S. 402.

293 Schreiben des Vorstandes v. 29. Januar 1926 an den Reichsjustizminister, Bundesarchiv, R 3001, Akte 4809, Bl. 204 f.

dauernden Erfahrungen der Länder, in denen die Verbindung besteht" bestätigt worden.[294]

7. Die Position der Landesjustizverwaltungen zu einer reichseinheitlichen Regelung des Notariats

Durch ein Rundschreiben des *Reichsjustizministers* vom 8. Februar 1926 wurden die Landesjustizverwaltungen aufgefordert, mitzuteilen, ob ihre neueren Erfahrungen eine einheitliche Regelung des Notariatswesens wünschenswert erscheinen lassen.[295]

Die *preußische Justizverwaltung* war wegen des in Rheinpreußen bestehenden Nur-Notariats gegen eine einheitliche Regelung.[296] Der *bayerische Justizminister* war gegen die Verbindung von Anwaltschaft und Notariat und hielt eine reichsgesetzliche Regelung weder für erforderlich noch für wünschenswert.[297] Aus Sachsen kam die Mitteilung, dass keine Umstände hervorgetreten seien, die eine reichseinheitliche Regelung erwünscht erscheinen ließen.[298] In Württemberg war man aus Furcht um die württembergische Organisation des Notariats gegen eine einheitliche Regelung, wobei außerdem die Zuständigkeit der Reichsgesetzgebung angezweifelt wurde.[299] Auch nach den Stellungnahmen aus Baden, Hamburg, Oldenburg, Braunschweig und Lübeck war eine Vereinheitlichung des Notariats nicht gewünscht.[300]

8. Der Zwölfte Deutsche Notartag

Auf dem Zwölften Deutschen Notartag am 12. September 1927 erklärte *Oberneck*, dass der Entwurf einer Reichsnotariatsordnung bis zu diesem Zeitpunkt noch nicht habe ausgearbeitet werden können.[301] Als Ursache hierfür bezeichnete er vor allem Schwierigkeiten, die bei der „Herbeiführung einer einheitlichen Notariatsgebührenordnung"[302] aufgetreten seien.

294 Schreiben des Vorstandes v. 29. Januar 1926 an den Reichsjustizminister, Bundesarchiv, R 3001, Akte 4809, Bl. 204, 206.

295 Bundesarchiv, R 3001, Akte 4809, Bl. 207.

296 Schreiben v. 24. Februar 1926, Bundesarchiv, R 3001, Akte 4809, Bl. 208.

297 Schreiben v. 22. März 1926, Bundesarchiv, R 3001, Akte 4809, Bl. 208.

298 Schreiben v. 4. Juni 1926, Bundesarchiv, R 3001, Akte 4809, Bl. 208.

299 Schreiben v. 24. März 1926, Bundesarchiv, R 3001, Akte 4809, Bl. 208.

300 Bundesarchiv, R 3001, Akte 4809, Bl. 208.

301 DNotV 1927, S. 583, 585.

302 DNotV 1927, S. 583 f.

9. Die Auswirkungen der Neuregelung des Zugangs zum Anwaltsnotariat und die Reaktionen

In den Ländern des Anwaltsnotariats trat infolge der Notarernennung ohne vorherige Bedürfnisprüfung in den zwanziger Jahren des 20. Jahrhunderts eine Überfüllung des Notariats ein.[303] Dies nahm der Deutsche Notarverein zum Anlass, für den 21. Oktober 1928 einen außerordentlichen Notartag einzuberufen.[304] In der Versammlung schlug der Referent *Dr. Lehmann* vor, der Überfüllung zunächst durch Erhöhung der Wartezeit abzuhelfen und dann die Frage des Nur-Notariats anzugehen.[305] Die versammelten Notare fassten den Beschluss, die Regierungen der Länder mit Anwaltsnotariat zu ersuchen, Maßnahmen gegen die Überfüllung zu treffen und vorläufig keine weiteren Notare zu ernennen.[306]

Der *Vorstand der Berliner Anwaltskammer* sprach sich unter Zugrundelegung der Berliner Verhältnisse gegen eine Verlängerung der Wartezeit aus. Der starke Zuwachs an Notaren habe nicht zu solchen Missständen geführt, dass ihre Zahl verringert oder ihr weiteres Anwachsen verhindert werden müssten. In Berlin entfielen auf den einzelnen Notar durchschnittlich so viele Geschäfte, dass er über die erforderliche Erfahrung in Notariatssachen verfüge. Die Wartezeit müsse auch nicht deshalb verlängert werden, damit der Anwalt die für das Notariat erforderlichen Kenntnisse erwerben könne. Hierfür reiche die Wartezeit von zehn Jahren aus.[307]

10. Obernecks Entwurf eines Reichsnotariatsgesetzes

Auf dem 13. Deutschen Notartag, der am 10.September 1929 in Hamburg stattfand, präsentierte *Oberneck* seinen Entwurf eines Reichsnotariatsgesetzes.[308] Dieser sah die grundsätzliche Trennung des Notariats von der Anwaltschaft vor,

303 Nach Einschätzung Obernecks lag die Zahl der Rechtsanwaltsnotare besonders in Preußen und in Sachsen 1928 weit über dem Bedürfnis, vgl. DNotV 1929, S. 1, 2.

304 DNotV 1928, S. 506.

305 Bericht über die Verhandlungen des außerordentlichen Deutschen Notartages in Leipzig am 21. Oktober 1928, DNotV 1928, S. 667, 682 f.

306 Oberneck, DNotV 1928, S. 595, 596; Bericht über die Verhandlungen des außerordentlichen Deutschen Notartages in Leipzig am 21. Oktober 1928, DNotV 1928, S. 667, 686.

307 Gutachten v. 9. März 1929, Berliner Anwaltsblatt 1930, S. 64 ff.

308 Vgl. Bericht über den 13. Deutschen Notartag, DNotV 1929, S. 565, 573 ff.

enthielt jedoch den Vorbehalt, die Verbindung beider Berufe durch Landesrecht zuzulassen:[309]

> „§ 2.
>
> *3. Beschränkung der Zulassung zum Notariat.* Der Notar kann gleichzeitig weder die Rechtsanwaltschaft, noch ein besoldetes Staats- oder Gemeindeamt – mit Ausnahme des Amtes eines Ministers oder Hochschullehrers – ausüben. Er darf auch nicht zu einer Gemeinschaft mit einem Rechtsanwalt sich verbinden. Er darf sich nicht in der Stellung eines Justitiars, Syndikus, Prokuristen oder in einer ähnlichen Stellung befinden. Die Übernahme einer solchen Stellung sowie die Übernahme der Geschäftsführung einer Handels- oder Erwerbsgesellschaft sowie der Betrieb eines Handels oder Gewerbes sind ihm verboten.
>
> Personen, die feste Bezüge über 500,- RM. monatlich auf Grund eines früheren Amts- oder Dienstverhältnisses beziehen, dürfen nicht zu Notaren ernannt werden.
>
> Dem Landesrecht bleibt die Verbindung des Notariats mit der Rechtsanwaltschaft oder mit dem Amt eines Grundbuch-, Nachlaß- oder Vormundschaftsrichters für kleinere Ortschaften vorbehalten.“[310]

Die grundsätzliche Trennung des Notariats von der Rechtsanwaltschaft begründete *Oberneck* damit, dass die Verbindung beider Berufe auch in Preußen seit ihrem Bestehen umstritten war und dass es dort immer wieder Bestrebungen zur Auflösung derselben gegeben hatte. In weiten Teilen Deutschlands bestehe bereits die Trennung, die von der Bevölkerung auch als zweckmäßig anerkannt werde.[311]

Beraten wurde der Entwurf von *Oberneck* nur unter den Notaren selbst. *Oberneck* hatte dem Reichsjustizminister zwar mit Schreiben vom 21. Januar 1929 mitgeteilt, dass der Deutsche Notarverein am Entwurf einer Reichsnotariatsordnung arbeite und dass dieser hoffentlich bis zum Jahresende vorliegen werde.[312] Offenbar wurde das Reichsjustizministerium später weder über den Stand der Arbeiten unterrichtet[313] noch wurde der auf dem 13. Notartag vorgestellte Entwurf dorthin übersandt.[314]

309 DNotV 1929, S. 573, 577. Begründung zu § 2 des Entwurfs, abgedruckt bei: Schubert (Hrsg.), Materialien zur Vereinheitlichung des Notarrechts, S. 280 f.

310 Entwurf abgebdruckt bei: Schubert (Hrsg.), Materialien zur Vereinheitlichung des Notarrechts, S. 225, 232.

311 Vgl. Begründung des Entwurfs, abgedruckt bei: Schubert (Hrsg.), Materialien zur Vereinheitlichung des Notarrechts, S. 266, 272 ff.

312 Bundesarchiv, R 3001/21364, Akte 4810, Bl. 15. Eine Abschrift befindet sich in den Akten der GDN, Bundesnotarordnung, Entwürfe Protokolle, Teil I.

313 Dies ergibt sich aus einem Schreiben des Reichsjustizministers an den preußischen Justizminister v. 21. November 1933, Bundesarchiv, R 3001/21364, Akte 4810, Bl. 111.

314 Der Entwurf ist in den Akten des Reichsjustizministeriums nicht enthalten. Nachdem Schüler den lange Zeit als verschollen geltenden Entwurf Obernecks in den Akten der

11. Zwischenergebnis

Der durch den Ersten Weltkrieg bedingte Rückgang der notariellen Geschäfte führte zu einer Notlage der Nur-Notare. Die Erleichterung des Zugangs zum Anwaltsnotariat nach dem Krieg hatte dessen Überfüllung zur Folge. Während sich die Landesjustizverwaltungen gegen eine reichseinheitliche Regelung des Notariats aussprachen, erarbeitete *Oberneck* den Entwurf eines Reichsnotariatsgesetzes, der jedoch dem Reichsjustizministerium nicht vorgelegt wurde.

VII. Die Entwicklung des Notariats im Dritten Reich

1. Die Bestrebungen nach reichseinheitlicher Regelung des Notariats

Nach der Machtergreifung Hitlers gab es erneut Bestrebungen zur Vereinheitlichung der Notariatsverfassung.[315] Am 28. Mai 1933 wurde ein außerordentlicher deutscher Notartag in München abgehalten. Im Zuge der Gleichschaltung wurde der Deutsche Notarverein und die angeschlossenen Landesvereine in die „Berufsgruppe Notare" im Bund National-Sozialistischer Deutscher Juristen überführt.[316] Ferner wurde die Forderung aufgestellt, das Notariat auf Grundlage des Nur-Notariats zu reichseinheitlich zu regeln.[317] Auf dem Deutschen Juristentag 1933 in Leipzig wiederholte *Wolpers* seine Forderung nach reichseinheitlicher Regelung des Notariats in Form des Nur-Notariats.[318]

Bundesnotarkammer (GDN) entdeckt hatte (vgl. Götte, in: Schubert (Hrsg.); Materialien zur Vereinheitlichung des Notarrechts, Vorwort), veröffentlichte Schubert denselben unter Hinweis auf diese Quelle in: Schubert (Hrsg.), Materialien zur Vereinheitlichung des Notarrechts, S. 225 ff. A. A. Gsänger, Das Berufsrecht der Reichsnotarordnung, S. 36, der irrig annimmt, Schubert habe den Entwurf in den Akten des Reichsjustizministeriums gefunden.

315 Crasemann, Artikel „Das deutsche Notariat" in den Hamburger Nachrichten v. 17. Mai 1933; Heckmann, DR 1933, S. 187 ff.

316 Bericht über den außerordentlichen Notartag, DNotZ 1933, S. 320, 326.

317 Vgl. die Ansprache von Wolpers, in: Bericht über den außerordentlichen Notartag, DNotZ 1933, S. 320, 321; dens., Rundschreiben des Deutschen Notarvereins v. 1. Juni 1933, DNotZ 1933, S. 317.

318 DNotZ 1933, S. 675, 676.

2. Der Widerstand gegen die Einführung des selbständigen Notariats

Die geplante Einführung des selbständigen Notariats stieß jedoch auch auf den Widerstand einiger Notare. So gab es Vorbehalte gegen die Abschaffung des Anwaltsnotariats.[319] Teilweise wurde eingewandt, dass das selbständige Notariat nicht für alle Verhältnisse passend sei.[320] Daneben wurde auf die Tradition des Anwaltsnotariats, das sich in Preußen bewährt habe, hingewiesen.[321] Bedenken gegen die Einführung des selbständigen Notariats äußerte auch der Württembergische Notariatsverein, der sich um den Erhalt des württembergischen Bezirks-Notariats sorgte.[322]

3. Der Entwurf der Reichsfachgruppe Notare

Die *Reichsfachgruppe Notare* im BNSDJ arbeitete in der Folgezeit an dem Entwurf einer Reichsnotariatsordnung,[323] den sie 1934 vorlegen konnte.[324] Ein Grundgedanke dieses Entwurfs war die Zuweisung des öffentlichen Urkundwesens an die Notare, denen die Ausübung der Rechtsanwaltschaft untersagt werden sollte. § 2 Abs. 1 hatte dementsprechend folgenden Wortlaut:

> „Der Notar darf nicht zugleich Rechtsanwalt sein, ebenso wenig mit einem solchen in Berufsgemeinschaft stehen oder mit ihm gemeinsame Geschäftsräume haben. Die Justizverwaltung kann im Einvernehmen mit der Notarkammer anordnen, daß ein Notar ausnahmsweise zugleich die Rechtsanwaltschaft ausübt, wenn und solange an seinem Amtssitz ein Rechtsanwalt nicht vorhanden ist, und die Bedürfnisse der Rechtspflege und der Bevölkerung einen Rechtsanwalt erfordern.“[325]

---

319 Vorstand der Anwaltskammer Hamm (Westf.), Schreiben v. 24. Juli 1933, Bundesarchiv, R 3001/21364, Akte 4810, Bl. 97.

320 Raabe, Artikel „Das deutsche Notariat“ in den Hamburger Nachrichten v. 25. Mai 1933, Bundesarchiv, R 3001/21364, Akte 4810, Bl. 86.

321 Regierungspräsident von Merseburg, Schreiben an den Reichsjustizminister v. 24. Januar 1933, Bundesarchiv, R 3001/21365, Akte 4811, Bl. 2; Bahr, Artikel „Das deutsche Notariat“ in den Hamburger Nachrichten v. 30. Mai 1933, Bundesarchiv, R 3001/21364, Akte 4810, Bl. 87; Verein der Breslauer Landgerichtsanwälte, Schreiben an den Reichsjustizminister v. 2. Juni 1933, Bundesarchiv, R 3001/21364, Akte 4810, Bl. 88.

322 Schreiben an das Württembergische Justizministerium v. 4. Dezember 1933, Bundesarchiv, R 3001/21364, Akte 4810, Bl. 116.

323 Dies ergibt sich aus den Ausführungen von Wolpers, DNotZ 1934, S. 1, 2.

324 Entwurf einer Reichsnotariatsordnung, Bundesarchiv, R 3001/20783, Bl. 90 ff. (auch abgedruckt bei: Schubert (Hrsg.), Materialien zur Vereinheitlichung des Notarrechts, S. 289 ff.).

325 Bundesarchiv, R 3001/20783, Bl. 91.

Für die bereits vorhandenen Anwaltsnotare war nach § 84 Abs. 3 des Entwurfs eine Übergangsregelung vorgesehen:

> „Die hiernach im Amt bleibenden Anwaltsnotare unterliegen für die ersten 10 Jahre nach Inkrafttreten dieses Gesetzes nicht der Vorschrift des § 2 I; neue Gemeinschaften dürfen nicht gebildet werden. ..."[326]

Der Notar sollte sich zukünftig auf das Notariat beschränken und daneben keinen weiteren Beruf, also auch nicht die Rechtsanwaltschaft, ausüben dürfen. Der Übergang zum Nur-Notariat sollte dadurch erleichtert werden, dass den Rechtsanwaltsnotaren gestattet blieb, Anwaltschaft und Notariat wie bisher nebeneinander auszuüben.[327]

Trotz der Entscheidung für das selbständige Notariat wurde der Entwurf von einigen Nur-Notaren kritisiert. So bemängelten die bayerischen Notare die in § 2 Abs. 1 S. 2 vorgesehene Regelung, nach der die Verbindung des Notariats mit der Rechtsanwaltschaft unter den dort genannten Voraussetzungen ausnahmsweise zulässig sein sollte.[328]

4. Die Eröffnung der Reichsnotarkammer

Bei der Eröffnung der Reichsnotarkammer am 8./9. März 1935 stellte der Reichsjustizminister *Dr. Gürtner* die Frage, ob das mit der Rechtsanwaltschaft verbundene Notariat überhaupt völlig verzichtbar sei. An manchen Amtsgerichten könne weder der Rechtsanwalt noch der Notar sein Auskommen finden. Der in Bayern für solche Fälle praktizierte Weg, das Notariat zu verwesen, führe regelmäßig dazu, dass man das verweste Notariat nicht wieder besetzen könne.[329]

Trotz dieser vom Reichsjustizminister geäußerten Bedenken sprachen sich neben den Nur-Notaren auch 12 der 15 anwesenden Vertreter des Anwaltsnotariats für das Nur-Notariat aus.[330]

5. Der Antrag auf Einführung des Anwaltsnotariats in Lippe

Nachdem die Lippische Anwaltschaft Anfang des Jahres 1935 beantragt hatte, das Notariat in Form des Anwaltsnotariats auch in Lippe einzuführen,[331] bat der

326 Bundesarchiv, R 3001/20783, Bl. 107.

327 Begründung des Entwurfs, Bundesarchiv, R 3001/21365, Akte 4811, Bl. 3b (auch abgedruckt bei: Schubert (Hrsg.), Materialien zur Vereinheitlichung des Notarrechts, S. 320 ff.).

328 Bundesarchiv, R 3001/21365, Akte 4811, Bl. 6 (Abschrift).

329 Bericht über die Eröffnungssitzung der Reichsnotarkammer, DNotZ 1935, S. 252, 261.

330 DNotZ 1935, S. 252, 265.

Reichsjustizminister die Präsidenten der Oberlandesgerichte Celle und Köln darum, zur vorläufigen Einführung des Anwaltsnotariats in Lippe und Schaumburg-Lippe bzw. des Nur-Notariats in Birkenfeld Stellung zu nehmen. Dabei wies er darauf hin, dass die Frage der künftigen Gestaltung des Notariats noch nicht entschieden sei und dass aus den für Lippe und Birkenfeld zu treffenden Regelungen keine Rückschlüsse auf die Haltung des Ministeriums gezogen werden könnten. Ferner bat er um vertrauliche Behandlung der Angelegenheit.[332]

Der *Präsident der Reichsrechtsanwaltskammer* hielt die Forderung der Rechtsanwälte, sie zu Notaren zu bestellen, für gerechtfertigt und bat den Reichsjustizminister darum, ihr so bald wie möglich nachzukommen.[333]

Sowohl die *Ortsgruppe Idar-Oberstein*[334] als auch die *Reichsführung des BNSDJ*[335] waren der Ansicht, dass das Anwaltsnotariat in Birkenfeld einzuführen sei. Der *Dienstaufsicht führende Richter am Amtsgericht Idar-Oberstein* hielt es für zweckmäßig, an den drei Gerichtsorten in Birkenfeld jeweils ein Notariat zu errichten und mit der Anwaltschaft zu verbinden, weil es sonst nicht lebensfähig wäre.[336] Auch die *Amtsrichter in Birkenfeld* sollen für die Einführung des Anwaltsnotariats in Birkenfeld eingetreten sein.[337] Der *Präsident des Landgerichts Koblenz* schloss sich dieser Auffassung an und empfahl, „bei grundsätzlicher Festhaltung am rheinischen Notariat und unter Ablehnung des sogenannten Anwaltsnotariats die ersten 3 Notare aus den ortsansässigen Rechtsanwälten zu ernennen, und zwar unbeschadet ihrer Zulassung als Rechtsanwalt."[338] Der *Präsident des Oberlandesgerichts Köln* erklärte dagegen, die Stellen sollten nicht mit Rechtsanwälten, sondern mit jungen Assessoren besetzt werden. Falls sich solche nicht finden ließen, solle die reichseinheitliche Regelung des Notariats abgewartet werden.[339]

---

331 Schreiben v. 24. Januar 1935, Bundesarchiv, R 3001/20783, Bl. 388 ff.

332 Schreiben v. 5. Juni 1935, Bundesarchiv, R 3001/20783, Bl. 399.

333 Schreiben v. 8. Januar 1936, Bundesarchiv, R 3001/20783, Bl. 457.

334 Bundesarchiv, R 3001/20783, Bl. 446 ff.

335 Schreiben an den Reichsjustizminister v. 8. August 1935, Bundesarchiv, R 3001/20783, Bl. 445.

336 Schreiben an den Präsidenten des LG Koblenz v. 2. Juli 1935, Abschrift im Bundesarchiv, R 3001/20783, Bl. 409 f.

337 Zusammenfassung zur Einführung des Notariats in Birkenfeld und Lippe v. 16. September 1935, Bundesarchiv, R 3001/20783, Bl. 454.

338 Der Präsident des LG Koblenz wird zitiert im Schreiben des OLG-Präsidenten von Köln v. 8. August 1935 an den Reichsjustizminister, Bundesarchiv, R 3001/20783, Bl. 402, 403.

339 Schreiben v. 8. August 1935 an den Reichsjustizminister, Bundesarchiv, R 3001/20783, Bl. 402, 405.

Für Lippe erkannte der *Präsident des Landgerichts Detmold* an, dass ein grundsätzliches Bedürfnis zur Einführung des Notariats bestehe. Dagegen plädierten der *Präsident des Oberlandesgerichts Celle* (für Lippe und Schaumburg-Lippe) und der *Präsident des Landgerichts Bückeburg* (für Schaumburg-Lippe) übereinstimmend gegen die alsbaldige Einführung des Notariats. Falls das Notariat dort dennoch eingeführt werde, solle dies in Form des preußischen Anwaltsnotariats geschehen.[340]

Unter dem 18. Juni 1936 erklärte der *Reichsjustizminister*, dass das Notariat in Lippe und Schaumburg-Lippe erst „mit dem Inkrafttreten der gegenwärtig in Vorbereitung befindlichen Reichsnotariatsordnung eingeführt werden" solle.[341]

6. Der Referentenentwurf des Reichsjustizministeriums

Am 5. Februar 1936[342] wurde der Referentenentwurf des Reichsjustizministeriums vorgelegt.[343] § 4 desselben hatte folgenden Wortlaut:

> „(1) Der Notar wird grundsätzlich zur hauptamtlichen Berufsausübung auf Lebenszeit bestellt.
>
> (2) Soweit in bestimmten Teilen des Reichs ein Bedürfnis besteht, können Rechtsanwälte als Notare zu nebenamtlicher Berufsausübung für die Dauer ihrer Zulassung bestellt werden.
>
> (3) Die im Abs. 2 bezeichneten Gebietsteile bestimmt der Reichsminister der Justiz."[344]

Die Zulassung von Notaren zur Rechtsanwaltschaft sollte nach § 6 des Entwurfs auch weiterhin möglich sein:

> „Der zur hauptamtlichen Berufsausübung bestellte Notar (§ 4 Abs. 1) kann, soweit dies nach Lage der Verhältnisse angezeigt erscheint, zur Rechtsanwaltschaft zugelassen werden. Ihm können dabei hinsichtlich des Umfanges der anwaltlichen Tätigkeit Beschränkungen auferlegt sowie auch sonstige Auflagen gemacht werden."[345]

Möglichen Interessenkollisionen sollte durch den Ausschluss des Notars, der gesetzlicher Vertreter oder Bevollmächtigter eines Beteiligten ist, begegnet wer-

340 Zusammenfassender Vermerk zur Einführung des Notariats in Birkenfeld und Lippe v. 16. September 1935, Bundesarchiv, R 3001/20783, Bl. 454 f.

341 Schreiben an den National-Sozialistischen Rechtswahrer-Bund, Bundesarchiv, R 3001/20783, Bl. 343.

342 Anschreiben v. 5. Februar 1936, Bundesarchiv, R 3001/20783, Bl. 201 f.

343 Bundesarchiv, R 3001/20783, Bl. 136 ff. (1. Entwurf) sowie Bl. 206 ff. (Reinkonzept). Auch abgedruckt bei: Schubert (Hrsg.), Materialien zur Vereinheitlichung des Notarrechts, S. 327 ff.

344 Bundesarchiv, R 3001/20783, Bl. 137 (1. Entwurf) und Blatt 206 (Reinkonzept).

345 Bundesarchiv, R 3001/20783, Bl. 137 f. (1. Entwurf) und Blatt 207 (Reinkonzept).

den.[346] Sofern der Notar für einen Beteiligten in einer anderen Sache als gesetzlicher Vertreter oder Bevollmächtigter tätig gewesen ist, sollte er nur dann als Notar auftreten dürfen, wenn er die Beteiligten über diesen Umstand aufgeklärt habe und sie seiner Mitwirkung nicht widersprochen hätten.[347]

7. Die Stellungnahme der Reichsnotarkammer

Nach Ansicht der Reichsnotarkammer stellte der Referentenentwurf den hauptberuflichen Charakter des Notariats nicht deutlich genug heraus. Die nebenberufliche Ausübung des Notariats durch Rechtsanwälte sei nur noch für eine Übergangszeit zu dulden und müsse daher in den Übergangsbestimmungen geregelt werden.[348] Ferner müsse in § 6 des Entwurfs ausdrücklich aufgenommen werden, dass „die Zulassung als Rechtsanwalt widerruflich erfolgen kann."[349]

Der Entwurf wurde daraufhin leicht geändert. Das Verhältnis des Notariats zur Anwaltschaft sollte nun in § 5 geregelt werden, der die Einführung des Nur-Notariats als Zielstellung und die nur noch übergangsweise vorgesehene Möglichkeit zur Bestellung von Anwaltsnotaren durch deren zeitliche Einschränkung stärker betonte:

> „§ 5
>
> (1) Die Notare werden zur hauptamtlichen Berufsausübung auf Lebenszeit bestellt.
>
> (2) Soweit in bestimmten Gerichtsbezirken nach der bisherigen Rechtsentwicklung ein Bedürfnis besteht, können dort bis auf weiteres Rechtsanwälte als Notare zu nebenamtlicher Berufsausübung für die Dauer ihrer Zulassung bestellt werden."[350]

Für die Zulassung hauptamtlicher Notare zur Rechtsanwaltschaft war nun ein Widerrufsvorbehalt vorgesehen:

> „§ 7
>
> Der zur hauptamtlichen Berufsausübung bestellte Notar (§ 5 Abs. 1) kann, soweit dies nach Lage der Verhältnisse angezeigt erscheint, als Rechtsanwalt zugelassen werden. Dabei kann ein Widerruf der Zulassung vorbehalten bleiben; dem Notar

---

346 § 15 Abs. 1 Nr. 4 des Entwurfs, Bundesarchiv, R 3001/20783, Bl. 141 (1. Entwurf) und Blatt 208 (Reinkonzept).

347 § 15 Abs. 3 des Entwurfs, Bundesarchiv, R 3001/20783, Bl. 142 (1. Entwurf) und Blatt 209 (Reinkonzept).

348 Stellungnahme der Reichsnotarkammer zum amtlichen Entwurf, Bundesarchiv, R 3001/20783, Bl. 294, 296, 300.

349 Bundesarchiv, R 3001/20783, Bl. 294, 301.

350 Bundesarchiv, R 3001/20783, Bl. 344.

können auch hinsichtlich des Umfangs der anwaltlichen Tätigkeit Beschränkungen auferlegt sowie auch sonstige Auflagen gemacht werden."[351]

8. Weitere Änderungen am Gesetzentwurf

Nachdem *Gonella* und *Wolpers* am 3. Oktober 1936 beim Reichsjustizminister vorgesprochen und ihn darum ersucht hatten, das Anwaltsnotariat in den Übergangsbestimmungen zu regeln,[352] wurde der Entwurf zunächst noch einmal geändert und die Vorschriften über das Anwaltsnotariat in die Überleitungsbestimmungen aufgenommen.[353] Der geänderte Entwurf sah nun die Regelung des Verhältnisses von Anwaltschaft und Notariat in folgender Weise vor:

„§ 5

Die Notare werden zur hauptamtlichen Berufsausübung auf Lebenszeit bestellt."[354]

„Bestellung von Rechtsanwälten zu Notaren

§ 106

Soweit in bestimmten Gerichtsbezirken nach der bisherigen Rechtsentwicklung ein Bedürfnis besteht, können dort bis auf weiteres auch Rechtsanwälte als Notare zu nebenamtlicher Berufsausübung für die Dauer ihrer Zulassung bestellt werden. Die Vorschriften des § 6 und des § 7 Satz 2 finden insoweit keine Anwendung."[355]

9. Der Referentenentwurf vom 9. Dezember 1936

Der überarbeitete Referentenentwurf vom 9. Dezember 1936 sah die Ordnung des Verhältnisses von Rechtsanwaltschaft und Notariat wieder am Anfang der Reichsnotariatsordnung vor, und zwar in den Paragraphen 7 bis 8:

„§ 7

Die Notare werden zur hauptamtlichen Berufsausübung auf Lebenszeit bestellt.

§ 8

(1) Der Notar kann, wenn dies einer geordneten Rechtspflege dienlich ist, bei dem Amtsgericht, in dessen Bezirk er seinen Amtssitz hat, als Rechtsanwalt zugelassen

351 Bundesarchiv, R 3001/20783, Bl. 344 f.

352 Aktennotiz v. 2. Oktober 1936, Bundesarchiv, R 3001/20784, Bl. 24. Gleichzeitig baten sie ihn um zurückhaltende Verleihung des Anwaltsnotariats, um die Entstehung des Nur-Notariats nicht zu gefährden.

353 Vermerk von Volkmar v. 27. Oktober 1936, Bundesarchiv, R 3001/20784, Bl. 26 f.

354 Geänderter Entwurf, Bundesarchiv, R 3001/20784, Bl. 28.

355 Geänderter Entwurf, Bundesarchiv, R 3001/20784, Bl. 28, 47.

werden. Die Zulassung kann bei einer wesentlichen Änderung der Verhältnisse zurückgenommen werden.

(2) Soweit in bestimmten Gerichtsbezirken nach der bisherigen Rechtsentwicklung ein Bedürfnis besteht, können dort bis auf weiteres auch Rechtsanwälte für die Dauer ihrer Zulassung bei einem bestimmten Gericht als Notare zu nebenamtlicher Berufsausübung bestellt werden. Die Vorschrift des § 5 findet insoweit keine Anwendung.“[356]

Nach § 76 Abs. 2 sollten die zu Notaren bestellten Rechtsanwälte für die Dauer ihrer Zulassung bestellt sein und Widerrufsvorbehalte und ähnliche Beschränkungen ihre Wirksamkeit verlieren.[357]

10. Weitere Bemühungen von Wolpers und Schiek

Weil das Anwaltsnotariat nun doch nicht in den Übergangsvorschriften der Reichsnotarordnung, sondern im ersten Teil geregelt werden sollte, fürchteten *Wolpers* und *Schiek* um die baldige Durchsetzung des Nur-Notariats und sprachen mit dem Staatssekretär im Reichsjustizministerium *Schlegelberger*. Dieser erklärte, dass nach dem Inkrafttreten der Reichsnotarordnung mit der Ernennung von Nur-Notaren im Gebiet des Anwaltsnotariats begonnen werden solle, das Anwaltsnotariat in den Kleinstädten und auf dem Land aber auf absehbare Zeit nicht beseitigt werden könne.[358]

Wolpers war mit dieser Auskunft nicht zufrieden. Am 13. Januar 1937 schrieb er in dieser Angelegenheit an den Reichsjustizminister und bemängelte erneut, dass die „in beschränktem Umfange für die Übergangszeit notwendige Aufrechterhaltung des Anwaltsnotariats nicht in die Übergangsbestimmungen verwiesen und nicht befristet ist und dadurch die vorübergehende Natur dieser Einrichtung nicht genügend erkennbar ist.“[359] Um den Übergangscharakter deutlicher erkennbar werden zu lassen, schlug er vor, in der Vorschrift über die Ernennung von Rechtsanwälten zum Notar (§ 8 Abs. 2) „den Ausdruck ‘bis auf weiteres’ durch ‘vorläufig’ zu ersetzen.“[360]

356 Bundesarchiv, R 3001/20784, Bl. 99, 100 (Entwurf) und Bl. 122, 123 (Reinschrift). Auch abgedruckt bei: Schubert (Hrsg.), Materialien zur Vereinheitlichung des Notarrechts, S. 353, 354 f.

357 Bundesarchiv, R 3001/20784, Bl. 137.

358 Vermerk über Vorsprache v. 8. Januar 1937, Bundesarchiv, R 3001/20784, Bl. 151.

359 Bundesarchiv, R 3001/20784, Bl. 153.

360 Bundesarchiv, R 3001/20784, Bl. 155.

Nachdem auch von Seiten der Reichsführung der Wunsch geäußert worden war, dass Nur-Notariat stärker hervorzuheben,[361] änderte das Reichsjustizministerium § 8 Abs. 2 entsprechend dem Vorschlag von *Wolpers*.[362]

11. Der Erlass der Reichsnotarordnung

Am 13. Februar 1937 wurde die Reichsnotarordnung erlassen.[363] Das Verhältnis des Notariats zur Rechtsanwaltschaft wurde durch die Paragraphen 7 und 8 geordnet:

> „§ 7
>
> Die Notare werden zur hauptberuflichen Amtsausübung auf Lebenszeit bestellt.
>
> § 8
>
> (1) Der Notar kann, wenn dies einer geordneten Rechtspflege dienlich ist, bei dem Amtsgericht, in dessen Bezirk er seinen Amtssitz hat, als Rechtsanwalt zugelassen werden. Die Zulassung kann bei einer wesentlichen Änderung der Verhältnisse zurückgenommen werden.
>
> (2) Soweit in bestimmten Gerichtsbezirken nach der bisherigen Rechtsentwicklung ein Bedürfnis besteht, können vorläufig dort auch Rechtsanwälte für die Dauer ihrer Zulassung bei einem bestimmten Gericht als Notare zu nebenberuflicher Amtsausübung bestellt werden. Die Vorschrift des § 5 findet insoweit keine Anwendung.“[364]

Damit galt grundsätzlich das Nur-Notariat. Allerdings konnten – das entsprechende Bedürfnis der Rechtspflege vorausgesetzt – Notare als Rechtsanwälte zugelassen (§ 8 Abs. 1 RNO) und Rechtsanwälte zu Notaren bestellt werden (§ 8 Abs. 2 RNO).

Die Interessen der bei Erlass der Reichsnotarordnung bereits ernannten Rechtsanwaltsnotare wurden in § 76 Abs. 2 berücksichtigt:

> „Die zu Notaren bestellten Rechtsanwälte (§ 8 Abs. 2) gelten in jedem Fall als für die Dauer ihrer Zulassung bestellt; Widerrufsvorbehalte und ähnliche Beschränkungen verlieren ihre Wirksamkeit.“[365]

Wegen der Verbindung des Notariats mit der Rechtsanwaltschaft mögliche Interessenkollisionen sollten durch § 17 Abs. 1 Nr. 5, Abs. 3 RNO ausgeschlossen werden:

---

361 Vermerk über die Besprechung mit dem Sachbearbeiter beim Stellvertreter Hitlers v. 2. Februar 1937, Bundesarchiv, R 3001/20784, Bl. 150.

362 Bundesarchiv, R 3001/20784, Bl. 172 und 215.

363 RGBl. I 1937, S. 191.

364 RGBl. I 1937, S. 191 f.

365 RGBl. I 1937, S. 200.

„§ 17

(1) Der Notar ist bei der Urkundstätigkeit (§§ 22 bis 24) von der Ausübung seines Amtes ausgeschlossen

...

5. wenn er in der den Gegenstand des Amtsgeschäfts bildenden Angelegenheit Bevollmächtigter eines Beteiligten ist.

(3) Der Notar kann sich der Ausübung des Amts wegen Befangenheit enthalten. Sind bei einer Angelegenheit mehrere beteiligt und ist der Notar für einen von ihnen in der Sache früher als gesetzlicher Vertreter oder Bevollmächtigter tätig gewesen oder in anderer Sache gegenwärtig als Bevollmächtigter tätig, so soll er vor einer Urkundstätigkeit die anwesenden Beteiligten fragen, ob sie gegen seine Mitwirkung Widerspruch erheben. Der Widerspruch ist unbeachtlich, wenn er nicht unverzüglich erfolgt.“[366]

Am 1. Juli 1937 trat die Reichsnotarordnung in Kraft.[367] Ebenfalls zu diesem Zeitpunkt trat eine Anordnung des Reichsjustizministers zu den Angelegenheiten der Notare vom 14. Juni 1937 in Kraft, die die Schaffung von Nur-Notarstellen in den bisherigen Gebieten des Anwaltsnotariats vorsah, sobald dies nach den Verhältnissen möglich erscheine.[368]

Aufgrund ihres grundsätzlichen Bekenntnisses zur hauptberuflichen Amtsausübung als erstem großem Schritt zum reinen Notariat wurde die Reichsnotarordnung von den deutschen Notaren begrüßt.[369] In der Folgezeit wurde hauptsächlich in den Großstädten der Gebiete des Anwaltsnotariats damit begonnen, auch Nur-Notare neben Anwaltsnotaren zu bestellen.[370]

12. Zwischenergebnis

Die Reichsnotarordnung stellte den Grundsatz des Nur-Notariats auf. Die Verbindung des Notariats mit der Rechtsanwaltschaft in Form des Anwaltsnotariats und des Notaranwalts sollte nur bei entsprechendem Bedürfnis erfolgen dürfen und nur noch für eine Übergangszeit aufrechterhalten werden.

---

366 RGBl. I 1937, S. 193.

367 § 75 RNO, RGBl. I 1937, S. 200.

368 Deutsche Justiz 1937, S. 914, 918.

369 So Wolpers, DNotZ 1937, S. 170, 172.

370 Vgl. Saage, Beilage zum Bundesanzeiger Nr. 92 v. 16. Mai 1961, S. 2.

VIII. Die Zeit nach dem Ende des Dritten Reichs bis zur Gründung der Bundesrepublik Deutschland

Nach dem Zweiten Weltkrieg wurden in den Gebieten des Anwaltsnotariats keine Nur-Notare mehr bestellt.[371] Vereinzelt gab es Bemühungen von Anwälten, die Anwaltschaft mit dem Notariat zu verbinden. Während die Besatzungsmacht beispielsweise in Trier auch Rechtsanwälte widerruflich zu Notaren bestellte, soll der *Präsident des Oberlandesgerichts Köln* sich für die Ausdehnung des Nur-Notariats ausgesprochen haben.[372]

Am 13. Mai 1947 erklärte der *niedersächsische Justizminister*, der nach der Reichsnotarordnung vorgesehene Übergang zum Nur-Notariat sei wegen des Krieges und des Zusammenbruchs nicht durchführbar. Er halte daher die Bestellung von Anwaltsnotaren zumindest übergangsweise weiterhin für erforderlich.[373]

In der Britischen Besatzungszone wurde § 8 Abs. 2 durch die 2. Verordnung zur Änderung der Reichsnotarordnung vom 11. Oktober 1948 geändert und wie folgt neu formuliert:

> „In denjenigen Gerichtsbezirken, in denen bisher Rechtsanwälte als Notare zu nebenberuflicher Amtsausübung bestellt worden sind, können auch weiterhin Rechtsanwälte für die Dauer ihrer Zulassung bei einem bestimmten Gericht als Notare zu nebenberuflicher Amtsausübung bestellt werden. Die Vorschrift des § 5 findet insoweit keine Anwendung. Die näheren Bestimmungen trifft die Landesjustizverwaltung. Sie kann die Bestellung vom Ablauf einer bestimmten Wartezeit oder auch vom Vorliegen beider Voraussetzungen abhängig machen; sie kann auch im Einzelfall die Bestellung von einer dieser Voraussetzungen abhängig machen." [374]

Dabei spielte erstmals der Gedanke eine Rolle, den Status quo zu erhalten, denn das Nur-Notariat sollte danach nicht mehr überall angestrebt, sondern nur in seinem bisherigen Verbreitungsgebiet beibehalten, „im übrigen aber am Anwalts-Notariat festgehalten werden."[375]

In der Zeit nach dem Zweiten Weltkrieg ist also bereits eine Abkehr von dem nach der Reichsnotarordnung geltenden Grundsatz des Nur-Notariats zu verzeichnen.

---

371 Ebenda.

372 Dies berichtete Feyock in einem Schreiben an Bülow v. 6. März 1950, Akten der GDN, Bundesnotarordnung, Schriftwechsel.

373 Schreiben an den Präsidenten des Zentral-Justizamtes, Bundesarchiv Koblenz, Z 21/754, Bl. 17.

374 VOBl. BZ, S. 311.

375 Vermerk zur Tagung des Justizkollegiums am 24. Juni 1949, Bundesarchiv Koblenz, Z 21/754, Bl. 172.

IX. Die Zeit nach Gründung der Bundesrepublik Deutschland bis zum Erlass der Bundesnotarordnung

1. Die Regelungen des Grundgesetzes

Das Grundgesetz für die Bundesrepublik Deutschland vom 23. Mai 1949 wies dem Bund in Art. 74 Nr. 1 die konkurrierende Gesetzgebungskompetenz für das Notariat zu.[376] Darüber hinaus ist in Art. 138 geregelt, dass Veränderungen der Notariatseinrichtungen in Bayern, Baden, Württemberg-Baden und Württemberg-Hohenzollern der Zustimmung der jeweiligen Landesregierungen bedürfen.[377]

2. Die Notarordnung für Rheinland-Pfalz vom 3. September 1949

In Rheinland-Pfalz wurde das Notariat durch die Notarordnung vom 3. September 1949 neu geregelt. § 8 dieser Notarordnung sah vor, dass zukünftig weder Notaranwälte noch Anwaltsnotare neu bestellt werden sollten.[378]

Obwohl Zweifel an der Gültigkeit derselben bestanden,[379] wollten das *Justizministerium* und die *Landesregierung von Rheinland-Pfalz* an dem durch diese Notarordnung eingeführten Nur-Notariat festhalten.[380]

---

376 Der Parlamentarische Rat, Bd. 3, S. 629.

377 Der Parlamentarische Rat, Bd. 3, S. 648.

378 Gesetz- und Verordnungsblatt der Landesregierung Rheinland-Pfalz I, Nr. 52, ausgegeben zu Koblenz am 6. September 1949.

379 Wegen zu später Verkündung – Mit dem Zusammentritt des ersten Deutschen Bundestages war die RNotO nach Art. 125 Nr. 1 GG Bundesrecht geworden und damit die Gesetzgebungskompetenz der Länder für das Notariat erloschen – Aussetzung und Vorlage an das BVerfG durch OVG Rheinland-Pfalz, Beschl. v. 19. Juli 1960 (2 C 21/59) – Bundesarchiv Koblenz, B 141/16892, Bl. 136 ff.

380 Sie traten daher für die nach den §§ 3 Abs. 1 und 2, 87 Abs. 2 vorgesehene Regelung in der Fassung der Beschlüsse des Rechtsausschusses v. 12. Oktober 1960 (BT-Drucks. 3/2128) ein, vgl. Schreiben des Ministerialrats Schönrich an Saage v. 21. Oktober 1960, Bundesarchiv Koblenz, B 141/16892, Bl. 107 f. und Vermerk des Referenten aus dem rheinland-pfälzischen Justizministerium v. 21. Oktober 1960, Bundesarchiv Koblenz, B 141/16892, Bl. 108, 110.

3. Der Entwurf eines bayerischen Notariatsgesetzes

Auch in Bayern war nach dem Krieg ein Entwurf eines bayerischen Notariatsgesetzes ausgearbeitet worden. Nachdem dieser Entwurf wegen des Übergangs der Gesetzgebungskompetenz auf den Bund nicht mehr zum Gesetz geworden war, setzte sich Bayern für eine bundesgesetzliche Regelung des Notariats im Sinne des Nur-Notariats ein.[381]

4. Die Gründung der Gemeinschaft des Deutschen Notariats (GDN)

Zur Wahrung der Angelegenheiten des deutschen Notariats, der Pflege des Notarrechts und zur Herausgabe einer Notarzeitschrift schlossen sich der Bayerische Notarverein, die Rheinische Notarkammer, die Hamburgische Notarkammer und die Notarkammern Pfalz und Koblenz am 8. Oktober 1949 zur Gemeinschaft des Deutschen Notariats (GDN) zusammen.[382]

Mit Schreiben vom 7. November 1949 informierte *Feyock* den Bundesjustizminister Dehler über die Gründung der GDN und ihre Zielsetzung und bat ihn darum, „in allen die Notariatsverfassung und das Notariatsrecht betreffenden Fragen, darüber hinaus aber auch in allen die notarielle Praxis berührenden Vorgängen die Gemeinschaft des Deutschen Notariats, sei es als Vertretung der Beteiligten, sei es als sachverständige Stelle, heranzuziehen."[383] Dies sagte *Bundesjustizminister Dehler* zu.[384]

5. Die Auffassung des Bundesjustizministeriums und der Landesjustizministerien zur Reichweite von Art. 138 GG

Nach Ansicht des *Bundesjustizministers* war Art. 138 GG so auszulegen, dass jede – auch die nur in einem Landesteil bestehende – Einrichtung des Nur-Notariats geschützt sei und nur mit Zustimmung des jeweiligen Landes beseitigt werden könne. Er bat die Landesjustizminister und die GDN um Mitteilung, ob

381 Feyock, DNotZ 1950, S. 367, 368.

382 Das Datum geht aus den Akten des BJM (Bundesarchiv Koblenz, B 141/427339, Bl. 5) hervor. Vgl. auch DNotZ 1950, S. 6.

383 Bundesarchiv Koblenz, B 141/36928, Bl. 3.

384 Schreiben v. 23. November 1949, Bundesarchiv Koblenz, B 141/36928, Bl. 4. Bei einer Besprechung mit dem Vorstand der GDN am 12. Dezember 1949 wiederholte er seine Zusage, vgl. die Niederschrift über diese Besprechung, in: Akten der GDN, Bundesnotarordnung, Entwürfe Protokolle, Teil I.

sie dieser Auffassung beitreten oder Bedenken dagegen erheben.[385] Die *Justizminister der Länder* kamen dieser Aufforderung nach und traten bis auf Baden und Hessen der Auffassung des Bundesjustizministers bei.[386]

6. Der Gesetzentwurf zur Änderung des badischen Landesgesetzes über die freiwillige Gerichtsbarkeit

In Baden, wo es bis dahin ausschließlich badische Amtsnotare gegeben hatte, hatte die Militärregierung 1945 zwölf Anwaltsnotare ernannt. Im März 1950 wurde ein Initiativgesetzentwurf zur Änderung des badischen Landesgesetzes über die freiwillige Gerichtsbarkeit in den württembergisch-badischen Landtag eingebracht, der dort zukünftig auch die Ernennung von Rechtsanwaltsnotaren vorsah.[387] Während bereits vor Einbringung des Gesetzentwurfs in der Tagespresse zugunsten des Anwaltsnotariats Stellung genommen worden war, setzten sich der *badische Notarverein* und die *GDN* unter Berufung auf ein Gutachten der Justizverwaltung Karlsruhe von 1947, das eine Änderung der badischen Notariatsverfassung nur in Richtung des selbständigen Notariats für möglich erklärt hatte, dagegen zur Wehr.[388] Da sich keine Mehrheit für das Gesetz fand, wurde die Beratung vertagt.[389]

---

385 Schreiben v. 10. Januar 1950, in: Akten der GDN, Bundesnotarordnung, Schriftwechsel.

386 Vgl. Aktennotiz von Zilken über eine Besprechung mit Bülow im BJM am 19. Mai 1950, in: Akten der GDN, Bundesnotarordnung, Entwürfe Protokolle, Teil I.

387 Vgl. Gutachten „Zur gegenwärtigen Lage des Notariats in Baden (Bezirk des früheren Oberlandesgerichts Karlsruhe)“ der GDN, in: Akten der GDN, Bundesnotarordnung, Schriftwechsel, S. 1 f.

388 Gutachten „Zur gegenwärtigen Lage des Notariats in Baden (Bezirk des früheren Oberlandesgerichts Karlsruhe)“ (o. Fußn. 387), S. 2 f.

389 Gutachten „Zur gegenwärtigen Lage des Notariats in Baden (Bezirk des früheren Oberlandesgerichts Karlsruhe)“ (o. Fußn. 387), S. 2. – Abgesehen davon wurde auch die Befugnis des Landesgesetzgebers zu einer derartigen Änderung der Notariatsverfassung in Baden für problematisch erachtet und im Ergebnis wegen des Widerspruchs zu § 86 der zu Bundesrecht gewordenen RNotO abgelehnt, vgl. dazu Schreiben von Zilken an Feyock v. 9. März 1950, in: Akten der GDN, Bundesnotarordnung, Schriftwechsel; Schreiben des Bundesjustizministers an den Vorsitzenden der GDN v. 19. April 1950, in: Akten der GDN, Bundesnotarordnung, Schriftwechsel; Schreiben des Württ.-Bad. Justizministeriums an den Bundesjustizminister v. 12. Mai 1950, Abschrift in: Akten der GDN, Bundesnotarordnung, Schriftwechsel; Schreiben des Bundesjustizministers an das Württ.-Bad. Justizministerium v. 21. Juni 1950, Abschrift in: Akten der GDN, Bundesnotarordnung, Schriftwechsel; Schreiben des Bundesjustizministers an die GDN v. 21. Juni 1950, in: Akten der GDN, Bundesnotarordnung, Schriftwechsel; Schreiben des Württ.-Bad. Justizministeriums an den Vorsitzenden des Rechtsausschusses des

7. Die Ansichten zur Notwendigkeit einer Neuregelung des Notariats

Anfang des Jahres 1950 teilte das *Bundesjustizministerium* der GDN mit, dass gegenwärtig nicht an einer Änderung der Reichsnotarordnung gearbeitet werde.[390] Auch die *GDN* hielt eine Änderung der Reichsnotarordnung „weder für veranlasst noch opportun" und bestand „auf einer strikten Einhaltung der Bestimmungen der Reichsnotarordnung".[391] Ihre Vertreter äußerten den Wunsch, den Status quo beizubehalten.[392] Sowohl der Geschäftsführer der GDN *Zilken*[393] als auch ihr Vorsitzender *Feyock*[394] waren der Ansicht, dass man die Erörterung der Frage, ob Anwaltsnotariat oder Nur-Notariat vorzuziehen seien, vermeiden solle.

Allerdings zog der *Bundesjustizminister* die bundesgesetzliche Einführung der Reichsnotarordnung in Nordbaden in Betracht, falls dort eine Änderung des Landesrechts beabsichtigt sei.[395]

Auf ihrer Tagung am 22. und 23. April 1950 änderte die *GDN* ihre Meinung: Der Bund solle nicht nur die Reichsnotarordnung in Nordbaden einführen, sondern auch ein Bereinigungsgesetz zu ihr erlassen. Bei dieser Gelegenheit solle das Nur-Notariat außerhalb der in Art. 138 GG genannten Gebiete wenigstens bundesgesetzlich in seinem Bestand geschützt werden.[396]

Der *bayerische Justizminister* erklärte die Beibehaltung des Nur-Notariats in Bayern und eine Regelung für wünschenswert, die dem Landesgesetzgeber oder der Landesjustizverwaltung die Trennung des Notariats von der Rechtsanwaltschaft ermögliche.[397] Unter dem 5. Februar 1951 regte der *Berliner Justizsenator*

Württ.-Bad. Landtags v. 27. Juni 1950, Abschrift in: Akten der GDN, Bundesnotarordnung, Schriftwechsel.

390 Schreiben an die GDN v. 26. Januar 1950, Bundesarchiv Koblenz, B 141/36928, Bl. 22.

391 Schreiben an das BJM v. 14. Februar 1950, Bundesarchiv Koblenz, B 141/36928, Bl. 25.

392 Vermerk über den Empfang der Vertreter der GDN bei Bundesjustizminister Dehler am 15. Februar 1950, Bundesarchiv Koblenz, B 141/36928, Bl. 27 ff.

393 Schreiben an Feyock v. 3. März 1950, in: Akten der GDN, Bundesnotarordnung, Schriftwechsel.

394 Schreiben an Bülow v. 6. März 1950, in: Akten der GDN, Bundesnotarordnung, Schriftwechsel.

395 Schreiben des Bundesjustizministers an den Vorsitzenden der GDN v. 19. April 1950, in: Akten der GDN, Bundesnotarordnung, Schriftwechsel.

396 Vgl. das Schreiben von Feyock an den Bundesjustizminister v. 2. Mai 1950, in: Akten der GDN, Schriftwechsel Bundesnotarordnung.

397 Schreiben an den Bundesjustizminister v. 31. Mai 1950, Bundesarchiv Koblenz, B 141/36928, Bl. 49 f.

beim Bundesjustizministerium an, die Reichsnotarordnung mit den zwischenzeitlich ergangenen Änderungen bundeseinheitlich neu zu fassen.[398]

Der Ministerialrat im Bundesjustizministerium *Bülow* riet davon ab, den Plan eines Bereinigungsgesetzes zur Reichsnotarordnung zum damaligen Zeitpunkt weiter zu verfolgen, und schlug vor, im Zusammenhang mit den Beratungen zur Rechtsanwaltsordnung mögliche Bestrebungen der Anwaltschaft nach der Verbindung mit dem Notariat in den bisherigen Gebieten des Nur-Notariats zunächst abzuwarten und ggf. abzuwehren.[399]

8. Die Einigung über einen Entwurf der GDN

Nachdem sich die *GDN* mit der *Arbeitsgemeinschaft der Rechtsanwaltskammern (AGRAK)* am 7. Dezember 1950 in Stuttgart über eine Zusammenarbeit auf dem Gebiet des Notariats und darauf geeinigt hatte, dass die GDN die Interessen der deutschen Notare im Außenverhältnis vertreten sollte,[400] verständigten sich *GDN* und *Bundesjustizministerium* darauf, dass das Bereinigungsgesetz zur Reichsnotarordnung zwar bis zum Erlass der Bundesrechtsanwaltsordnung zurückgestellt werden solle, die GDN aber zwischenzeitlich einen „Entwurf für die Schublade"[401] vorbereiten würde.[402] *Feyock* formulierte die Einführung des Nur-Notariats als Fernziel, jedoch sollte „im Hinblick auf die Notlage der Rechtsan-

398 Schreiben an das Bundesjustizministerium v. 5. Februar 1951, Bundesarchiv Koblenz, B 141/36928, Bl. 149.

399 Vgl. die Niederschrift über die Besprechung zwischen Bülow, Feyock, Nobis, Binapfl und Eppig v. 12. Juni 1950, in: Akten der GDN, Bundesnotarordnung, Entwürfe Protokolle, Teil I.

400 Dies geht aus einem Schreiben von Zilken an Geischer v. 12. Dezember 1950 hervor, in: Akten der GDN, Bundesnotarordnung, Schriftwechsel. Bei dem mit diesem Schreiben übersandten Exposé dürfte es sich um die Feststellung der „Punkte für eine Zusammenarbeit zwischen Arbeitsgemeinschaft der Anwaltskammervorstände und Gemeinschaft des Deutschen Notariats" (ohne Datum, wahrscheinlich v. 22. November 1950) handeln, in dem die Anerkennung der GDN als alleinige Vertretung der Notare unter Punkt 2 aufgeführt ist und das sich ebenfalls in den Akten der GDN, Bundesnotarordnung, Schriftwechsel befindet.

401 Seite 2 der Niederschrift über die Besprechung des Vorstandes der GDN im BJM am 11. Dezember 1950, in: Akten der GDN, Bundesnotarordnung, Entwürfe Protokolle, Teil I.

402 Ebenda; vgl. auch den Vermerk des BJM über die Besprechung v. 11. Dezember 1950, Bundesarchiv Koblenz, B 141/36928, Bl. 85, 87.

wälte unter den gegenwärtigen Verhältnissen“ zunächst der Status quo beibehalten werden.[403]

Nach den Vorstellungen der GDN sollten zunächst der Bayerische Notarverein und die Rheinische Notarkammer getrennt voneinander Richtlinien für ein Bundesgesetz auf dem Gebiet des Notariats aufstellen und anschließend jeweils einen Gesetzentwurf erarbeiten.[404]

Nach den Richtlinien des *bayerischen Ausschusses für die Bereinigung der Reichsnotarordnung* war diese lediglich „entsprechend den eingetretenen politischen Veränderungen zu bereinigen.“[405] § 8 Abs. 2 sollte einheitlich wiederhergestellt werden und dabei das „Wort ‘vorläufig’ [...] durch ‘weiterhin’“ ersetzt werden.[406]

Die Richtlinien des *rheinischen Ausschusses* sahen größere Veränderungen vor. Nach ihnen sollte die Einführung der Reichsnotarordnung in Württemberg und Baden angestrebt werden.[407] Um eine neue Diskussion um die Frage des Nur-Notariats oder des Anwaltsnotariats zu vermeiden, sollten die zwischenzeitlich vorgenommenen Änderungen des § 8 RNotO in der britischen Zone und in Rheinland-Pfalz nicht angetastet werden.[408] Ferner sollte eine Ausdehnung des in Art. 138 GG enthaltenen Grundsatzes auf sämtliche Bundesländer erwogen werden.[409]

9. Der Entwurf eines Gesetzes zur Änderung der Notarordnung für Rheinland-Pfalz

Am 18. April 1951 brachte die Fraktion des Zentrums den Entwurf eines Gesetzes zur Änderung der Notarordnung für das Land Rheinland-Pfalz in den Bundestag ein, dessen einziger Paragraph folgenden Wortlaut hatte:

---

403 Vgl. Seite 2 der Niederschrift über die Besprechung des Vorstandes der GDN im BJM am 11. Dezember 1950, in: Akten der GDN, Bundesnotarordnung, Entwürfe Protokolle, Teil I.

404 Vgl. das Schreiben von Zilken an Daniels v. 20. Dezember 1950, in: Akten der GDN, Bundesnotarordnung, Schriftwechsel.

405 Richtlinien für die Bereinigung der Reichsnotarordnung v. 20. Februar 1951, in: Akten der GDN, Bundesnotarordnung, Entwürfe Protokolle, Teil I (Bl. 1).

406 Richtlinien für die Bereinigung der Reichsnotarordnung v. 20. Februar 1951 (o. Fußn. 405), Bl. 4 R.

407 Richtlinien für ein Bundesgesetz zur Bereinigung des Notarrechts v. 21. Februar 1951, in: Akten der GDN, Bundesnotarordnung, Entwürfe Protokolle, Teil I (S. 1).

408 Richtlinien für ein Bundesgesetz zur Bereinigung des Notarrechts v. 21. Februar 1951(o. Fußn. 407), S. 2.

409 Richtlinien für ein Bundesgesetz zur Breinigung des Notarrechts v. 21. Februar 1951 (o. Fußn. 407), S. 6.

„In § 8 der Notarordnung für das Land Rheinland-Pfalz vom 3. September 1949 wird der letzte Satz gestrichen und durch folgende Bestimmung ersetzt:

'In den rechtsrheinischen Amtsgerichtsbezirken des Landes Rheinland-Pfalz, in denen bisher Rechtsanwälte zu Notaren bestellt wurden, behält es dabei sein Bewenden.'"[410]

In der ersten Beratung dieses Gesetzentwurfs im Bundestag, die am 9. Mai 1951 stattfand, wurde der Antrag der Zentrumsfraktion in den Rechtsausschuss überwiesen.[411]

Die *GDN*, die vom Bundesjustizministerium um eine Stellungnahme zu diesem Antrag gebeten worden war,[412] empfahl, denselben „bis zur Beratung über das Bereinigungsgesetz zurückzustellen."[413] Die *Notarkammer Koblenz* war mit diesem Vorschlag einverstanden[414] und nahm auch gegenüber dem rheinland-pfälzischen Justizministerium entsprechend Stellung.[415] Auch die für das Notariat zuständigen *Beamten im Bundesjustizministerium* stimmten dem Vorschlag zu.[416]

Im *Bundestagsausschuss für Rechtswesen und Verfassungsrecht*, der den Antrag der Zentrumsfraktion am 5. und am 19. September 1951 behandelte, begegnete der Antrag grundsätzlichen Bedenken, weil er nicht die Regelung des gesamten Notariatsrechts, sondern lediglich die Änderung einer einzelnen Bestimmung eines zu partikularem Bundesrecht gewordenen Landesgesetzes verfolgte. Nachdem sowohl das Bundesjustizministerium als auch die Vertreter des rheinland-pfälzischen Justizministeriums um Rückstellung der Angelegenheit bis zur ohnehin geplanten Überarbeitung des Notarrechts gebeten hatten,[417] empfahl der Ausschuss, den Antrag zur Änderung der rheinland-pfälzischen Notarordnung abzulehnen.[418]

---

410 BT-Drucks. 1/2171.

411 Verh. d. BT, 1. Wahlp., S. 5596.

412 Schreiben des Bundesjustizministers an die GDN v. 26. April 1951, in: Akten der GDN, Bundesnotarordnung, Schriftwechsel.

413 Feyock, Schreiben an den Bundesjustizminister v. 10. Mai 1951, in: Akten der GDN, Bundesnotarordnung, Schriftwechsel.

414 Schreiben an die GDN v. 11. Mai 1951, in: Akten der GDN, Bundesnotarordnung, Schriftwechsel.

415 Vgl. die Abschrift der Stellungnahme v. 4. Juli 1951, in: Akten der GDN, Bundesnotarordnung, Schriftwechsel.

416 Vgl. die Aktennotiz über Besprechungen des Vorstandes der GDN im Bundesjustizministerium am 18. Mai 1951, in: Akten der GDN, Bundesnotarordnung, Entwürfe Protokolle, Teil I (S. 7).

417 Vgl. den mündlichen Bericht von Etzel in der Sitzung des Deutschen Bundestages v. 11. Oktober 1951, Verh. d. BT, 1. Wahlp., S. 6862 f.

418 BT-Drucks. 1/2586.

Der Bundestag folgte der Empfehlung des Rechtsausschusses und lehnte den Antrag des Zentrums ab.[419]

10. Der von Weber verfasste Entwurf der GDN

Weil sie die Realisierung des Vorhabens sonst für gefährdet hielten, wollten der Oberregierungsrat im Bundesjustizministerium *Saage* und *Zilken* den Gesetzentwurf für das Bereinigungsgesetz noch in der ersten Wahlperiode in den Bundestag einbringen.[420] Auch *Weber*, der am 28. April 1951 von der GDN den Auftrag erhalten hatte, den Entwurf für das Bereinigungsgesetz zu verfassen,[421] teilte wohl diese Auffassung.[422] Er war der Ansicht, dass sich das Bereinigungsgesetz nicht mit den grundsätzlichen Fragen der Notariatsverfassung befassen sollte.[423] Art. 1 Abs. 1 seines Entwurfes sah für das Bereinigungsgesetz die Streichung des in § 8 Abs. 2 der Reichsnotarordnung enthaltenen Wortes „vorläufig" vor. Dieses Zugeständnis an die Anwaltsnotare hielt *Weber* für unschädlich, weil die Länder auch ohne diese Einschränkung zukünftig auf die Bestellung von Anwaltsnotaren verzichten könnten.[424] *Zilken* war mit der von *Weber* geleisteten Arbeit zufrieden und bemerkte positiv, dass dieser sich gegenüber der Justizverwaltung und den Anwaltsnotaren zurückgehalten habe.[425]

Auf der Arbeitstagung der GDN, die vom 11. bis zum 13. Juli 1952 in Hannover stattfand, wurde der von Weber verfasste Entwurf angenommen.[426] Allerdings sah die auf der Tagung verabschiedete Fassung abweichend von den Vor-

---

419 Verh. d. BT, 1. Wahlp. 1949, S. 6864.

420 Schreiben von Zilken an Weber v. 14. Februar 1952, in: Akten der GDN, Bundesnotarordnung, Schriftwechsel.

421 Aktennotiz über die Besprechungen am 28. April 1951 in München, in: Akten der GDN, Bundesnotarordnung, Schriftwechsel.

422 Schreiben von Weber an Zilken v. 9. April 1952, in: Akten der GDN, Bundesnotarordnung, Schriftwechsel.

423 Schreiben an Zilken v. 20. März 1952, in: Akten der GDN, Bundesnotarordnung, Schriftwechsel.

424 Weber, Begründung zum Entwurf eines Gesetzes zur Änderung der Reichsnotarordnung aus dem April 1952, in: Akten der GDN, Bundesnotarordnung, Entwürfe Protokolle, Teil II (S. 8). Vgl. dazu bereits dens., Schreiben an Zilken v. 3. Juni 1951, in: Akten der GDN, Bundesnotarordnung, Schriftwechsel.

425 Schreiben an Weber v. 25. April 1952, Akten der GDN, Bundesnotarordnung, Schriftwechsel.

426 Niederschrift über die Arbeitstagung der GDN in Hannover v. 11. bis 13. Juli 1952, in: Akten der GDN, Bundesnotarordnung, Entwürfe Protokolle, Teil I.

schlägen Webers keine Änderungen der in § 8 RNotO getroffenen Regelung vor.[427]

Am 21. November 1952 übersandte die *GDN* den Entwurf des Bereinigungsgesetzes zur Reichsnotarordnung, der keine Veränderung der Notariatsverfassung vorsah, an das Bundesjustizministerium.[428]

Der *DAV* äußerte sich lobend zu dem Gesetzentwurf der GDN und erklärte, dass sich sein Notariatsausschuss nicht mit diesem Entwurf befassen werde.[429]

11. Der Widerruf der Notarzulassung der nordbadischen Anwaltsnotare

Durch einen Bescheid vom 24. April 1952 kündigte der *amerikanische Landeskommissar für Württemberg-Baden* den Widerruf der Zulassung der zwölf nach dem Zweiten Weltkrieg von der Militärregierung zugelassenen nordbadischen Anwaltsnotare mit Wirkung spätestens zum 1. Januar 1953 an.[430]

Die *GDN* hielt diesen Widerruf wegen sachlicher Unzuständigkeit des Landeskommissars für nichtig.[431] Auch im *Bundesjustizministerium* hielt man ihn

---

427 Entwurf eines Gesetzes zur Änderung der Reichsnotarordnung, Stand v. 15. Juli 1952, in: Akten der GDN, Bundesnotarordnung, Entwürfe Protokolle, Teil I. Wie diese Änderung zustande gekommen ist, lässt sich den Akten der GDN nicht entnehmen.

428 Schreiben v. 21. November 1952 nebst Entwurf und Begründung, Bundesarchiv Koblenz, B 141/2976, fol. 004 ff.

429 Schreiben v. 15. Dezember 1952, in: Akten der GDN, Bundesnotarordnung, Schriftwechsel.

430 Bescheid des Office of the United States High Commissioner for Germany, Office of Land Commissioner for Württemberg-Baden v. 24. April 1952, Kopie in: Akten der GDN, Bundesnotarordnung, Schriftwechsel. – Der Bescheid wurde durch Schreiben des Office of General Counsel an den Baden-Württembergischen Justizminister v. 16. Dezember 1952 widerrufen. Eine Kopie des Widerrufs findet sich in den Akten der GDN, Bundesnotarordnung, Schriftwechsel. Vgl. dazu auch Schreiben der Dienststelle des Hohen Kommissars der Vereinigten Staaten für Deutschland v. 11. Juli 1953 an das Justizministerium Baden Württemberg, Kopie in: Akten der GDN, Bundesnotarordnung, Schriftwechsel.

431 Gutachten „Zur gegenwärtigen Lage des Notariats in Baden (Bezirk des früheren Oberlandesgerichts Karlsruhe)“ (o. Fußn. 387). Ebenfalls dieser Ansicht war Weber, Bemerkungen v. 11. Dezember 1952 zu diesem Gutachten, in: Akten der GDN, Bundesnotarordnung, Schriftwechsel.

für unwirksam.[432] Dagegen ging der *badische Notarverein* von der Wirksamkeit des Widerrufs aus.[433]

Um die zwischen den Standesvertretungen im April 1952 erzielte und im Sommer 1952 bestätigte Einigung, das Nur-Notariat für Baden anzustreben,[434] nicht zu gefährden und zu verhindern, dass der auf Einführung des Anwaltsnotariats in Baden gerichtete Gesetzentwurf aus dem Jahr 1950 erneut aus der Schublade geholt wird,[435] nahm die *GDN* eine vermittelnde Haltung ein.[436] Die Beibehaltung des Status quo in Baden sei geboten, um „einen unfruchtbaren Kampf mit der Anwaltschaft in der ausgetragenen Frage 'Nurnotariat oder Anwaltsnotariat' möglichst zu vermeiden, weil aus einer örtlichen Zuspitzung dieser Frage sehr leicht ein Brand entstehen könnte, dem das gesamte Notariat nicht tatenlos zusehen darf."[437] In diesem Sinne erklärte die *Delegiertenversammlung der GDN* am 27. März 1953, dass sie an „der Einführung der Reichsnotarordnung und damit des freiberuflichen Nur-Notariats in Baden" als Ziel festhalte und dafür eintrete, „dass die berechtigten Interessen der Amtsnotare in jeder Weise gewahrt bleiben."[438] Für diese Erklärung war nach Angaben von *Gonella* maßgebend, dass sowohl die Amtsnotare als auch die badischen Anwaltsnotare sich zur Einführung der Reichsnotarordnung und des Nur-Notariats in Baden bekannt hatten und dass die verbliebenen neun Anwaltsnotare sich dabei zwischen Anwaltschaft und Notariat entscheiden sollten.[439]

Auch *Kessler* und die übrigen *badischen Anwaltsnotare* hielten am Ziel der Überführung in das freiberufliche Nur-Notariat fest, wobei sie davon ausgingen,

---

432 Vgl. Zilken, Schreiben an Gonella v. 1. Dezember 1952, in: Akten der GDN, Bundesnotarordnung, Schriftwechsel, dens., Schreiben an Weber v. 3. Dezember 1952, in: Akten der GDN, Bundesnotarordnung, Schriftwechsel.

433 Altenstetter, Schreiben an die GDN v. 2. Dezember 1952, in: Akten der GDN, Bundesnotarordnung, Schriftwechsel.

434 Gutachten „Zur gegenwärtigen Lage des Notariats in Baden (Bezirk des früheren Oberlandesgerichts Karlsruhe)" (o. Fußn. 387), S. 3 f.

435 Siehe oben B.IX.6.

436 Vgl. Zilken, Schreiben an Weber v. 3. Dezember 1952, in: Akten der GDN, Bundesnotarordnung, Schriftwechsel; dens., Schreiben an Feyock, Gonella, Muhle, Seybold, Weber, Wehrens und Bärmann v. 31. Januar 1953, in: Akten der GDN, Bundesnotarordnung, Schriftwechsel.

437 Feyock, Schreiben an Altenstetter v. 14. Februar 1953, in: Akten der GDN, Bundesnotarordnung, Schriftwechsel.

438 Gemeinsame Erklärung der Delegiertenversammlung der GDN v. 27. März 1953, in: Akten der GDN, Bundesnotarordnung, Schriftwechsel.

439 Vgl. Schreiben von Gonella (für die GDN) an Kessler v. 31. März 1953, in: Akten der GDN, Bundesnotarordnung, Schriftwechsel.

dass der Zugang zum Nur-Notariat auch den Rechtsanwälten eröffnet werden würde.[440]

12. Die Verhandlungen über den GDN-Entwurf

Am 15. Januar 1953 beriet der *Verbindungsausschuss des Anwaltsnotariats* den Entwurf des Bereinigungsgesetzes und fasste den Beschluss, die GDN um Streichung des Wortes „vorläufig“ in § 8 Abs. 2 der Reichsnotarordnung zu ersuchen.[441]

Auf ihrer Delegiertenversammlung vom 27. März 1953 beschloss die *GDN* die Bildung eines Ausschusses zur Beratung des Gesetzentwurfes zur Bereinigung der Reichsnotarordnung, der am 29. Juni 1953 erstmals tagte.[442] Zunächst beriet der Ausschuss darüber, ob am Institut des Notaranwalts festzuhalten sei, und beschloss aus taktischen Gründen, dieses Institut beizubehalten und § 8 Abs. 1 der Reichsnotarordnung nicht zu streichen.[443]

Anschließend wurde der Antrag des Verbindungsausschusses der AGRAK vom 15. Januar 1953 erörtert.[444] Die *Vertreter des Anwaltsnotariats* wiesen darauf hin, dass die von ihnen beantragte Änderung lediglich kosmetischer Natur sei.[445] Die *Vertreter der GDN* wandten sich gegen den Antrag, wobei sie im Wesentlichen fürchteten, bei Streichung des Wortes „vorläufig“ könne der Eindruck entstehen, dass eine Abkehr vom Grundsatz des Nur-Notariats beabsichtigt sei.[446] Schließlich einigte man sich auf eine Fassung des § 8 Abs. 2 S. 1, die oh-

440 Schreiben von Kessler an die GDN v. 8. April 1953, in: Akten der GDN, Bundesnotarordnung, Schriftwechsel.

441 Niederschrift über die Sitzung des Verbindungsausschusses des Anwaltsnotariats zur GDN v. 15. Januar 1953 in Dortmund, in: Akten der GDN, Bundesnotarordnung, Entwürfe Protokolle, Teil II.

442 Niederschrift über die Sitzung des Ausschusses der GDN zur Beratung des Bereinigungsgesetzentwurfes zur RNotO v. 29. Juni 1953 in Köln, in: Akten der GDN, Bundesnotarordnung, Entwürfe Protokolle, Teil II.

443 Niederschrift über die Sitzung des Ausschusses der GDN zur Beratung des Bereinigungsgesetzentwurfes zur RNotO v. 29. Juni 1953, in: Akten der GDN, Bundesnotarordnung, Entwürfe Protokolle, Teil II (S. 3 f.).

444 Niederschrift über die Sitzung des Ausschusses der GDN zur Beratung des Bereinigungsgesetzentwurfes zur RNotO v. 29. Juni 1953 in: Akten der GDN, Bundesnotarordnung, Entwürfe Protokolle, Teil II (S. 4).

445 So Thiele und v. Damm, ebenda.

446 In diesem Sinne äußerten sich insbesondere Feyock und Weber, Niederschrift über die Sitzung des Ausschusses der GDN zur Beratung des Bereinigungsgesetzentwurfes zur RNotO v. 29. Juni 1953, in: Akten der GDN, Bundesnotarordnung, Entwürfe Protokolle, Teil II (S. 5).

ne das Wort „vorläufig“ auskam und die gemeinsame Haltung – Beibehaltung des Status quo – besser zum Ausdruck bringen sollte:

> „Soweit in bestimmten Gerichtsbezirken nach dem bisherigen Rechtszustand Rechtsanwälte für die Dauer ihrer Zulassung bei einem bestimmten Gericht als Notare zur nebenberuflichen Amtsausübung bestellt werden konnten und hierfür weiterhin ein Bedürfnis besteht, behält es hierbei sein Bewenden.“[447]

In der Begründung des Entwurfs wird dazu ausgeführt, dass die Bestellung der Anwaltsnotare in die Kompetenz der Länder falle und daher nicht vom Bund verwirklicht werden könne. Der Ausnahmecharakter des Anwaltsnotariats komme aber trotz der geänderten Formulierung deutlich zum Ausdruck.[448]

Am 16. Juli 1953 schickte die *GDN* ihren Entwurf in der aufgrund der Beratungen vom 29. Juni 1953 geänderten Fassung an das Bundesjustizministerium.[449]

13. Die Besprechung des GDN-Entwurfs mit Vertretern des Bundesjustizministeriums

Am 27. und 28. Juli 1953 fand in München eine erste Vorbesprechung des GDN-Entwurfs mit *Vertretern des Bundesjustizministeriums* statt.[450] Die GDN war durch die Herren *Feyock*, *Weber* und *Zilken* vertreten, die zu § 8 Abs. 1 S. 1 ausführten, dass das Anwaltsnotariat zwar vorläufig beibehalten, als Endziel aber das Nur-Notariat angestrebt werden solle. Auch das Institut des Notaranwalts wurde erörtert, wobei *Feyock* erklärte, dass man „aus taktischen

---

447 Art. 1 III) 4) des Gesetzentwurfs zur Änderung der Reichsnotarordnung in der Fassung auf Grund der Beratungen v. 29. Juni 1953, in: Akten der GDN, Bundesnotarordnung, Entwürfe Protokolle, Teil II (S. 3). Vgl. auch die Niederschrift über die Sitzung des Ausschusses der GDN zur Beratung des Bereinigungsgesetzentwurfes zur RNotO v. 29. Juni 1953, in: Akten der GDN, Bundesnotarordnung, Entwürfe Protokolle, Teil II (S. 6 f.).

448 Begründung zum Entwurf eines Gesetzes zur Änderung der Reichsnotarordnung (Fassung auf Grund der Beratungen v. 29. Juni 1953), in: Akten der GDN, Bundesnotarordnung, Entwürfe Protokolle, Teil II (S. 18), ebenfalls enthalten in: Bundesarchiv Koblenz, B 141/2976, fol. 087. Dieser Ansicht war auch Weber, der die gewählte Formulierung nicht für besonders elegant hielt, vgl. sein Schreiben an Kaiser v. 5. Juli 1953, in: Akten der GDN, Bundesnotarordnung, Schriftwechsel.

449 Bundesarchiv Koblenz, B 141/2976, fol. 053 (Anschreiben) und fol. 054 ff. (Entwurf).

450 Saage, Vermerk v. 30. Juli 1953, Bundesarchiv Koblenz, B 141/2976, fol. 053. Vgl. auch die Niederschrift über die erste Vorbesprechung mit Herren des BJM betr. Entwurf des Bereinigungsgesetzes zur RNotO am 27. und 28. Juli 1953 in München, in: Akten der GDN, Bundesnotarordnung, Entwürfe Protokolle, Teil II.

Gründen mit Rücksicht auf die Anwaltsnotare" daran festhalten wolle, zumal beim Notaranwalt der Schwerpunkt auf dem Notariat liege.[451]

14. Der Wunsch der badischen Notare nach Beibehaltung des Amtsnotariats

Mit Schreiben vom 2. September 1953 informierte *Altenstetter* die GDN darüber, dass sich die badischen Notare auf der Landesnotartagung vom 26. April 1953 von der ein Jahr zuvor erzielten Einigung[452] distanziert hätten und nunmehr die Beibehaltung des bestehenden Zustandes anstrebten. Das badische Notariat stehe nur dann zur Disposition, wenn für die gesamte Bundesrepublik das freiberufliche Nur-Notariat eingeführt werden solle.[453]

15. Der Antrag auf Einführung des Anwaltsnotariats im Nordrhein-Westfalen

a) Der Antrag von Rechtsanwalt Dr. Wilde

Am 19. Oktober 1953 stellte Rechtsanwalt *Dr. Wilde* aus Düsseldorf bei der Rechtsanwaltskammer Düsseldorf den Antrag auf Einführung des Anwaltsnotariats in ganz Nordrhein-Westfalen, den er unter anderem damit begründete, dass der gegenwärtige Rechtszustand innerhalb des Oberlandesgerichtsbezirks Düsseldorf unterschiedliche Notariatsverfassungen zulasse.[454] Diesem Antrag schlossen sich viele Rechtsanwälte aus dem Kammerbezirk an.[455] Der Präsident der Düsseldorfer Rechtsanwaltskammer *Dr. Wiedemann* teilte *Wilde* mit, dass der Antrag keine Aussicht auf Erfolg haben dürfte. Er verstoße gegen die bei Gründung der Rheinischen Notarkammer getroffene Vereinbarung zur Erhaltung des Status quo,[456] könne die Frage nach vollständiger Trennung im gesam-

---

451 Niederschrift über die erste Vorbesprechung mit Herren des BJM betr. Entwurf des Bereinigungsgesetzes zur RNotO am 27. und 28. Juli 1953 in München (o. Fußn. 450), S. 4.

452 Siehe oben B.IX.11.

453 Schreiben v. 2. September 1953 an die GDN, in: Akten der GDN, Bundesnotarordnung, Schriftwechsel.

454 Akten der RAK Düsseldorf, LArch NRW, Abteilung Rheinland, RW 552 Nr. 776, Bl. 1.

455 Akten der RAK Düsseldorf, LArch NRW, Abteilung Rheinland, RW 552 Nr. 776, Bl. 4, 6 ff., 14 ff., 23, 31 ff., 60.

456 Vereinbarung zwischen den Anwaltsnotaren im LG-Bezirk Duisburg-Cleve und den rheinischen Nur-Notaren von 1949, die Inhalt der Satzung der RhNotK wurde, vgl. dazu Exposé, in: Akten der RAK Düsseldorf, LArch NRW, Abteilung Rheinland, RW 552 Nr. 776, Bl. 63 ff.

ten ehemals preußischen Rechtsgebiet aufwerfen und so dazu führen, dass das Nur-Notariat allgemein eingeführt wird.[457]

b) Die Reaktionen auf den Antrag Wilde

aa) Die Reaktion der GDN

Die *GDN*, die sich bei der Rechtsanwaltskammer über den Antrag von Wilde informiert hatte,[458] erstellte eine Liste mit Vorgaben für die Zusammenarbeit zwischen ihr und der AGRAK, in der sie die Beibehaltung des Status quo zwischen Anwaltsnotariat und Nur-Notariat als ersten Punkt festhielt.[459]

Parallel dazu bat *Feyock* den Rechtsanwalt *Dr. Schmidt* mit Schreiben vom 21. Januar 1954 darum, im Vorstand der Rechtsanwaltskammer Düsseldorf seinen Einfluss gegen die Forderung auf Einführung des Anwaltsnotariats geltend zu machen.[460]

Außerdem hielt die *GDN* die wesentlichen Punkte ihrer Zusammenarbeit mit der AGRAK in einem Exposé fest.[461] Danach hatte die GDN bereits in der Sitzung der Arbeitsgemeinschaft der Anwaltskammervorstände am 5./6. Oktober 1950 erstmals angeboten, sich gegenseitig die Beibehaltung des Status quo auf Bundesebene zuzusichern. Auf der Tagung der Arbeitsgemeinschaft der Anwaltskammervorstände vom 7. Dezember 1950 habe *Gonella* dieses Angebot erneuert. Allerdings sei in keiner der beiden Versammlungen ein entsprechender Beschluss gefasst worden. Auf der Tagung der Arbeitsgemeinschaft der Anwaltskammervorstände am 14. Juli 1951 sei erklärt worden, dass man den Status quo beibehalten wolle, ohne jedoch einen formellen Beschluss darüber zu fassen. Danach sei das Abkommen immer wieder faktisch bestätigt worden, z. B. durch die Bestellung der Verbindungsmänner und ihre Mitarbeit am Bereinigungsgesetz, bei einer Besprechung des GDN-Vorstandes mit *Dr. von Sauer*

---

457 Schreiben v. 5. Dezember 1953, in: Akten der RAK Düsseldorf, LArch NRW, Abteilung Rheinland, RW 552 Nr. 776, Bl. 27 f.

458 Brandi, Aktennotiz v. 2. Dezember 1953 über telefonische Nachfrage von Gonella, in: Akten der RAK Düsseldorf, LArch NRW, Abteilung Rheinland, RW 552 Nr. 776, Bl. 21.

459 „Punkte für eine Zusammenarbeit zwischen Arbeitsgemeinschaft der Anwaltskammervorstände und Gemeinschaft des Deutschen Notariats“, in: Akten der GDN, Bundesnotarordnung, Schriftwechsel.

460 Abschrift in: Akten der GDN, Bundesnotarordnung, Schriftwechsel.

461 Exposé zur „Vereinbarung zwischen der Gemeinschaft des Deutschen Notariats und der Arbeitsgemeinschaft der Anwaltskammervorstände in der Frage Anwaltsnotariat und Nurnotariat (status quo)“ v. 20. März 1954, in: Akten der GDN, Bundesnotarordnung, Schriftwechsel.

vom DAV in München am 16. Juni 1952 und auf der Tagung der AGRAK am 11. März 1954 in Bremen.[462]

Die Diskussion um die Verbindung des Notariats mit der Rechtsanwaltschaft sei als abgeschlossen und im Sinne des Nur-Notariats entschieden anzusehen. Daher sei man den Anwaltsnotaren durch das Angebot, für die Erhaltung des Status quo einzutreten, weit entgegengekommen. Die AGRAK habe zwar keinen Beschluss über diese Vereinbarung gefasst, allerdings habe sie sich entsprechend der Vereinbarung verhalten. Wenn die Frage nach der Verbindung erneut gestellt werde, so würde sich die GDN nicht mehr an die Vereinbarung gebunden fühlen und für die Einführung des Nur-Notariats eintreten.[463]

bb) Die Reaktion der AGRAK

Die *AGRAK*, die sich auf ihrer XXI. Tagung am 11. und 12. März 1954 in Bremen mit der Angelegenheit befasste, sah keinen Anlass für eine Änderung des bestehenden Zustandes.[464]

c) Der Beschluss der Rechtsanwaltskammer Düsseldorf

Die *Kammerversammlung der Rechtsanwaltskammer Düsseldorf* vom 8. Mai 1954 stellte zum Antrag von *Wilde* den Wunsch nach Einführung des Anwaltsnotariats fest und beauftragte den Vorstand damit, ein Gutachten zur Rechtslage und zu den Erfolgsaussichten einer Klage auf Zulassung eines Anwalts zum Notariat einzuholen.[465]

16. Die Königsteiner Delegiertenversammlung der GDN vom 28./29. Mai 1954

Auf der Delegiertenversammlung der GDN am 28. und 29. Mai 1954 wurde unter anderem über die Änderungswünsche des Verbindungsausschusses zum GDN-Entwurf des Bereinigungsgesetzes[466] und über den Vorstoß der Düsseldorfer Rechtsanwälte gesprochen.

---

462 Ebenda.

463 Exposé „Zur Frage Anwaltsnotariat und Nurnotariat" v. 20. März 1954, in: Akten der GDN, Bundesnotarordnung, Schriftwechsel.

464 Vgl. Auszug aus dem Protokoll dieser Tagung zu TOP 10, in: Akten der RAK Düsseldorf, LArch NRW, Abteilung Rheinland, RW 552 Nr. 776, Bl. 58 a.

465 Beschluss v. 8. Mai 1954, vgl. Schreiben von Wiedemann an die anderen Vorstandmitglieder der RAK Düsseldorf v. 11. Mai 1954, in: Akten der RAK Düsseldorf, LArch NRW, Abteilung Rheinland, RW 552 Nr. 776, Bl. 73, 74.

466 Mit Schreiben v. 30. April 1954 hatte Thiele unter anderem mitgeteilt, dass der Verbindungsausschuss bei der Regelung zum Anwaltsnotariat in § 8 des Entwurfs die Worte

Feyock wies in diesem Zusammenhang auf das zwischen der GDN und den Standesvertretungen der Anwälte geschlossene „Gentleman-Agreement […] [hin], wonach der Status quo in den Gebieten des Anwaltsnotariats und des Nurnotariats aufrechterhalten bleiben solle.“[467] Mit dem Beschluss der Düsseldorfer Rechtsanwaltskammer sei diese Vereinbarung durch eine Standesorganisation der Rechtsanwälte verletzt worden. Unter diesen Umständen könnten die Anwaltsnotare nicht mit einem weiteren Entgegenkommen der Nur-Notare rechnen.[468] Nachdem die anwesenden Anwaltsnotare die Bestrebungen der Düsseldorfer Anwälte verurteilt hatten, sah *Feyock* die Möglichkeit, weiter vertrauensvoll zusammenzuarbeiten.[469]

Man verständigte sich darauf, dem Vorstoß der Düsseldorfer Rechtsanwälte durch eine der einleitenden Erklärung *Feyocks* entsprechende Stellungnahme gegenüber den Präsidenten der AGRAK, der Vereinigten Anwaltskammern der Britischen Zone und des DAV und dadurch zu begegnen, dass die Mitglieder des Verbindungsausschusses ihren Einfluss in diese Richtung geltend machten.[470]

Auf Antrag des *Verbindungsausschusses der Anwaltsnotare* vom 30. April 1954 wurde beschlossen, die bis dahin für § 8 Abs. 1 vorgesehene Regelung des Notaranwalts in § 7 aufzunehmen und in § 8 nur das Anwaltsnotariat zu regeln. Nach Beratung über die vom Verbindungsausschuss gewünschte Änderung der Regelung des Anwaltsnotariats[471] wurde einstimmig beschlossen, dass eine Neufassung des § 8 angestrebt werden solle.[472]

„und hierfür weiterhin ein Bedürfnis besteht“ zu streichen beantrage, um den Status quo zu sichern. Das Schreiben befindet sich in den Akten der GDN, Bundesnotarordnung, Schriftwechsel.

467 Niederschrift über die Delegiertenversammlung der Gemeinschaft des Deutschen Notariats in Königstein am 28./29. Mai 1954, in: Akten der GDN, Bundesnotarordnung, Entwürfe Protokolle, Teil II (S. 3).

468 Niederschrift über die Delegiertenversammlung der Gemeinschaft des Deutschen Notariats in Königstein am 28./29. Mai 1954 (o. Fußn. 467), S. 3 f.

469 Niederschrift über die Delegiertenversammlung der Gemeinschaft des Deutschen Notariats in Königstein am 28./29. Mai 1954 (o. Fußn. 467), S. 4.

470 Niederschrift über die Delegiertenversammlung der Gemeinschaft des Deutschen Notariats in Königstein am 28./29. Mai 1954 (o. Fußn. 467), S. 10 f.

471 Vgl. dazu Schreiben von Thiele v. 30. April 1954, in: Akten der GDN, Bundesnotarordnung, Schriftwechsel.

472 Niederschrift über die Delegiertenversammlung der Gemeinschaft des Deutschen Notariats in Königstein am 28./29. Mai 1954 (o. Fußn. 467), S. 10.

Mit Schreiben vom 7. Juli 1954 übersandte die *GDN* das Protokoll der Königsteiner Delegiertenversammlung an das Bundesjustizministerium mit dem Hinweis auf die abschließende Beratung des GDN-Entwurfs.[473]

17. Der Referentenentwurf des Bundesjustizministeriums

a) Der Inhalt des Referentenentwurfs

Der erste Referentenentwurf des Gesetzes über Maßnahmen auf dem Gebiete des Notariats (NotMaßnG) vom 27. Juli 1954 sah die unveränderte Übernahme von § 7 der Reichsnotarordnung (Grundsatz des Nur-Notariats) und eine geänderte Fassung für § 8 der Bundesnotarordnung vor:

> „In den Landgerichtsbezirken, in denen bisher Rechtsanwälte als Notare zu nebenberuflicher Amtsausübung bestellt werden konnten, können, wenn hierfür im Einzelfalle ein Bedürfnis der Rechtspflege besteht, auch weiterhin Rechtsanwälte für die Dauer ihrer Zulassung bei einem bestimmten Gericht als Notar zu nebenberuflicher Amtsausübung bestellt werden. Die Vorschrift des § 5 ist insoweit nicht anzuwenden.“[474]

Die Verbindung des Notariats mit der Anwaltschaft in Form des Notaranwalts sollte abgeschafft werden, indem Notare von nun an nicht mehr neu zur Rechtsanwaltschaft zugelassen werden sollten.[475]

b) Die Begründung des Referentenentwurfs

Die nach dem Referentenentwurf vorgesehene Beschränkung des Anwaltsnotariats auf ihr bisheriges Verbreitungsgebiet wurde damit begründet, dass es keinen Raum für seine Ausdehnung gebe. Schon nach der Reichsnotarordnung sei die Verbindung von Anwaltschaft und Notariat auf das Gebiet beschränkt, in dem sie der bisherigen Rechtsentwicklung entspreche.[476]

---

473 Bundesarchiv Koblenz, B 141/2976, fol. 119 ff. Auf der Delegiertenversammlung der GDN am 11./12. Oktober 1954 in Köln berichtete Feyock, dass der Referent im BJM zugesagt habe, den Referentenentwurf an die in Königstein gefassten Beschlüsse anzupassen, vgl. die Niederschrift über diese Versammlung in den Akten der GDN, Bundesnotarordnung, Entwürfe Protokolle, Teil III (S. 2).

474 Art. 1 Nr. 3 des 1. Referentenentwurfs, Bundesarchiv Koblenz, B 141/2977, fol. 006, 008 f. und fol. 053, 055 (Reinschrift).

475 Art. 4 S. 4 des 1. Referentenentwurfs, Bundesarchiv Koblenz, B 141/2977, fol. 045 und fol. 088 (Reinschrift).

476 Begründung des 1. Referentenentwurfs, Bundesarchiv Koblenz, B 141/2977, fol. 095, 105 ff. und fol. 175, 186 ff. (Reinschrift).

Das Institut des Notaranwalts sollte nach dem Referentenentwurf auslaufen, weil es keine praktische Bedeutung habe erlangen können, kein Bedürfnis dafür vorhanden sei und darüber hinaus die widerrufliche und auf ein Amtsgericht beschränkte Anwaltszulassung dem System des Anwaltsrechts fremd sei.[477]

c) Die Reaktionen auf den Referentenentwurf

Grundsätzliche Bedenken gegen den Entwurf wurden meist nicht erhoben.[478] Die nach dem Referentenentwurf vorgesehene Beibehaltung des Anwaltsnotariats in seinem bisherigen Umfang wurde von einigen Seiten ausdrücklich begrüßt.[479] Vereinzelt wurde jedoch kritisiert, dass der Grundsatz des Nur-Notariats in dem Entwurf nicht hinreichend deutlich zum Ausdruck komme und dass das Anwaltsnotariat nicht als Übergangserscheinung gekennzeichnet werde.[480]

Auf ein geteiltes Echo stieß insbesondere, dass die Bestellung von Anwaltsnotaren im bisherigen Gebiet des Anwaltsnotariats nur bei einem entsprechenden „Bedürfnis der Rechtspflege“ weiterhin zulässig sein sollte. Während sich die *Landesjustizverwaltung Hamburg* durch diese Regelung in die Lage versetzt

477 Begründung des 1. Referentenentwurfs, Bundesarchiv Koblenz, B 141/2977, fol. 103 f. und fol. 184 f. (Reinschrift).

478 Vgl. Stellungnahme der Landesjustizverwaltung Hamburg v. 28. September 1954, Bundesarchiv Koblenz, B 141/2978, fol. 010 ff.; Stellungnahme des rheinland-pfälzischen Justizministers v. 14. Oktober 1954, Bundesarchiv Koblenz, B 141/2978, fol. 026 ff.; Stellungnahme des hessischen Justizministers v. 21. Oktober 1954, Bundesarchiv Koblenz, B 141/2978, fol. 031 ff.; Stellungnahme des nordrhein-westfälischen Justizministers v. 10. November 1954, Bundesarchiv Koblenz, B 141/2978, fol. 059 ff.; Schreiben des Präsidenten des OLG Hamm an das JM NRW v. 18. September 1954, Akten des JM NRW, Az.: 3830-I A 49, Bd. I, Bl. 134 ff.; Schreiben des Präsidenten des OLG Düsseldorf an das JM NRW v. 20. September 1954, Akten des JM NRW, Az.: 3830-I A 49, Bd. I, Bl. 132 f.; Schreiben des Präsidenten des OLG Köln an das JM NRW v. 25. September 1954, Akten des JM NRW, Az.: 3830-I A 49, Bd. I, Bl. 139 ff.; Schreiben der Rheinischen Notarkammer an das JM NRW v. 1. Oktober 1954, Akten des JM NRW, Az.: 3830-I A 49, Bd. I, Bl. 147 f.

479 Stellungnahme des niedersächsischen Justizministers v. 9. Oktober 1954, Bundesarchiv Koblenz, B 141/2978, fol. 020 ff.; Stellungnahme des Berliner Justizsenators v. 27. Oktober 1954, Bundesarchiv Koblenz, B 141/2978, fol. 037 ff.

480 Arndt, Bemerkungen zu dem Referentenentwurf eines Gesetzes über Maßnahmen auf dem Gebiete des Notarrechts, in: Akten der GDN, Bundesnotarordnung, Schriftwechsel (S. 1 f. und S. 4); Stellungnahme des bayerischen Justizministers zum Referentenentwurf mit Schreiben v. 9. November 1954, Bundesarchiv Koblenz, B 141/2978, fol. 046 f.; Auszug aus einem Bericht des Präsidenten des OLG Bamberg, Bundesarchiv Koblenz, B 141/2978, fol. 051 und 053.

sah, mangels eines solchen Bedürfnisses entsprechend dem Beschluss der Senatskommission vom 26. Juli 1954 zu verfahren und zukünftig keine Anwaltsnotare mehr zu bestellen,[481] erhoben einige *andere Landesjustizverwaltungen* Bedenken gegen diese Einschränkung.[482]

Der *baden-württembergische Justizminister* erklärte, dass in absehbarer Zeit für Baden-Württemberg keine Änderung der Notariatsverfassung durch Einführung des Nur-Notariats geplant sei.[483] Ein Bedürfnis, Notare am Amtsgericht ihres Amtssitzes zur Rechtsanwaltschaft zuzulassen, verneinte er und begrüßte deshalb die nach Art. 4 S. 4 des Referentenentwurfs vorgesehene Aufhebung des § 8 Abs. 1 RNotO.[484] Dagegen hatte der *nordrhein-westfälische Justizminister* in seiner Stellungnahme darauf hingewiesen, dass ein Bedürfnis für die Bestellung von Notaranwälten für abgelegene Gebiete denkbar sei.[485]

Von Seiten der GDN wurde bezweifelt, dass nach dem Entwurf das Verhältnis zwischen Anwaltsnotariat und Nur-Notariat ausreichend geklärt sei. So dachte man darüber nach, ob für die Bezirke des Anwaltsnotariats nicht entsprechend der bisherigen Praxis die ausschließliche Bestellung von Anwaltsnotaren vorzuschreiben sei und die Ernennung von Anwaltsnotaren außerhalb dieser Bezirke ausgeschlossen werden müsse.[486]

---

481 Stellungnahme der Landesjustizverwaltung Hamburg v. 28. September 1954, Bundesarchiv Koblenz, B 141/2978, fol. 010 ff.

482 Stellungnahme des niedersächsischen Justizministers v. 9. Oktober 1954, Bundesarchiv Koblenz, B 141/2978, fol. 020 ff.; Stellungnahme des schleswig-holsteinischen Justizministers v. 5. Februar 1955, Bundesarchiv Koblenz, B 141/2978, fol. 094. Auch die Landesjustizverwaltung von Berlin soll Einwände gegen die Regelung des § 8 erhoben haben, weil danach die Ernennung von Nur-Notaren in Gebieten des Anwaltsnotariats nicht ausgeschlossen sei und große Nur-Notariate die Anwaltsnotare in ihrer Existenz gefährden könnten, vgl. die Angaben von Küster, Niederschrift über die Delegierten-Versammlung der GDN am 11./12. Oktober 1954 in Köln, in: Akten der GDN, Bundesnotarordnung, Entwürfe Protokolle, Teil III (S. 2).

483 Stellungnahme an den Bundesjustizminister v. 10. Februar 1955, Bundesarchiv Koblenz, B 141/2978, fol. 098, 098 R.

484 Stellungnahme an den Bundesjustizminister v. 10. Februar 1955, Bundesarchiv Koblenz, B 141/2978, fol. 103 R.

485 Stellungnahme v. 10. November 1954, Bundesarchiv Koblenz, B 141/2978, fol. 061 f.

486 1. Vorentwurf einer Stellungnahme zum Referentenentwurf für ein Gesetz über Maßnahmen auf dem Gebiete des Notarrechts i. d. Fassung v. 27. Juli 1954, in: Akten der GDN, Bundesnotarordnung, Entwürfe Protokolle, Teil II (S. 3 f.).

18. Die Delegiertenversammlung der GDN am 11./12. Oktober 1954

Auf der Delegierten-Versammlung der GDN am 11./12. Oktober 1954 wurde das Bereinigungsgesetz zur Reichsnotarordnung mit dem Verbindungsausschuss Anwaltsnotariat besprochen. Dabei kam es zwischen den Vertretern des Anwaltsnotariats und denen des Nur-Notariats zu Meinungsverschiedenheiten über die Reichweite des Status quo. Während die Anwaltsnotare für eine klare Trennung zwischen den Gebieten des Anwaltsnotariats und denen des Nur-Notariats und dafür eintraten, in den Gebieten des Anwaltsnotariats ausschließlich Rechtsanwälte zu Notaren zu ernennen,[487] wiesen die Nur-Notare darauf hin, dass die Bestellung von Nur-Notaren in den Gebieten des Anwaltsnotariats nach der Reichsnotarordnung nicht ausgeschlossen sei und dass der Grundsatz des Nur-Notariats nicht in Frage gestellt werden dürfe.[488]

Thiele erklärte, der Wortlaut von § 8 des Referentenentwurfs habe die Anwaltskammern misstrauisch werden lassen. Die Anwaltsnotare wollten verhindern, dass die Justizminister das Anwaltsnotariat beseitigen könnten. Falls die GDN das Anwaltsnotariat nicht im gegenwärtigen Umfang erhalten, sondern bei Gelegenheit das Nur-Notariat einführen wolle, müssten die Anwaltsnotare auf der Verankerung des tatsächlichen Zustandes im Gesetz bestehen. Auch die

487 Vgl. Küster, Niederschrift über die Delegierten-Versammlung der GDN am 11./12. Oktober 1954 (o. Fußn. 482), S. 2 f.; Thiele, Niederschrift über die Delegierten-Versammlung der Gemeinschaft des Deutschen Notariats am 11./12. Oktober 1954 (o. Fußn. 482), S. 3; Urbanczyk, Niederschrift über die Delegierten-Versammlung der Gemeinschaft des Deutschen Notariats am 11./12. Oktober 1954 (o. Fußn. 482), S. 5 f.; v. Damm, Niederschrift über die Delegierten-Versammlung der Gemeinschaft des Deutschen Notariats am 11./12. Oktober 1954 (o. Fußn. 482), S. 7.

488 Feyock, Niederschrift über die Delegierten-Versammlung der Gemeinschaft des Deutschen Notariats am 11./12. Oktober 1954 (o. Fußn. 482), S. 3, 7; Gonella, Niederschrift über die Delegierten-Versammlung der Gemeinschaft des Deutschen Notariats am 11./12. Oktober 1954 (o. Fußn. 482), S. 5; Westhoff, Niederschrift über die Delegierten-Versammlung der Gemeinschaft des Deutschen Notariats am 11./12. Oktober 1954 (o. Fußn. 482), S. 6; Muhle, Niederschrift über die Delegierten-Versammlung der Gemeinschaft des Deutschen Notariats am 11./12. Oktober 1954 (o. Fußn. 482), S. 7 f.; Wehrens, Niederschrift über die Delegierten-Versammlung der Gemeinschaft des Deutschen Notariats am 11./12. Oktober 1954 (o. Fußn. 482), S. 8; Weber, Niederschrift über die Delegierten-Versammlung der Gemeinschaft des Deutschen Notariats am 11./12. Oktober 1954 (o. Fußn. 482), S. 8 ff.

künftige Zusammenarbeit zwischen den Anwaltskammern und der GDN hänge von der Entscheidung dieser Frage ab.[489]

Feyock teilte mit, wie die GDN bereits mehrfach erklärt habe, wolle das Nur-Notariat keine Expansionspolitik betreiben. Die Möglichkeit des Übergangs zum Nur-Notariat solle nur geschaffen werden, wenn die Anwaltsnotare selbst dies wünschten.[490]

Thiele und *Urbanczyk* meinten, dass bei den Anwaltsnotaren niemals eine Mehrheit für die Einführung des Nur-Notariats stimmen werde.[491]

Daraufhin schlug *Urbanczyk* folgende Formulierung vor:

> „In den Landgerichtsbezirken, in denen bisher Rechtsanwälte und Notare zur nebenberuflichen Amtsausübung bestellt werden konnten, behält es hierbei sein Bewenden."[492]

Anschließend berieten Nur-Notare und Anwaltsnotare getrennt voneinander, wobei die Nur-Notare den Beschluss fassten, der von den Anwaltsnotaren vorgeschlagenen Neufassung von § 8 unter der Bedingung zuzustimmen, dass die AGRAK und der Deutsche Anwaltverein an dem gemeinsamen Entwurf festhalten, bis das Gesetz verabschiedet ist.[493]

Am Ende der darauf folgenden Debatte wurde eine Formulierung für § 8 (jetzt § 7) gewählt, die den Status quo für die Zukunft festschreiben sollte:

> „In den Landgerichtsbezirken, in denen bisher nur Rechtsanwälte als Notare bestellt worden sind, werden auch weiterhin ausschliesslich Rechtsanwälte für die Dauer ihrer Zulassung bei einem bestimmten Gericht als Notare zur nebenberuflichen Amtsausübung bestellt, die Vorschrift des § 5 ist insoweit nicht anzuwenden. Im übrigen können Rechtsanwälte nicht zugleich als Notare bestellt werden."[494]

Um neue Bestrebungen auf Einführung des selbständigen Notariats im gesamten Bundesgebiet zu verhindern,[495] gab der Präsident des DAV *von Sauer* gegenüber

---

489 Niederschrift über die Delegierten-Versammlung der Gemeinschaft des Deutschen Notariats am 11./12. Oktober 1954 (o. Fußn. 482), S. 10 f.

490 Niederschrift über die Delegierten-Versammlung der Gemeinschaft des Deutschen Notariats am 11./12. Oktober 1954 (o. Fußn. 482), S. 11.

491 Niederschrift über die Delegierten-Versammlung der Gemeinschaft des Deutschen Notariats am 11./12. Oktober 1954 in Köln (o. Fußn. 482), S. 11 f.

492 Niederschrift über die Delegierten-Versammlung der Gemeinschaft des Deutschen Notariats am 11./12. Oktober 1954 (o. Fußn. 482), S. 12.

493 Ebenda.

494 Niederschrift über die Delegierten-Versammlung der Gemeinschaft des Deutschen Notariats am 11./12. Oktober 1954 (o. Fußn. 482), S. 13.

495 Einschätzung des DAV in seinem Rundschreiben an alle angeschlossenen Anwaltvereine und alle Vorstandsmitglieder v. 29. Juli 1960, Akten der RAK Düsseldorf, LArch NRW, Abteilung Rheinland, RW 552 Nr. 774, Bl. 198, 201 f.

der GDN mit Schreiben vom 27. Oktober 1954 die geforderte Erklärung ab.[496] Die *AGRAK* stimmte dem Ergebnis der Kölner Besprechungen zwischen GDN und dem Verbindungsausschuss „Anwaltsnotariat" vom 11./12. Oktober 1954 mit der Anregung zu, statt „zur nebenberuflichen Amtsausübung" die Formulierung „zur gleichzeitigen Amtsausübung" zu wählen.[497] Hiervon setzte ihr Präsident *Finck* die GDN mit Schreiben vom 10. November 1954 in Kenntnis.[498]

Daraufhin gab *Feyock* im Namen von GDN und AGRAK eine Stellungnahme zum Referentenentwurf ab. Darin wies er darauf hin, dass § 8 dieses Entwurfs eine Auslegung zulasse, nach der die Bestellung von Anwaltsnotaren nur zulässig sei, wenn ein Bedürfnis, gerade einen Anwaltsnotar zu ernennen, bestehe. Aus Sorge, dass die Landesjustizverwaltungen in den Gebieten des Anwaltsnotariats dazu übergehen könnten, Nur-Notare zu bestellen, wünschten die Anwaltsnotare eine Regelung, wonach in diesen Gebieten ausschließlich Anwaltsnotare bestellt werden dürfen. Diesem Wunsch habe sich die GDN angeschlossen, um einen von beiden Notariatsformen unterstützten Vorschlag zu ermöglichen.[499]

19. Die Besprechung im Bundesjustizministerium am 8. November 1954

Nachdem der Staatssekretär im Bundesjustizministerium *Strauß* erklärt hatte, Anwaltsnotariat und Nur-Notariat gleichberechtigt nebeneinander stellen zu wollen und den Bundesländern die Wahl zwischen diesen beiden Notariatsformen zu überlassen,[500] wollte *Feyock* den Bundesjustizminister davon überzeu-

---

496 Dies ergibt sich aus einem Schreiben von Feyock an von Sauer v. 9. November 1954, in: Akten der GDN, Bundesnotarordnung, Schriftwechsel. Das Schreiben v. 27. Oktober 1954 wird außerdem zitiert im Schreiben des DAV v. 29. Juli 1960 (o. Fußn. 495).

497 Mit 13:7 Stimmen, vgl. Protokoll der XXIII. Tagung der Arbeitsgemeinschaft der Anwaltskammervorstände im Bundesgebiet am 14. und 15. Oktober 1954 in Hamburg, in: Akten der GDN, Bundesnotarordnung, Entwürfe Protokolle, Teil III (S. 6 f.).

498 Eine Abschrift dieses Schreibens befindet sich in den Akten der GDN, Bundesnotarordnung, Schriftwechsel.

499 Schreiben v. 18. November 1954, Bundesarchiv Koblenz, B 141/2978, fol. 074 ff.

500 Nach Angaben von Feyock soll er dies anlässlich eines Ministerempfangs am 30. September 1954 und in einer Besprechung v. 8. November 1954 geäußert haben, vgl. Aktennotiz über die Besprechung mit Staatssekretär Strauß und Bundesjustizminister Neumayer im BJM am 8. November 1954, in: Akten der GDN, Bundesnotarordnung, Entwürfe Protokolle, Teil III. – Offiziell soll Strauß diesen Wunsch nicht im Bundesjustizministerium geäußert haben, vgl. den Vermerk von Saage v. 12. Oktober 1954, Bundesarchiv Koblenz, B 141/2978, fol. 018.

gen, dass das Nur-Notariat die beste Form des Notariats sei und deshalb als Regeltyp beibehalten werden müsse.[501]

Am 8. November 1954 sprach *Feyock* im Bundesjustizministerium zunächst mit Staatssekretär *Strauß*, der erneut erklärte, er wolle in dem Notariatsgesetz Anwaltsnotariat und Nur-Notariat gleichberechtigt nebeneinander stellen und den Bundesländern die Wahl zwischen diesen beiden Formen überlassen.[502]

Nachdem *Feyock* ihn auf die Vorzüge des Nur-Notariats hingewiesen, ihn an seine Zusage und die des vormaligen Justizministers *Dehler*, den Status quo zu erhalten, erinnert und ihn über den in Köln gefassten Beschluss informiert hatte, habe *Strauß* anerkannt, dass den Ländern die Abweichung vom Nur-Notariat nicht überlassen werden dürfe.[503] Schließlich hätten sich *Feyock* und *Strauß* darauf verständigt, dass sowohl Anwaltsnotariat als auch Nur-Notariat als Grundformen anerkannt werden sollen. Es solle den Ländern überlassen bleiben, ob sie vom Anwaltsnotariat zum Nur-Notariat übergehen wollen. Der umgekehrte Übergang vom Nur-Notariat hin zum Anwaltsnotariat solle nur durch Bundesgesetz möglich sein.[504]

Der Bundesjustizminister *Neumayer* erklärte im anschließenden Gespräch mit *Feyock* und *Strauß*:

> „Wir sind uns völlig einig. Das Nurnotariat wird nicht angetastet. Ob die Wahl der Notariatsform in Gebieten, in denen bisher das Anwaltsnotariat bestand, den Ländern überlassen bleibe, das wollen wir im Entwurf totschweigen. Strauß und ich, wir stehen nunmehr zu diesem Wort."[505]

20. Das Gutachten von Grewe

Der in Ausführung des Beschlusses vom 8. Mai 1954 vom Präsidenten der Rechtsanwaltskammer Düsseldorf beauftragte *Professor Grewe*[506] kam bei seiner Prüfung der Rechtslage in Nordrhein-Westfalen zu dem Ergebnis, dass die von den Düsseldorfer Rechtsanwälten avisierte Klage eines Rechtsanwalts auf

---

501 Entwurf eines (nicht versandten) Briefes von Feyock an den Bundesjustizminister v. 6. November 1954, in: Akten der GDN, Bundesnotarordnung, Entwürfe Protokolle, Teil III.

502 Aktennotiz über die Besprechung mit Staatssekretär Strauß und Bundesjustizminister Neumayer im Bundesjustizministerium am 8. November 1954 (o. Fußn. 500).

503 Ebenda.

504 Ebenda.

505 Zitiert nach Feyock, Aktennotiz über die Besprechung mit Staatssekretär Strauß und Bundesjustizminister Neumayer im Bundesjustizministerium am 8. November 1954 (o. Fußn. 500).

506 Vgl. das Schreiben von Wiedemann v. 18. Juni 1954, Akten der RAK Düsseldorf, LArch NRW, Abteilung Rheinland, RW 552 Nr. 776, Bl. 119 ff.

Zulassung als Anwaltsnotar keine Aussicht auf Erfolg verspreche.[507] Das Bestehen unterschiedlicher Notariatsformen im Oberlandesgerichtsbezirk Düsseldorf sei nicht verfassungswidrig.[508] Die Ungleichheit beruhe nicht auf Willkür, sondern sei traditionell verwurzelt. Aus Art. 1 Abs. 3 i. V. mit Art. 1 Abs. 3 GG lasse sich zwar eine Pflicht des Gesetzgebers herleiten, das Notariatsrecht bei gesetzgeberischen Maßnahmen auf diesem Gebiet anzugleichen. Da es sowohl für das Anwaltsnotariat als auch für das Nur-Notariat sprechende Gründe gebe, sei nicht zu erwarten, dass Bundesgesetzgeber und Bundesjustizministerium, die bisher zum Nur-Notariat tendierten, nun in Richtung des Anwaltsnotariats umschwenken würden. Damit erscheine es fraglich, ob eine Vereinheitlichung der Zulassung zum Notariat für die Befürworter des Anwaltsnotariats von Vorteil wäre.[509]

Auch nach einem weiteren Gutachten, das sich mit dieser Frage befasste, bestanden erhebliche Zweifel daran, dass der im Oberlandesgerichtsbezirk Düsseldorf bestehende Zustand gegen das Grundgesetz verstößt.[510]

21. Die Besprechung im Bundesjustizministerium am 28. Februar und am 1. März 1955

a) Die Vorbesprechung zwischen Vertretern der GDN und des Verbindungsausschusses der AGRAK

Bei der Vorbesprechung der für den 28. Februar 1955 angesetzten Beratung über das Bereinigungsgesetz im Bundesjustizministerium zwischen Vertretern der GDN und des Verbindungsausschusses der AGRAK, die am 27. Februar 1955 stattfand, kam es zu einer Auseinandersetzung zwischen dem Vizepräsidenten der Rechtsanwaltskammer Düsseldorf *Franke* und den übrigen Teilnehmern.

Franke erklärte, er komme für den AGRAK-Präsidenten *Finck*, den er auch bei der Besprechung im Bundesjustizministerium vertreten werde. Allerdings wolle er nicht für den am 11./12. Oktober 1954 gefundenen Kompromiss eintre-

---

507 Vgl. schon das Schreiben an Wiedemann v. 8. August 1954, Akten der RAK Düsseldorf, LArch NRW, Abteilung Rheinland, RW 552 Nr. 776, Bl. 135 f.

508 Zusammenfassende Skizze der voraussichtlichen Ergebnisse eines Rechtsgutachtens über Fragen des Zugangs zum Notarberuf im Bezirk des Oberlandesgerichts Düsseldorf v. 9. Dezember 1954, Akten der RAK Düsseldorf, LArch NRW, Abteilung Rheinland, RW 552 Nr. 776, Bl. 159 ff. (auch enthalten in den Akten der GDN Bundesnotarordnung, Entwürfe Protokolle, Teil III).

509 S. 8 f. und S. 20 f. der Skizze v. 9. Dezember 1954 (o. Fußn. 508509).

510 Gutachten der Hans-Soldan-Stiftung v. 7. März 1955, Akten der RAK Düsseldorf, LArch NRW, Abteilung Rheinland, RW 552 Nr. 775, Bl. 26, 49.

ten, sondern den abweichenden Standpunkt der Düsseldorfer Rechtsanwaltskammer und der sechs anderen Rechtsanwaltskammern vertreten, die auf der XXIII. Tagung der AGRAK[511] gegen diesen Kompromiss gestimmt hätten.[512] Die übrigen Teilnehmer der Vorbesprechung wiesen *Franke* darauf hin, dass nur die AGRAK und die GDN zu den Beratungen im Bundesjustizministerium geladen seien. *Franke* könne daher lediglich die AGRAK und ihren Standpunkt vertreten und müsse für den gemeinsamen Entwurf eintreten. Gleichzeitig appellierten sie an *Franke*, die zwischen den Anwaltsnotaren und den Nur-Notaren erzielte Einigung nicht zu gefährden.[513]

Franke bestand jedoch darauf, an der Besprechung im Bundesjustizministerium für die AGRAK teilzunehmen und dort den Standpunkt der Rechtsanwaltskammer Düsseldorf zu vertreten.[514] Erst nachdem *Finck* eingetroffen war und *Franke* darauf hingewiesen hatte, dass die AGRAK bei ihrem in Hamburg gefassten Beschluss bleiben müsse und nicht den davon abweichenden Standpunkt der Düsseldorfer Rechtsanwaltskammer vertreten dürfe,[515] erklärte *Franke*, nicht an der Besprechung teilnehmen zu wollen, wenn er dort den Standpunkt der AGRAK vertreten müsse.[516]

Anschließend wurde über die Einzelfragen zum Bereinigungsgesetz beraten. Zur Neufassung des § 8 verständigte man sich darauf, dass hinsichtlich des Vorschlages „nebenberuflich“ durch „gleichzeitig“ zu ersetzen, GDN und Verbindungsausschuss verschiedene Standpunkte einnehmen würden.[517]

b) Die Besprechung im Bundesjustizministerium

Am 28. Februar und 1. März 1955 fand die Besprechung des Entwurfs für das Bereinigungsgesetz im Bundesjustizministerium statt. Neben Vertretern des Ministeriums, der GDN und des Verbindungsausschusses nahmen auch die Justizministerien der Länder mit Ausnahme von Schleswig-Holstein daran teil.[518]

---

511 Vgl. o. Fußn. 497.

512 Niederschrift über die Vorbesprechung (zu der Beratung über das Bereinigungsgesetz im BJM am 28. Febr. 1955) zwischen den Vertretern der GDN und des Verbindungsausschusses der Arbeitsgemeinschaft der AGRAK am 27. Febr. 1955, in: Akten der GDN, Bundesnotarordnung, Entwürfe Protokolle, Teil III (S. 2).

513 Vgl. die Äußerungen von Feyock, Muhle, Urbanczyk und Siemann, Niederschrift über die Vorbesprechung am 27. Febr. 1955 (o. Fußn. 512), S. 3 ff.

514 Niederschrift über die Vorbesprechung am 27. Febr. 1955 (o. Fußn. 512), S. 6.

515 Niederschrift über die Vorbesprechung am 27. Febr. 1955 (o. Fußn. 512), S. 6 f.

516 Niederschrift über die Vorbesprechung am 27. Febr. 1955 (o. Fußn. 512), S. 8.

517 Niederschrift über die Vorbesprechung am 27. Febr. 1955 (o. Fußn. 512), S. 9.

518 Vermerk des BJM v. 10. März 1955 über die Besprechungen mit Vertretern der Landesjustizverwaltungen, der GDN und der AGRAK am 28. Februar/1. März 1955, Bundes-

Grundlage dieser Besprechung bildete hinsichtlich der hier interessierenden Bestimmungen die auf der Delegiertenversammlung der GDN am 11./12. Oktober 1954 beschlossene Fassung des Gesetzentwurfs. Mit Ausnahme von Baden-Württemberg unterbreiteten alle Länder Änderungsvorschläge dazu, „die von der zeitlichen Begrenzung des Anwaltsnotariats (Bayern) bis zur Aufrechterhaltung des § 8 RNotO in der für die Britische Zone geltenden Fassung (NRW)" reichten.[519]

Strauß wies darauf hin, dass weder das Nur-Notariat noch das Anwaltsnotariat zur Disposition stünden.[520] Die Notariatsverfassung müsse an die Wirklichkeit angepasst werden. In großen Teilen der Bundesrepublik gelte das Anwaltsnotariat, im Falle der Wiedervereinigung würden weitere Gebiete mit Anwaltsnotariat hinzukommen. Deshalb sollten Nur-Notariat und Anwaltsnotariat „in den bisherigen räumlichen Grenzen gleichberechtigt nebeneinander bestehen."[521]

Feyock erklärte im Namen der Nur-Notare und der Anwaltsnotare die Zustimmung zur vorliegenden Fassung.[522] Dem Wunsch der Anwaltsnotare, die Worte „nebenberuflicher Amtsausübung" durch „gleichzeitiger Amtsausübung" zu ersetzen, widersprach *Feyock* mit der Begründung, das Notaramt sei beim Anwaltsnotar akzessorischer Natur und mache regelmäßig nur einen geringen Teil seiner Tätigkeit aus.[523] *Strauß* schlug als Kompromiss vor, das Wort „nebenberuflich" durch die Formulierung „neben dem Beruf des Rechtsanwalts" zu wählen.[524]

Die Vertreter von Hamburg und Nordrhein-Westfalen wiesen darauf hin, dass Übergangsbestimmungen für die früheren preußischen Gebiete Hamburgs und den Landgerichtsbezirk Kleve erforderlich wären, um dort weiterhin An-

---

archiv Koblenz, B 141/2978, fol. 115 ff.; Niederschrift der GDN über die Besprechung im BJM über den Referentenentwurf der Bundesnotarordnung am 28.2./1.3.1955, in: Akten der GDN, Bundesnotarordnung, Entwürfe Protokolle, Teil III.

519 Niederschrift der GDN über die Besprechung im BJM über den Referentenentwurf der Bundesnotarordnung am 28.2./1.3.1955 (o. Fußn. 518), S. 6.

520 Ebenda.

521 Vermerk des BJM v. 10. März 1955 über die Besprechungen mit Vertretern der Landesjustizverwaltungen, der GDN und der AGRAK am 28. Februar/1. März 1955 (o. Fußn. 518), fol. 120 f.

522 Niederschrift der GDN über die Besprechung im BJM über den Referentenentwurf der Bundesnotarordnung am 28.2./1.3.1955 (o. Fußn. 518), S. 6 f.

523 Niederschrift der GDN über die Besprechung im BJM über den Referentenentwurf der Bundesnotarordnung am 28.2./1.3.1955 (o. Fußn. 518), S. 7.

524 Ebenda.

waltsnotare bestellen zu können.[525] Einen Antrag, das Institut des Notaranwalts beizubehalten, zog die Landesjustizverwaltung Nordrhein-Westfalen zurück.[526]

Nachdem über die Frage, ob auch die Bestellung zum Anwaltsnotar von einem Bedürfnis abhängig zu machen sei, in der Besprechung vom 28. Februar und 1. März 1955 keine Einigung erzielt werden konnte,[527] berieten die Landesjustizverwaltungen mit Vertretern der GDN und der AKRAK am 23. März 1955 erneut darüber. Im Ergebnis dieser weiteren Beratung wurde empfohlen, dass die Landesjustizverwaltungen „die Bestellung vom Vorhandensein eines Bedürfnisses [...] oder vom Ablauf einer Wartezeit oder von beiden Voraussetzungen abhängig machen" können.[528]

c) Die Anpassung des Referentenentwurfs

Ende Mai 1955 wurde der Referentenentwurf an die Ergebnisse der Besprechungen im Bundesjustizministerium vom 28. Februar/1. März 1955 und im nordrhein-westfälischen Justizministerium vom 23. März 1955 angepasst.[529] Danach sollte das Verhältnis zwischen Nur-Notariat und Anwaltsnotariat wie folgt geregelt werden:

> „§ 6
>
> Die Notare werden zur hauptberuflichen Amtsausübung auf Lebenszeit bestellt.
>
> § 7
>
> In den Gerichtsbezirken, in denen bei Inkrafttreten dieses Gesetzes das Amt des Notars nur im Nebenberuf ausgeübt worden ist, werden weiterhin ausschließlich Rechtsanwälte für die Dauer ihrer Zulassung bei einem bestimmten Gericht als No-

525 Vermerk des BJM v. 10. März 1955 über die Besprechungen mit Vertretern der Landesjustizverwaltungen, der GDN und der AGRAK am 28. Februar/1. März 1955 (o. Fußn. 518), fol. 121.

526 Niederschrift der GDN über die Besprechung im BJM über den Referentenentwurf der Bundesnotarordnung am 28.2./1.3.1955 (o. Fußn. 518), S. 7.

527 Vermerk des BJM v. 10. März 1955 über die Besprechungen mit Vertretern der Landesjustizverwaltungen, der GDN und der AGRAK am 28. Februar/1. März 1955 (o. Fußn. 518), fol. 121 ff.

528 Kurzprotokoll v. 28. März 1955 über die Besprechung v. 23. März 1955 im JM NRW zur Frage der Verleihung des Notariats an Rechtsanwälte im Gebiet des Anwaltsnotariats, Akten des JM NRW, Az.: 3830-I A 49, Bd. III, Bl. 321, 322 f.

529 Referentenentwurf in der Fassung v. 25. Mai 1955, in: Akten der GDN, Bundesnotarordnung, Entwürfe Protokolle, Teil III. Vgl. auch die Niederschrift über die Besprechung der Referenten im BJM mit den Vertretern der GDN über den Entwurf des Bereinigungsgesetzes am 1. Juni 1955 in München, Bundesarchiv Koblenz, B 141/2978, fol. 216 ff. (auch enthalten in den Akten der GDN Bundesnotarordnung, Entwürfe Protokolle, Teil III).

tare zu gleichzeitiger Amtsausübung neben dem Beruf des Rechtsanwalts bestellt (Anwaltsnotare). § 5 ist insoweit nicht anzuwenden.

§ 8

(1) Es werden nur so viele Notare bestellt, wie es den Erfordernissen einer geordneten Rechtspflege entspricht.

(2) In den Fällen des § 7 können hierüber die Landesjustizverwaltungen die näheren Bestimmungen treffen. Sie können insbesondere die Bestellung vom Vorhandensein eines Bedürfnisses an dem in Aussicht genommenen Amtssitz oder vom Ablauf einer Wartezeit oder von beiden Voraussetzungen abhängig machen. Die Bestimmungen können allgemein oder für bestimmte Gerichtsbezirke getroffen werden.“[530]

d) Die Reaktionen auf die Anpassung des Referentenentwurfs

Die *Notarkammer Koblenz* erhob Einwände gegen die für § 7 vorgesehene Formulierung, weil danach die für Rheinland-Pfalz seit der Notarordnung aus dem Jahre 1949 geltende Rechtslage nicht beachtet werde und die Zulassung von Anwaltsnotaren für einige Gebiete vorgeschrieben würde. Falls § 7 nicht mehr geändert werden könne, dürfe er im Bezirk des Oberlandesgerichts Koblenz keine Anwendung finden.[531]

Das *Justizministerium Rheinland-Pfalz* meldete erhebliche Bedenken gegen die nach § 7 des Regierungsentwurfs vorgesehene Erhebung des Anwaltsnotariats zu einer dem Nur-Notariat gleichstehenden Form an und bezeichnete diese Regelung nach dem Stand der bisherigen Beratungen als überraschend.[532]

Feyock war mit der für § 8 Abs. 2 vorgesehenen Regelung, wonach die Bestellung von Anwaltsnotaren lediglich vom Ablauf der Wartezeit abhängig gemacht werden konnte, nicht zufrieden.[533]

---

530 Referentenentwurf in der Fassung v. 25. Mai 1955 (o. Fußn. 529).

531 Schreiben an das BJM v. 7. Oktober 1955, Bundesarchiv Koblenz, B 141/2980, fol. 059 ff.

532 Rundschreiben an die Landesjustizverwaltungen und das BJM v. 9. Oktober 1955, Bundesarchiv Koblenz, B 141/2980, fol. 066.

533 S. 4 der Niederschrift über die Besprechung der Referenten im BJM mit den Vertretern der GDN über den Entwurf des Bereinigungsgesetzes am 1. Juni 1955 in München (o. Fußn. 529).

22. Der Regierungsentwurf des Gesetzes über Maßnahmen auf dem Gebiete des Notarrechts (NotMaßnG)

a) Der Inhalt des Regierungsentwurfs und die Zustimmung der Bundesregierung

Mit Schreiben vom 29. Juni 1955 übersandte Bundesjustizminister *Neumayer* den „Entwurf eines Gesetzes über Maßnahmen auf dem Gebiete des Notarrechts“[534] an den Staatssekretär des Bundeskanzleramts mit der Bitte, die Zustimmung des Kabinetts herbeizuführen,[535]

Die Paragraphen 6 bis 8 waren ohne inhaltliche Änderungen aus dem angepassten Referentenentwurf übernommen worden:

> „§ 6
>
> Die Notare werden zur hauptberuflichen Amtsausübung auf Lebenszeit bestellt.
>
> § 7
>
> In den Gerichtsbezirken, in denen am … [Fn. dazu: „Hier soll der Tag des Inkrafttretens des Gesetzes eingesetzt werden.“] das Amt des Notars nur im Nebenberuf ausgeübt worden ist, werden weiterhin ausschließlich Rechtsanwälte für die Dauer ihrer Zulassung bei einem bestimmten Gericht als Notare zu gleichzeitiger Amtsausübung neben dem Beruf des Rechtsanwalts bestellt (Anwaltsnotare). § 5 ist insoweit nicht anzuwenden.
>
> § 8
>
> (1) Es werden nur so viele Notare bestellt, wie es den Erfordernissen einer geordneten Rechtspflege entspricht.
>
> (2) In den Fällen des § 7 können hierüber die Landesjustizverwaltungen die näheren Bestimmungen treffen. Sie können insbesondere die Bestellung vom Vorhandensein eines Bedürfnisses an dem in Aussicht genommenen Amtssitz oder vom Ablauf einer Wartezeit oder von beiden Voraussetzungen abhängig machen. Die Bestimmungen können allgemein oder für bestimmte Gerichtsbezirke getroffen werden.“[536]

Für den Oberlandesgerichtsbezirk Stuttgart waren in § 86 des Entwurfs Sondervorschriften vorgesehen und im Bezirk des Oberlandesgerichts Karlsruhe sollte das Gesetz nach § 87 desselben nicht gelten. In den Teilen Baden-Württembergs und Hamburgs, in denen bei Erlass des Gesetzes Rechtsanwälte zu Notaren er-

---

534 Bundesarchiv Koblenz, B 141/2979, fol. 142 ff. (Gesetzestext) und fol. 192 ff. (Begründung).

535 Bundesarchiv Koblenz, B 141/2979, fol. 278.

536 Bundesarchiv Koblenz, B 141/2979, fol. 144.

nannt werden konnten, sollte die Bestellung von Anwaltsnotaren weiterhin zulässig sein (§ 88 des Entwurfs).[537]

In der Begründung des Gesetzentwurfs[538] wurde darauf hingewiesen, dass mit dem Entwurf nicht mehr die nach der Reichsnotarordnung als Endziel angestrebte Einführung des Nur-Notariats verfolgt werde, sondern das Anwaltsnotariat „wieder zu einer dem Nur-Notariat gleichstehenden Gestaltungsform des Notariats" erhoben werden solle.[539] Für die Beibehaltung des Anwaltsnotariats neben anderen Notariatsformen wurden praktische Bedürfnisse und die Rücksichtnahme auf vorhandene Besitzstände angeführt.[540] Eine Ausdehnung des Anwaltsnotariats sei dagegen nicht vorgesehen. Abgesehen davon, dass ein dahingehendes Bedürfnis nicht bestehe, sei eine solche nach Art. 138 GG wohl ohnehin ausgeschlossen.[541] Die Neuzulassung von Notaranwälten war nicht mehr vorgesehen, weil von dieser Möglichkeit nur selten Gebrauch gemacht worden und ein Bedürfnis für die Beibehaltung des Instituts nicht mehr vorhanden sei.[542]

Das Bundesinnenministerium erklärte unter Hinweis auf die Vorgeschichte des Grundgesetzes, dass Art. 138 GG entgegen der Begründung des Entwurfs nur die Notariatseinrichtungen in den dort genannten Bundesländern schützen solle.[543] Obwohl das Bundesjustizministerium an seiner Auffassung zur Reichweite von Art. 138 festhielt, war man dort zur Änderung der Begründung in diesem Punkt bereit[544] und änderte dieselbe entsprechend.[545]

Nachdem die am 22. September 1955 erbetene[546] Zustimmung der Bundesregierung zur geänderten Kabinettsvorlage am 3. Oktober 1955 festgestellt worden war,[547] wurde der Gesetzentwurf unter dem 7. Oktober 1955 an den Bundesrat übersandt.[548]

537 Bundesarchiv Koblenz, B 141/2979, fol. 182 f.

538 Bundesarchiv Koblenz, B 141/2979, fol. 192 ff.

539 Bundesarchiv Koblenz, B 141/2979, fol. 199 f.

540 Vgl. dazu Saage, DNotZ 1956, S. 4, 10 f.; v. Schack, JR 1956, S. 161 f.

541 Bundesarchiv Koblenz, B 141/2979, fol. 200 f.

542 Bundesarchiv Koblenz, B 141/2979, fol. 201.

543 Schreiben an das BJM v. 14. Juli 1955, Bundesarchiv Koblenz, B 141/2980, fol. 012

544 Schreiben an das BIM v. 27. Juli 1955, Bundesarchiv Koblenz, B 141/2980, fol. 013 f.

545 Schreiben des Bundesjustizministers an den Staatssekretär des Bundeskanzleramts v. 16. September 1955, Bundesarchiv Koblenz, B 141/2980, fol. 044 f.

546 Rundschreiben des Staatssekretärs des Bundeskanzleramtes an die Bundesminister v. 22. September 1955, Bundesarchiv Koblenz, B 141/2980, fol. 047.

547 Rundschreiben des Staatssekretärs des Bundeskanzleramtes an die Bundesminister v. 3. Oktober 1955, Bundesarchiv Koblenz, B 141/2980, fol. 055.

548 Schreiben des Bundeskanzlers an den Präsidenten des Bundesrates v. 7. Oktober 1955, Bundesarchiv Koblenz, B 141/2980, fol. 058.

b) Die Behandlung des Regierungsentwurfs im Bundesrat

Der Rechtsausschuss des Bundesrats hatte bereits am 29. September 1955 den „Unterausschuss für den Entwurf eines Gesetzes über Maßnahmen auf dem Gebiet des Notarrechts“ eingesetzt und damit beauftragt, die Beschlussfassung des Rechtsausschusses zum Entwurf des Gesetzes über Maßnahmen auf dem Gebiete des Notariats vorzubereiten.[549]

Der Unterausschuss trat am 12. Oktober 1955 zu seiner ersten Sitzung zusammen. Nachdem die Bemühungen des Landes Rheinland-Pfalz um eine andere Fassung des § 7 gescheitert waren, wurde der Antrag, den § 7 durch § 88 Abs. 2 und 3 für Hamburg und Rheinland-Pfalz für nicht anwendbar zu erklären, angenommen. Danach sollten in den Hamburger Gerichtsbezirken, in denen bis dahin Rechtsanwälte als Notare bestellt werden konnten, weiter Anwaltsnotare bestellt werden können. Dagegen sollten in Rheinland-Pfalz neue Anwaltsnotare nicht mehr bestellt werden können.[550] Diesem Vorschlag schloss sich der Rechtsausschuss des Bundesrats in seiner 155. Sitzung an.[551]

In derselben Sitzung stellte der *Vertreter Baden-Württembergs* den Antrag, das Anwaltsnotariat in allen Teilen des Landes Baden Württemberg zuzulassen.[552] Zur Begründung des Antrags führte er aus, dass dies der Vereinheitlichung des Notarrechts in Baden Württemberg diene. In den hohenzollernschen Landesteilen würden ausschließlich, in den württembergischen Landesteilen auch Rechtsanwaltsnotare bestellt. In Baden sei nur die Bestellung von Amtsnotaren zulässig, allerdings gebe es auch hier Anwaltsnotare, da die amerikanische Militärregierung 1945 verschiedene Rechtsanwälte zur notariellen Tätigkeit nach der Reichsnotarordnung ermächtigt habe.[553]

549 Auszug aus dem Kurzprotoll der 154. Sitzung des BR-Rechtsausschusses v. 29. September 1955, Bundesarchiv Koblenz, B 141/2980, fol. 053 f. Vgl. auch Niederschrift über die Sitzung des Unterausschusses betreffend den Entwurf d. NotMaßnG v. 12. Oktober 1955, BR-Protokolle, Rechtsausschuss, Unterausschüsse, 2. Halbjahr 1955, 153.-158. Sitzung, S. 1.

550 Niederschrift über die Sitzung des Unterausschusses betreffend den Entwurf d. NotMaßnG v. 12. Oktober 1955 (o. Fußn. 549), S. 2 f.

551 Niederschrift über die 155. Sitzung des BR-Rechtsausschusses v. 20. Oktober 1955, BR-Protokolle, Rechtsausschuss, 2. Halbjahr 1955, 153.-158. Sitzung, S. 19.

552 Niederschrift über die 155. Sitzung des BR-Rechtsausschusses v. 20. Oktober 1955 (o. Fußn. 551), S. 18.

553 Ebenda.

Das Bundesjustizministerium wies dieses Ansinnen zurück. Falls das Amtsnotariat beseitigt werde, sei nur die Einführung des Nur-Notariats denkbar.[554] Nachdem der Vertreter des Bundesjustizministeriums *Bülow* darauf hingewiesen hatte, dass die Regierungsvorlage auf einer Einigung mit den Vertretern des Notariats im Oberlandesgerichtsbezirk Karlsruhe beruhe, lehnte der Rechtsausschuss eine Stellungnahme zu diesem Antrag ab.[555]

In seiner 148. Sitzung schlug der Bundesrat einige Änderungen zu dem Gesetzentwurf vor, die jedoch für die grundsätzliche Beziehung des Notariats zur Anwaltschaft nicht relevant waren.[556]

c) Die Behandlung des Regierungsentwurfs im Bundestag

Am 11. Januar 1956 übersandte der Bundeskanzler den von der Bundesregierung beschlossenen Entwurf eines Gesetzes über Maßnahmen auf dem Gebiete des Notarrechts mitsamt Begründung an den Präsidenten des Bundestages.[557]

In der ersten Beratung des Gesetzentwurfs im Bundestag am 3. Februar 1956 wurde der Entwurf an den Ausschuss für Rechtswesen und Verfassungsrecht überwiesen.[558] Als der Abgeordnete *Dr. Weber* in der ersten Sitzung des vom Bundestagsrechtsausschuss eingesetzten Unterausschusses „Notarordnung“ Zweifel an der verfassungsrechtlichen Zulässigkeit des Nur-Notariats äußerte,[559] verständigten sich die Mitglieder des Unterausschusses darauf, den Präsidenten der Notarkammer *Feyock* als Sachverständigen dazu zu hören.[560] Nach dieser

554 Dies geht aus dem Aktenvermerk von Zilken über eine Besprechung mit Bülow und Saage im BJM v. 18. Oktober 1955 hervor, Akten der GDN, Bundesnotarordnung, Entwürfe Protokolle, Teil III.

555 Niederschrift über die 155. Sitzung des BR-Rechtsausschusses v. 20. Oktober 1955 (o. Fußn. 551), S. 18 f.

556 148. Sitzung d. BR v. 28. Oktober 1955, Verh. d. BR, Sten. Berichte 1955, 135.-151. Sitzung, S. 304, 307; BR-Drucks. Nr. 290/55 (Beschluss).

557 Bundesarchiv Koblenz, B 141/2981, fol. 052 ff.; BT-Drucks. 2/2017.

558 Verh. d. BT, 2. Wahlp., S. 6641.

559 Diese begründete er mit Bedenken gegen die Vereinbarkeit der Beschränkungen hinsichtlich der Zulassung und der Bedürfnisprüfung mit Art. 12 GG, vgl. Kurzprotokoll der 1. Sitzung des Unterausschusses Notarordnung des Ausschusses für Rechtswesen und Verfassungsrecht v. 27. Februar 1957, 2. Deutscher Bundestag, 16. Ausschuß für Rechtswesen und Verfassungsrecht, Unterausschüsse (Bd. 3), S. 9 f.

560 Kurzprotokoll der 1. Sitzung des Unterausschusses Notarordnung des Ausschusses für Rechtswesen und Verfassungsrecht v. 27. Februar 1957 (o. Fußn. 559), S. 10.

Sitzung wurde das Gesetzesvorhaben in der 2. Legislaturperiode nicht mehr behandelt.[561]

23. Der Wunsch der Rechtsanwaltskammern Düsseldorf und Köln nach Einführung des Anwaltsnotariats in Nordrhein-Westfalen

Die *Rechtsanwaltskammern Düsseldorf und Köln* traten im Herbst 1955 mit dem Wunsch an die nordrhein-westfälische Landesregierung heran, für eine Fassung der neuen Notarordnung zu sorgen, die die Länder ermächtigt, das Notariat auf Landesebene zu vereinheitlichen, und so die einheitliche Einführung des Anwaltsnotariats in Nordrhein Westfalen ermöglicht.[562] Dagegen trat die *Rechtsanwaltskammer Hamm* für die Beibehaltung der aktuellen Fassung ein, da eine solche Ermächtigung auch die einheitliche Einführung des Nur-Notariats ermögliche.[563]

Im *nordrhein-westfälischen Justizministerium* vertrat man dazu die Ansicht, dass diesem Wunsch schon wegen des weit fortgeschrittenen Gesetzgebungsverfahrens nicht entsprochen werden könne. Im Übrigen sei die Einführung des Anwaltsnotariats in ganz Nordrhein-Westfalen aber auch deshalb nicht angebracht, weil dem vorliegenden Entwurf, der die Erhaltung des Status quo vorsehe, eine entsprechende Vereinbarung zwischen GDN und AGRAK zugrunde liege.[564]

24. Die Anträge von Rechtsanwälten auf Zulassung zum Anwaltsnotariat

Anfang 1956 beantragten die Rechtsanwälte *Knop* aus Hilden und *Dr. Kratzert* aus Düsseldorf die Zulassung zum Anwaltsnotariat.[565] Das nordrhein-westfälische Justizministerium lehnte diese Anträge unter Hinweis auf § 8

---

561 Dies lag offenbar an der starken Belastung des Bundestags zum Ende der zweiten Legislaturperiode, vgl. Saage, DNotZ 1958, S. 171.

562 Vgl. Vermerk v. 7. Oktober 1955, Akten des JM NRW, Az.: 3830-I A 49, Bd. IV, Bl. 612.

563 Ebenda.

564 Vermerk v. 7. Oktober 1955 (o. Fußn. 562), Bl. 612 f.

565 Vgl. Wilde, Schreiben v. 13. Februar 1956, Akten der RAK Düsseldorf, LArch NRW, Abteilung Rheinland, RW 552 Nr. 775, Bl. 130; dens., Schreiben v. 26. März 1956, Akten der RAK Düsseldorf, LArch NRW, Abteilung Rheinland, RW 552 Nr. 775, Bl. 155.

Abs. 2 RNotO ab.[566] Diese Vorschrift sei nicht verfassungswidrig, insbesondere sei Art. 3 GG nicht verletzt, da die unterschiedlichen Notariatsverfassungen traditionell verwurzelt seien.[567] Der Einspruch, den *Knop* am 10. April 1956 eingelegt hatte, wurde durch Bescheid vom 27. April 1956 unter Bezugnahme auf die Gründe im Ausgangsbescheid zurückgewiesen.[568]

25. Erneute Regierungsvorlage in der dritten Legislaturperiode

Die *Bundesregierung* legte den – hinsichtlich der verschiedenen Notariatsformen unveränderten – Entwurf in der dritten Legislaturperiode erneut Bundesrat und Bundestag vor.[569] Am 19. Dezember 1957 übersandte Bundesjustizminister *Schäffer* die am 7. November 1957 beschlossene Kabinettsvorlage des Entwurfs zum Gesetz über Maßnahmen auf dem Gebiete des Notarrechts an das Bundeskanzleramt,[570] von wo er am 30. Dezember 1957 an den Bundesrat weitergeleitet wurde.[571]

Die Begründung des Regierungsentwurfs zum Nebeneinander von Nur-Notariat und Anwaltsnotariat und zum Institut des Notaranwalts entsprach inhaltlich derjenigen des in der vorhergehenden Legislaturperiode eingebrachten Entwurfs.[572]

Die dem Bundesrat von seinem Rechtsausschuss empfohlene Stellungnahme zum Entwurf eines Gesetzes über Maßnahmen auf dem Gebiete des Notariats

566 Vgl. Wilde, Schreiben v. 26. März 1956 (o. Fußn. 565); Ablehnungsbescheid des JM NRW an Knop v. 14. März 1956 (Gesch.-Z.: III K 361 – I A), Akten der RAK Düsseldorf, LArch NRW, Abteilung Rheinland, RW 552 Nr. 775, Bl. 157 f. (Abschrift).

567 Ablehnungsbescheid des JM NRW an Knop v. 14. März 1956 (o. Fußn. 566).

568 Gesch.-Z.: III K 361 – I A, Akten der RAK Düsseldorf, LArch NRW, Abteilung Rheinland, RW 552 Nr. 775, Bl. 181 b (Abschrift). Die anschließend angerufene Verwaltungsgerichtsbarkeit wies die Klagen in erster und zweiter Instanz ab: VG Düsseldorf – 1 K 2283/59 und OVG Münster – Urt. v. 30. November 1959 – II A 1664/59. Auch die Klage von Wilde wurde später abgewiesen, OVG Münster, Urt. v. 18. Oktober 1960 – II A 1492/59 (Abschrift in den Akten der RAK Düsseldorf, LArch NRW, Abteilung Rheinland, RW 552 Nr. 774, Bl. 209 ff.).

569 Vgl. Saage, DNotZ 1958, S. 171.

570 Bundesarchiv Koblenz, B 141/16888, Bl. 1 (Schreiben), Bl. 7 ff. (Entwurf nebst Begründung).

571 Bundesarchiv Koblenz, B 141/16888, Bl. 51.

572 BR-Drucks. Nr. 1/58, S. 20. Vgl. auch BT-Drucks. 3/219, S. 20.

enthielt keine Änderungsvorschläge zur Notariatsverfassung.[573] Der Bundesrat folgte dieser Empfehlung.[574]

Am 20. Februar 1958 wurde der Regierungsentwurf zum Gesetz über Maßnahmen auf dem Gebiete des Notarrechts an den Bundestag übersandt.[575]

In der ersten Beratung des Regierungsentwurfs eines Gesetzes über Maßnahmen auf dem Gebiete des Notariats im Bundestag, die am 12. März 1958 stattfand, wurde die Überweisung an den Rechtsausschuss des Bundestages beschlossen.[576]

26. Die Denkschrift der Rechtsanwaltschaft Düsseldorf und Köln vom November 1958

a) Der Inhalt der Denkschrift

Im November 1958 wandte sich die *Rechtsanwaltschaft Düsseldorf und Köln* mit einer Denkschrift an alle Mitglieder des Ausschusses für Rechtswesen und Verfassungsrecht und an alle Rechtsanwälte im Bundestag. Darin forderte sie neben der Ermächtigung der Länder, eine Rechtsangleichung vorzunehmen, wenn in einzelnen Landesteilen Nur-Notariat und in anderen Anwaltsnotariat vorhanden ist, auch, den Landesjustizverwaltungen bei entsprechendem Bedürfnis die Befugnis zur Bestellung von Rechtsanwaltsnotaren in Gebieten des Nur-Notariats einzuräumen.[577]

b) Die Reaktionen auf die Denkschrift

Im *Bundesjustizministerium* hielt man eine Stellungnahme zu dieser Eingabe bei der Erörterung des Gesetzentwurfs im Bundestag für ausreichend.[578] Inhaltlich sah man in der Aufrechterhaltung zweier verschiedener Notariatsformen kein verfassungsrechtliches Problem.[579]

---

573 Vgl. BR-Drucks. Nr. 1/1/58.

574 BR-Drucks. Nr. 1/58 (Beschluss v. 24. Januar 1958).

575 Bundesarchiv Koblenz, B 141/16888, Bl. 156.

576 Verh. d. BT, 3. Wahlp., S. 749.

577 Bundesarchiv Koblenz, B 141/16888, Bl. 193 ff. (auch enthalten in den Akten der RAK Düsseldorf, LArch NRW, Abteilung Rheinland, RW 552 Nr. 775, Bl. 167 ff. sowie in den Akten des JM NRW, Az.: 3830-I A 49, Bd. VIII, Bl. 277 ff.).

578 Vgl. Saage, Vermerk v. 21. Januar 1959, Bundesarchiv Koblenz, B 141/16888, Bl. 199.

579 Dies ergibt sich aus einer Anm. von Saage v. 20. Oktober 1959, wonach das zu diesem Ergebnis gelangenden Gutachten zur „Differenzierung der Rechtsstellung der Notare in verschiedenen Rechtsgebieten und Verfassungsrecht“ von Scheuner, der Auffassung des BMJ entspreche, Bundesarchiv Koblenz, B 141/16890, Bl. 79.

Die *GDN* hielt ein Nebeneinander von Nur-Notariat und Anwaltsnotariat nicht für akzeptabel. Aus ihrer Sicht war das von der Rechtsanwaltschaft bemühte Argument der Vereinheitlichung lediglich ein Vorwand, um das Anwaltsnotariat in Gebieten des Nur-Notariats einzuführen.[580] Der *Verein für das Rheinische Notariat* nahm im April 1959 in einer Druckschrift zur Eingabe der Rechtsanwaltschaft Stellung. Danach zielte die Eingabe der Rechtsanwälte hauptsächlich darauf ab, das Nur-Notariat in den Oberlandesgerichtsbezirken Köln und Düsseldorf zu beseitigen, obwohl dasselbe dort fest verwurzelt, Vorbild aller Reformpläne und dem Anwaltsnotariat, das gravierende Mängel aufweise, sachlich überlegen sei.[581]

Im Justizministerium von Nordrhein-Westfalen gingen ablehnende Stellungnahmen der *Präsidenten des Oberlandesgerichts Köln*[582], des *Oberlandesgerichts Düsseldorf*[583] und der *Rheinischen Notarkammer*[584] sowie des *Vereins für das Rheinische Notariat*[585] gegen den Vorstoß der Rechtsanwälte ein.

27. Die Entscheidungen des OVG Münster

Das *OVG Münster* hatte zwischenzeitlich zwei Entscheidungen getroffen, die das Verhältnis von Anwaltschaft und Notariat betrafen. Zunächst stellte es fest, dass es nach § 8 Abs. 2 RNotO im Ermessen der Justizverwaltung läge, ob sie in den Gebieten des Anwaltsnotariats weiterhin Anwaltsnotare oder ob sie dort künftig Nur-Notare bestellen wolle.[586] Darüber hinaus traf es die Entscheidung, dass Art. 3 GG den Staat nicht verpflichte, das Notariat überall gleich zu gestalten. Die Beachtung historischer Besonderheiten stelle einen sachlichen Grund für die unterschiedliche Ausgestaltung des Notariats in den verschiedenen Län-

---

580 Vgl. GDN, Stellungnahme v. 12. März 1959 zur Eingabe von Rechtsanwälten in den Oberlandesgerichtsbezirken Köln und Düsseldorf aus dem November 1958, Bundesarchiv Koblenz, B 141/16889, Bl. 16 ff.

581 Denkschrift betreffend die Eingabe von Rechtsanwälten in den OLG Bezirken Düsseldorf und Köln zu dem Entwurf eines Gesetzes über Maßnahmen auf dem Gebiete des Notarrechts, ein Exemplar befindet sich im Bundesarchiv Koblenz, B 141/16889, Bl. 25 ff.

582 Schreiben an den nordrhein-westfälischen Justizminister v. 13. Mai 1959, Akten des JM NRW, Az.: 3830-I A 49, Bd. VII, Bl. 249 ff.

583 Schreiben an den nordrhein-westfälischen Justizminister v. 26. Mai 1959, Akten des JM NRW, Az.: 3830-I A 49, Bd. VII, Bl. 253 f.

584 Schreiben an den nordrhein-westfälischen Justizminister v. 11. August 1959, Akten des JM NRW, Az.: 3830-I A 49, Bd. VII, Bl. 266.

585 Stellungnahme v. 31. August 1959, Akten des JM NRW, Az.: 3830-I A 49, Bd. VII, Bl. 275 a.

586 OVG Münster, Bescheid v. 20. Februar 1959 – II A 1039/56, DNotZ 1959, S. 433, 434.

dern und innerhalb Nordrhein-Westfalens dar. Zudem könnten die Interessenten für das Notariat „sich um das Amt des Notars in seiner jeweiligen Form in allen Rechtsgebieten […] bewerben.“[587]

Saage begrüßte die Entscheidung des *OVG Münster* vom 27. Februar 1959, weil sie die Auffassung der Bundesregierung bestätigte. Seiner Ansicht nach sprach neben den vom OVG Münster angeführten Gründen auch Art. 138 GG für die Zulässigkeit unterschiedlicher Notariatsverfassungen. Der Gleichheitssatz sei von den Rechtsanwälten lediglich zur rechtlichen Begründung wirtschaftlicher Ziele vorgeschoben. Das Nur-Notariat sei vorzugswürdig und es wäre auch vorstellbar, es allgemein unter Verdrängung des Anwaltsnotariats in der Bundesrepublik einzuführen.[588]

28. Die Behandlung des Entwurfs zum Gesetz über Maßnahmen auf dem Gebiete des Notarrechts (NotMaßnG) im Rechtsausschuss des Bundestages und in dessen Unterausschuss „Notarordnung“

Der Rechtsausschuss des Bundestages beschloss in seiner 40. Sitzung am 15. Januar 1959, einen Unterausschuss „Notarordnung“ zur Beratung des Entwurfs zum NotMaßnG einzusetzen.[589]

In der ersten Sitzung des Unterausschusses erklärte der Ausschuss-Vorsitzende *Seidl*, im Gegensatz zur Reichsnotarordnung, die das Anwaltsnotariat nur noch übergangsweise zulassen wollte, stelle der Entwurf Anwaltsnotariat und Nur-Notariat gleichberechtigt nebeneinander. Hierdurch solle keine Wertung zugunsten des Anwaltsnotariats vorgenommen, sondern der Besitzstand der Anwaltsnotare gewahrt werden.[590]

Mit der Notariatsverfassung befasste sich der Unterausschuss eingehend in seiner neunten Sitzung am 10. Juni 1959. Gegen § 6 des Entwurfs gab es keine Vorbehalte.[591] Bei der Besprechung von § 7 des Entwurfs sprachen sich der Ab-

---

587 OVG Münster, Beschl. v. 27. Februar 1959 – II A 446/57, DNotZ 1959, S. 438, 439.

588 Vgl. seine Anmerkung zu den beiden Entscheidungen des OVG Münster, DNotZ 1959, S. 439, 440 f.

589 Sten. Protokoll der 40. Sitzung des Rechtsausschusses v. 15. Januar 1959, 3. Deutscher Bundestag, (12.) Rechtsausschuß, Protokolle, Bd. 2.

590 Kurzprotokoll der 1. Sitzung des Unterausschusses „Notarordnung“ des BT-Rechtsausschusses v. 25. Februar 1959, 3. Deutscher Bundestag, (12.) Rechtsausschuß, Protokolle, Bd. 8, Unterausschüsse, S. 2.

591 Kurzprotokoll der 9. Sitzung des Unterausschusses „Notarordnung“ des BT-Rechtsausschusses v. 10. Juni 1959, 3. Deutscher Bundestag, (12.) Rechtsausschuß, Protokolle, Bd. 8, Unterausschüsse, S. 6.

geordnete *Dr. Bartl* und der Vorsitzende *Seidl* dafür aus, den bisherigen Rechtszustand nach Möglichkeit nicht zu ändern und stattdessen die Einführung des Nur-Notariats voranzutreiben.[592] Allerdings äußerte der Unterausschuss auch gegen diese Vorschrift keine Bedenken.[593]

29. Die Sitzung der Bundesrechtsanwaltskammer vom 23. Juni 1959

Nachdem sich in den Anwaltskammern Düsseldorf, Koblenz und Köln Widerstand gegen die zwischen der GDN und der AGRAK getroffene Vereinbarung über den Status quo formiert hatte, erhielten diese Kammern in der Sitzung der Bundesrechtsanwaltskammer vom 23. Juni 1959 Gelegenheit zur Stellungnahme. Der Vertreter dieser drei Kammern *Servatius* stellte die Anträge, die Nichtigkeit dieser Vereinbarung zu erklären bzw. sie zu kündigen. Beide Anträge wurden abgelehnt.[594]

30. Die 28. Justizministerkonferenz

Auf der *28. Justizministerkonferenz*, die vom 13. bis zum 15. Oktober 1959 in Hamburg stattfand, billigten die Justizminister der Länder die Regierungsvorlage hinsichtlich der darin vorgesehenen Abgrenzung des Anwaltsnotariats und des Nur-Notariats.[595]

Daraufhin entschied das nordrhein-westfälische Justizministerium im November 1959, diesen Fragenkomplex nicht weiter zu behandeln und den Präsidenten der Oberlandesgerichte und der Rechtsanwaltskammern das Gutachten von *Scheuner* zuzusenden.[596]

---

592 Ebenda.

593 Ebenda.

594 Vgl. Rundschreiben des DAV v. 29. Juli 1960 (o. Fußn. 495), Bl. 203.

595 Vermerk des JM NRW v. 20. Oktober 1959, Akten des JM NRW, Az.: 3830-I A 49, Bd. VII, Bl. 315 f.

596 Vermerk v. 6. November 1959, Akten des JM NRW, Az.: 3830-I A 49, Bd. VIII, Bl. 463, 465. Ausschlaggebend dafür waren das fortgeschrittene Gesetzgebungsverfahren und die Erörterungen auf der 28. Justizministerkonferenz. Das „Rechtsgutachten zur Differenzierung der Rechtsstellung der Notare in den verschiedenen Rechtsgebieten und Verfassungsrecht v. 30. August 1959" von Scheuner findet sich im Bundesarchiv Koblenz, B 141/16890, Bl. 80 ff.

31. Die Hamburger Verordnung vom 10. November 1959[597]

Nachdem die *Hamburger Senatskommission* für Justizverwaltung bereits 1954 durch eine verwaltungsinterne Richtlinie[598] festgelegt hatte, in den ehemals preußischen Gebieten Hamburgs keine Anwaltsnotare mehr zuzulassen,[599] ist der danach geübten Praxis durch die Verordnung über die Bestellung von Notaren in den Bezirken der Amtsgerichte Hamburg-Altona, Hamburg-Bergedorf, Hamburg-Blankenese, Hamburg-Harburg und Hamburg-Wandsbek vom 10. November 1959 Rechtssatzcharakter verliehen und das Aussterben des Anwaltsnotariats besiegelt worden.[600] Um diese Entwicklung beibehalten und das Anwaltsnotariat in Hamburg auslaufen lassen zu können, beantragte der *Hamburger Justizsenator* die Streichung der Hamburg-Klausel in § 87 Abs. 2 des Regierungsentwurfs, wonach auch weiterhin Zulassung von Anwaltsnotaren bei entsprechendem Bedürfnis vorgesehen war, und die Aufnahme Hamburgs in die Ausschlussvorschrift des § 87 Abs. 3.[601]

32. Weitere Bemühungen der Rechtsanwaltschaft

Ungeachtet der bisherigen Entwicklung beschlossen die *vereinigten Ausschüsse Anwaltsnotariat der Kammern Köln, Düsseldorf , Koblenz und Neustadt* am 15. Mai 1960, dass das zwischen GDN und AGRAK geschlossene Abkommen weder für die Rechtsanwaltskammern noch für die Deutsche Anwaltschaft verbindlich sei und empfahlen, weitere Musterprozesse auf Zulassung zum Anwaltsnotariat anhängig zu machen.[602]

---

597 Zur Entwicklung des Notariats in Hamburg vgl. die ausführlichen Darstellungen bei Schultze-v. Lasaulx, DNotZ 1961, S. 286 ff.; dems., Geschichte des Hamburgischen Notariats; Schüler, Die Entstehungsgeschichte der Bundesnotarordnung vom 24. Februar 1961, S. 246 ff.

598 Vgl. Vermerk des BJM, Bundesarchiv Koblenz, B 141/16892, Bl. 156, 162.

599 Vgl. Schreiben des Hamburger Justizsenators an den Bundesjustizminister v. 1. Februar 1960, Bundesarchiv Koblenz, B 141/16891, Bl. 44 f.; Schreiben desselben an den Vorsitzenden des BT-Rechtsausschusses v. 3. Februar 1960, Bundesarchiv Koblenz, B 141/16891, Bl. 47 f.

600 Hamb. GVOBl. 1959, S. 165. Ebenso Vermerk des BJM (o. Fußn. 598); Schultze-v. Lasaulx, Geschichte des Hamburgischen Notariats, S. 127; Schüler, Die Entstehungsgeschichte der Bundesnotarordnung vom 24. Februar 1961, S. 251.

601 Schreiben an den Bundesjustizminister v. 1. Februar 1960 (o. Fußn. 599); Schreiben an den Vorsitzenden des BT-Rechtsausschusses v. 3. Februar 1960 (o. Fußn. 599).

602 Beschlussprotokoll, Akten RAK Düsseldorf, RW 552 Nr. 774, Bl. 152.

33. Weitere Behandlung des Entwurfs zum NotMaßnG im Rechtsausschuss des Bundestages

a) Die 96. Sitzung des Bundestagsrechtsausschusses

Im Rechtsausschuss des Bundestages fasste *Seidl* die Gründe, weshalb das Bereinigungsgesetz keine einheitliche Notariatsverfassung schaffen könne und wolle, zusammen. Zunächst wies er auf den Umstand hin, dass eine Änderung der Notariatsverfassung in Bayern und Baden-Württemberg der Zustimmung der dortigen Landesregierungen bedürfe. Bundesregierung und Unterausschuss seien zudem der Auffassung, eine Vereinheitlichung sei deshalb nicht angebracht, weil das Notariat sich historisch unterschiedlich entwickelt hätte und die mit der Reichsnotarordnung begonnene Entwicklung zum Nur-Notariat nach dem Krieg unterbrochen worden wäre. In den Gebieten des Anwaltsnotariats würden auch wirtschaftliche Gründe gegen die Einführung des Nur-Notariats sprechen, weil man den Anwaltsnotaren nicht ihre Existenzgrundlage und ihre Alterssicherung wegnehmen könne. Das wichtigste Argument gegen eine Vereinheitlichung sei aber, dass das Notariat im Falle der Wiedervereinigung in jedem Fall neu geregelt werden müsse.[603]

Ferner erklärte *Seidl*, das Nebeneinander von Anwaltsnotariat und Nur-Notariat sei nach Ansicht des Unterausschusses mit dem Grundgesetz, insbesondere mit den Artikeln 3 und 12, vereinbar.[604]

b) Die 99. Sitzung des Bundestagsrechtsausschusses

Strauß bestätigte in der 99. Sitzung des Bundestags-Rechtsausschusses, dass man sich im Bundesjustizministerium wegen Art. 138 GG und, weil die Trennung von Notariat und Anwaltschaft langwierige Verhandlungen erfordert hätte, gegen eine grundlegende Reform mit allgemeiner Einführung des Nur-Notariats entschieden habe. Ferner habe die Erwägung, wie das Notariat bei einer Wiedervereinigung zu gestalten sei, eine Rolle gespielt.[605]

Der Abgeordnete *Jahn* hielt eine weitergehende Bereinigung des Notarrechts, insbesondere hinsichtlich seiner Vielfalt, für erstrebenswert. Da die Bundesrepublik nur ein Provisorium sei, könne der Gesetzentwurf als provisori-

603 Sten. Protokoll der 96. Sitzung des Rechtsausschusses v. 26. Februar 1960, 3. Deutscher Bundestag, (12.) Rechtsausschuß, Protokolle, Bd. 5, S. 3.

604 Sten. Protokoll der 96. Sitzung des Rechtsausschusses v. 26. Februar 1960 (o. Fußn. 603), S. 10 ff.

605 Sten. Protokoll der 99. Sitzung des BT-Rechtsausschusses v. 17. März 1960, 3. Deutscher Bundestag, (12.) Rechtsausschuß, Protokolle, Bd. 5, S. 17.

sche Lösung angesehen und dennoch verabschiedet werden. Falls nach den Beratungen im Ausschuss die einheitliche Notariatsverfassung angestrebt werden sollte, könne die Regierung mit den Vorbereitungen einer grundsätzlichen Reform beauftragt werden.[606]

Nach der Mittagspause verteilten die Vertreter der Regierung eine Neufassung des Gesetzentwurfs, die für das Verhältnis von Notariat und Anwaltschaft folgende Regelung vorsah:

> „§ 3
>
> (1) Die Notare werden zur hauptberuflichen Amtsausübung auf Lebenszeit bestellt.
>
> (2) In den Gerichtsbezirken, in denen am … das Amt des Notars nur im Nebenberuf ausgeübt worden ist, werden weiterhin ausschließlich Rechtsanwälte für die Dauer ihrer Zulassung bei einem bestimmten Gericht als Notare zu gleichzeitiger Amtsausübung neben dem Beruf des Rechtsanwalts bestellt (Anwaltsnotare).
>
> (3) Ein Notar kann, wenn dies im Interesse einer geordneten Rechtspflege erforderlich ist, bei dem Amtsgericht, in dessen Bezirk er seinen Amtssitz hat, als Rechtsanwalt zugelassen werden; § 23 der Bundesrechtsanwaltsordnung ist nicht anwendbar. Die Zulassung kann bei einer wesentlichen Änderung der Verhältnisse zurückgenommen werden.“[607]

Im Gegensatz zum bisherigen Entwurf sollte das Institut des Notaranwalts danach beibehalten werden, weil für entlegene Orte ein entsprechendes Bedürfnis gesehen wurde.[608] Ansonsten erfuhr der Entwurf des NotMaßnG hinsichtlich der Frage Nur-Notariat oder Anwaltsnotariat im Rechtsausschuss keine Veränderungen.[609]

c) Seidls Bericht über die Beratungen des Rechtsausschusses

In seinem Bericht über die Beratungen im Rechtsausschuss des Bundestages und in dessen Unterausschuss erklärte *Seidl*, dass man die Einführung eines einheitlichen Notariats gegenwärtig nicht für möglich gehalten habe. Den Vorschlag zur Zusammenfassung der §§ 6 und 7 des Regierungsentwurfs in § 3 begründete er damit, dass dadurch die gleichberechtigte Stellung beider Notariatsformen deutlicher ausgedrückt werde. Das Institut des Notaranwalts solle aufrechterhal-

606 Sten. Protokoll der 99. Sitzung des BT-Rechtsausschusses v. 17. März 1960 (o. Fußn. 605), S. 18.

607 Sten. Protokoll der 99. Sitzung des BT-Rechtsausschusses v. 17. März 1960 (o. Fußn. 605), S. 26.

608 Vgl. Sten. Protokoll der 99. Sitzung des BT-Rechtsausschusses v. 17. März 1960 (o. Fußn. 605), S. 31.

609 Vgl. den schriftlichen Bericht des Rechtsausschusses über den von der Bundesregierung eingebrachten Entwurf des NotMaßnG (BT-Drucks. 3/219), BT-Drucks. 3/2128, S. 2 f.

ten werden, weil man ein entsprechendes Bedürfnis für entlegene Orte für möglich erachte.[610]

34. Abschließende Behandlung des Entwurfs zum NotMaßnG im Bundestag

a) Die Annahme des Gesetzentwurfs

In der zweiten Beratung des Gesetzentwurfs im Bundestag in der Sitzung des Bundestages vom 26. Oktober 1960 wies *Seidl* darauf hin, dass für das Notariat „nach der Wiedervereinigung mit Sicherheit eine Neugestaltung des ganzen Rechtes“ erforderlich werde.[611] Außerdem hätten wirtschaftliche Überlegungen und der Schutz einiger Notariatsverfassungen durch Art. 138 GG den Rechtsausschuss dazu bewogen, die bestehenden Notariatsverfassungen nicht zu ändern.[612]

Nach diesem Bericht nahm der Bundestag Art. 1 Ziff. 1 bis 35 des Entwurfs an.[613] Meinungsverschiedenheiten gab es lediglich zu § 87 Abs. 3 S. 1 des Entwurfs. Dieser sah vor, dass § 3 Abs. 2 für Hamburg und Rheinland-Pfalz nicht gelten sollte.[614] Der Abgeordnete *Weber* sah darin eine Abweichung vom Status quo und beantragte, in diesen beiden Ländern den zum damaligen Zeitpunkt geltenden Rechtszustand beizubehalten.[615] Nachdem Bundesjustizminister *Schäffer* und einige Abgeordnete gegen den Antrag Stellung genommen hatten,[616] wurde er abgelehnt.[617]

Auch in der dritten Lesung wurde der Gesetzentwurf bei zwei Enthaltungen angenommen.[618]

---

610 Bericht v. 18. Oktober 1960, zu BT-Drucks. 3/2128, S. 2 f.

611 Verh. d. BT, 3. Wahlp., S. 7436.

612 Ebenda.

613 Verh. d. BT, 3. Wahlp., S. 7437.

614 BT-Drucks. 3/2128, S. 38.

615 Verh. d. BT, 3. Wahlp., S. 7437 f. Diesen Antrag hatte Weber bereits im BT-Rechtsausschuss angekündigt, vgl. Sten. Protokoll der 114. Sitzung des BT-Rechtsausschusses v. 6. Oktober 1960, 3. Deutscher Bundestag, (12.) Rechtsausschuß, Protokolle, Bd. 6, S. 21 f.

616 Verh. d. BT, 3. Wahlp., S. 7438 ff.

617 Verh. d. BT, 3. Wahlp., S. 7440.

618 Verh. d. BT, 3. Wahlp., S. 7441.

b) Der Antrag der SPD-Fraktion auf Vorbereitung der Einführung des Anwaltsnotariats

In dieser Sitzung meldete sich der Abgeordnete *Jahn* zu Wort und brachte sein Bedauern darüber zum Ausdruck, dass mit dem Gesetz über Maßnahmen auf dem Gebiete des Notarrechts keine einheitliche Notariatsverfassung in der Bundesrepublik geschaffen werde. Ferner erklärte er, die Fraktion der SPD sei der Auffassung, dass „sich das Anwaltsnotariat überall dort, wo es seit langer Zeit besteht, durchaus bewährt … [habe]. Der Rechtsanwalt und Notar, der der Berater seiner Mandanten in allen Rechtsangelegenheiten ist, …[sei] auch der berufene Notar zur Beurkundung ihrer Rechtsangelegenheiten.[619] Deshalb stelle seine Fraktion den Entschließungsantrag, „die Bundesregierung aufzufordern, sich angesichts der verfassungsrechtlichen Vorbehalte in Art. 138 darum zu bemühen, die einheitliche Einführung des Anwaltsnotariats dadurch zu ermöglichen, daß mit den in Frage kommenden Ländern mit dem Ziel verhandelt wird, daß diese Länder einer solchen Regelung zustimmen.“[620]

c) Der Antrag der Fraktion von CDU/CSU

Der Abgeordnete *Bartels* erwiderte darauf, dass das Notariat durch das NotMaßnG nicht vereinheitlicht, sondern nur bereinigt werden solle. Deshalb sei auch zur Frage, welche Form des Notariats die bessere sei, weder in diesem Gesetz noch in den Beratungen des Rechtsausschusses Stellung genommen worden. Lediglich der Unterausschuss des Bundestags-Rechtsausschusses habe sich „inoffiziell“ mit dieser Frage befasst, wobei sich die Mehrheit seiner Mitglieder für das Nur-Notariat ausgesprochen habe. Auch die Fraktion von CDU und CSU halte die Vereinheitlichung des Notariats für wünschenswert. Es müsse aber geprüft werden, ob das Nur-Notariat langfristig die bessere Form des Notariats sei.[621] Seine Fraktion bitte daher um Überweisung des SPD-Entschließungsantrags an den Rechtsausschuss „mit dem Ziel, zu prüfen, welches von den beiden Systemen der Notariatsverfassung für eine künftige Vereinheitlichung in ganz Deutschland empfohlen werden kann.“[622]

619 Ebenda.
620 Ebenda.
621 Verh. d. BT, 3. Wahlp., S. 7442.
622 Ebenda.

d) Die Überweisung des Entschließungsantrags an den Rechtsausschuss

Der Antrag auf Überweisung des Entschließungsantrags an den Rechtsausschuss wurde angenommen.[623] Allerdings hat sich der Rechtsausschuss des Bundestages nicht mehr mit dieser Frage befasst.[624]

35. Außerordentliche Mitgliederversammlung des DAV

Am 5. November 1960 fand eine außerordentliche Mitgliederversammlung des *DAV* statt, die sich mit einer möglichen Ausdehnung des Anwaltsnotariats befasste. Anträge des *Kölner* und des *Ansbacher Anwaltsvereins*, wonach sich der DAV für eine unbedingte Ausdehnung des Anwaltsnotariats auf die gesamte Bundesrepublik einsetzen sollte, fanden keine Mehrheit.[625] Auf Antrag des *Bamberger Anwaltvereins* wurde folgender Beschluss gefasst:

> „Der Deutsche Anwaltverein, der neben der Förderung der Rechtspflege insbesondere auch die wirtschaftlichen Interessen seiner Mitglieder wahrzunehmen hat, steht vor der Tatsache, daß in der Frage Anwaltsnotariat oder Nur-Notariat in verschiedenen Landesteilen verschiedene Auffassungen bestehen, welche durch die nicht einheitliche Entwicklung begründet sind.
>
> Der DAV setzt sich für die Erhaltung des Anwaltsnotariats in seinen bisherigen Gebieten ein. Soweit eine Ausweitung des Anwaltsnotariats ohne Gefährdung des bestehenden Anwaltsnotariats möglich ist, soll der DAV diese anstreben."[626]

36. Der Abschluss des Gesetzgebungsverfahrens

Der Rechtsausschuss des Bundesrates empfahl dem Bundesrat in seiner 231. Sitzung, dem Gesetz über Maßnahmen auf dem Gebiete des Notarrechts seine Zustimmung zu erteilen.[627] Am 11. November 1960 rief der Bundesrat den Vermittlungsausschuss gem. Art. 77 Abs. 2 GG an.[628]

---

623 Ebenda.

624 In den Protokollen des BT-Rechtsausschusses der dritten Wahlperiode finden sich keine Anhaltspunkte dafür, dass sich der Rechtsausschuss mit diesem Antrag befasst hätte.

625 AnwBl. 1960, S. 235, 236.

626 AnwBl. 1960, S. 236.

627 Niederschrift über die 231. Sitzung d. BR-Rechtsausschusses v. 3. November 1960, Bundesrat, Protokolle, Rechtsausschuss, 1960, S. 13.

628 225. Sitzung d. BR v. 11. November 1960, Verh. d. Bundesrates 1959/1960, Sten. Berichte, 201.-227. Sitzung, S. 526, 527.

Der Vermittlungsausschuss beantragte die Änderung in einigen – nicht die Notariatsverfassung betreffenden – Punkten.[629] Nachdem der Bundestag diesen Antrag am 14. Dezember 1960 einstimmig angenommen hatte,[630] erteilte der Bundesrat dem Gesetz am 22. Dezember 1960 seine Zustimmung.[631]

Am 23. Februar 1961 wurde das Gesetz über Maßnahmen auf dem Gebiete des Notarrechts verkündet; am 1. April 1961 ist es in Kraft getreten.[632]

Aufgrund der Ermächtigung in Art. 2 des Gesetzes über Maßnahmen auf dem Gebiete des Notarrechts hat der *Bundesjustizminister* die Notarordnung am 24. Februar 1961 als Bundesnotarordnung bekannt gemacht.[633] Das Verhältnis von Notariat und Anwaltschaft ist in § 3 geregelt:

> „§ 3
>
> (1) Die Notare werden zur hauptberuflichen Amtsausübung auf Lebenszeit bestellt.
>
> (2) In den Gerichtsbezirken, in denen am 1. April 1961 das Amt des Notars nur im Nebenberuf ausgeübt worden ist, werden weiterhin ausschließlich Rechtsanwälte für die Dauer ihrer Zulassung bei einem bestimmten Gericht als Notare zu gleichzeitiger Amtsausübung neben dem Beruf des Rechtsanwalts bestellt (Anwaltsnotare).
>
> (3) Ein Notar kann, wenn dies im Interesse einer geordneten Rechtspflege erforderlich ist, bei dem Amtsgericht, in dessen Bezirk er seinen Amtssitz hat, als Rechtsanwalt zugelassen werden; § 23 der Bundesrechtsanwaltsordnung ist nicht anwendbar. Die Zulassung kann bei einer wesentlichen Änderung der Verhältnisse zurückgenommen werden.“[634]

Sonderregelungen für Baden-Württemberg, Hamburg und Rheinland-Pfalz finden sich in § 116 BNotO:

> „§ 116
>
> (1) In den Gerichtsbezirken der früher württembergischen und hohenzollerischen Teile des Landes Baden-Württemberg, in denen am 1. April 1961 Rechtsanwälte zur nebenberuflichen Amtsausübung als Notare bestellt werden konnten, können auch weiterhin Anwaltsnotare bestellt werden. § 7 ist insoweit nicht anzuwenden. § 4 gilt entsprechend.

---

629 Mündlicher Bericht des Vermittlungsausschusses zum NotMaßnG v. 8. Dezember 1960, BT-Drucks. 3/2306.

630 Verh. d. BT, 3. Wahlp., S. 7763, 7764.

631 227. Sitzung d. BR v. 22. Dezember 1960, Verh. d. Bundesrates 1959/1960, Sten. Berichte, 201.-227. Sitzung, S. 558, 559.

632 BGBl. I, 1961, S. 77 ff.

633 BGBl. I, 1961, S. 97 ff.

634 BGBl. I, 1961, S. 98.

(2) In den Ländern Hamburg und Rheinland-Pfalz gilt § 3 Abs. 2 nicht. Soweit am 1. April 1961 dort Rechtsanwälte das Amt des Notars im Nebenberuf ausgeübt haben, behält es dabei sein Bewenden."[635]

37. Zwischenergebnis

Mit Erlass der Bundesnotarordnung galt folgende Notariatsverfassung:

- Nur-Notariat gem. § 3 Abs. 1 BNotO in Bayern, Hamburg, Rheinland-Pfalz, im Saarland und in Teilen von Nordrhein-Westfalen (Oberlandesgerichtsbezirk Köln, Oberlandesgerichtsbezirk Düsseldorf mit Ausnahme der Bezirke des Landgerichts Duisburg und des Amtsgerichts Emmerich),
- Anwaltsnotariat gem. § 3 Abs. 2 BNotO in Berlin, Bremen, Hessen, Niedersachsen, Schleswig-Holstein und in Teilen von Nordrhein-Westfalen (Bezirke des Oberlandesgerichts Hamm, des Landgerichts Duisburg und des Amtsgerichts Emmerich),
- Möglichkeit zur Zulassung eines Nur-Notars als Rechtsanwalt beim Amtsgericht seines Amtssitzes (§ 3 Abs. 3 BNotO),
- Richternotariat in Karlsruhe (ohne Geltung der BNotO), Bezirksnotariat im Oberlandesgerichtsbezirk Stuttgart (ohne Geltung der BNotO mit Ausnahme der Zuständigkeit) und daneben die Möglichkeit zur Ernennung von Nur-Notaren und Anwaltsnotaren (§ 116 Abs. 1 BNotO),
- Übergangsbestimmungen für Hamburg und Rheinland-Pfalz (§ 116 Abs. 2 BNotO) sowie Sonderregelung für den Landgerichtsbezirk Karlsruhe (Art. 4 NotMaßnG).

Anders als die Reichsnotarordnung geht die Bundesnotarordnung davon aus, dass es sich beim Nur-Notariat und beim Anwaltsnotariat um gleichberechtigte Notariatsformen handelt,[636] die in ihrem bisherigen Umfang beizubehalten sind.

Bereits der Beschluss des *DAV* aus dem November 1960[637] und die Überweisung des Entschließungsantrags in den *Rechtsausschuss des Bundestages*[638] lassen jedoch erkennen, dass die Diskussion um die richtige Notariatsverfassung als eine der schwierigsten Fragen bei der Bereinigung des Notarrechts[639] mit dem Erlass der Bundesnotarordnung nicht beendet war, sondern lediglich einen vorläufigen Abschluss gefunden hatte.

---

635 BGBl. I, 1961, S. 114 f.

636 BVerfG NJW 1998, S. 2269, 2272. So auch Mihm, Berufsrechtliche Kollisionsprobleme beim Anwaltsnotar, S. 271.

637 Siehe oben B.IX.35. 35. Außerordentliche Mitgliederversammlung des DAV

638 Siehe oben B.IX.34.d.

639 Ebenso Saage, Beilage zum Bundesanzeiger Nr. 92 v. 16. Mai 1961, S. 2.

C. Inhaltliche Darstellung der Diskussion

I. Einleitung

Die Diskussion um die Vor- und Nachteile des selbständigen Notariats gegenüber dem Anwaltsnotariat wurde kontrovers geführt. Die Anhänger des selbständigen Notariats erklärten, dass das Notariat die volle Arbeitskraft in Anspruch nehme und im Falle seiner Verbindung mit der Anwaltschaft einer der beiden Berufe leiden müsse.[640] In der Brust des Rechtsanwaltsnotars müssten zwei Seelen wohnen.[641]

Die Befürworter der Verbindung wiesen darauf hin, dass sich das Anwaltsnotariat bewährt habe[642] und dass das Publikum im Falle der Verbindung nur einen Rechtsberater benötige[643].

Unterschiedliche Standpunkte wurden auch zu der Frage vertreten, ob sich die Rechtsberatung durch die Verbindung verbillige[644] oder teurer werde[645].

---

640 Euler, Handbuch des Notariats in Preußen, S. 87; ders., in: Verh. d. Vierten Deutschen Juristentages, Bd. 1, S. 313, 347 f.; Vorstand der Anwaltskammer Köln, DNotZ 1888, S. 27, 30; Heuser, Verh. d. Rheinischen Provinzial-Landtags, Bd. 33, S. 274; Stranz, DJZ 1901, S. 357, 359; Lütkemann, DNotV 1909, S. 137, 151 f., 155; ders., Anwalts-Notariat oder selbständiges Notariat, S. 55 ff.

641 Bohlmann, Zeitschrift für Gesetzgebung und Rechtspflege in Preußen 1871, S. 89, 103 f.; Lehmann, Sten. Berichte über die Verh. d. preuß. Abgeordnetenhauses 1888, Bd. 2, S. 533; Weisweiler, Gutachtliche Äußerungen, S. 47. A. A. Meißner, Deutsche Rechtsanwalts-Zeitung 1908, S. 136, 137.

642 Krause, Wortmeldung auf Versammlung der deutschen Anwaltskammervorstände v. 10. Januar 1909, vgl. DNotV 1909, S. 169, 170; Ziese, DNotV 1909, S. 339, 340 ff.; Heimbach (nach Angaben von Rausnitz, JurLitBl. 1909, S. 117); Ketteler, Schreiben an die Rechtsanwaltskammer Düsseldorf v. 26. März 1954, Akten der RAK Düsseldorf, LArch NRW, Abteilung Rheinland, RW 552 Nr. 776, Bl. 60.

643 Vorstand der Naumburger Anwaltskammer, DNotV 1909, S. 31, 37 f.; Ziese, DNotV 1909, S. 339, 340 ff.; Rausnitz, JurLitBl. 1909, S. 117; Vorstand des Deutschen Anwaltvereins, Schreiben an den Reichsjustizminister v. 29. Januar 1926, Bundesarchiv, R 3001, Akte 4809, Bl. 204 f. Vgl. auch Mügel, in: FS Oberneck, S. 3. A. A. Weißler, DNotV 1907, S. 437, 441 f.

644 Artikel „Anwalt oder Notar?“ im Berliner Börsen-Courier v. 24. Oktober 1929, Bundesarchiv, R 3001/21364, Akte 4810, Bl. 40; Vorstand der Anwaltskammer Hamm (Westf.), Schreiben an den Reichsjustizminister v. 24. Juli 1933, Bundesarchiv R 3001/21364 Akte 4810, Bl. 97; Geile/Henze/Schulze-Haben, Schreiben an die RAK Düsseldorf v. 10. Februar 1954, Akten der RAK Düsseldorf, LArch NRW, Abteilung Rheinland, RW 552 Nr. 776, Bl. 52 ff.

645 Weißler, DNotV 1907, S. 437, 441 f.

Abgesehen von diesen und den nachfolgend im Einzelnen darzulegenden Argumenten dürften auch die Ressentiments, die zwischen Rheinländern und Altpreußen bestanden,[646] zumindest im 19. Jahrhundert für die Diskussion von Bedeutung gewesen sein.

II. Die Argumente für das selbständige Notariat

1. Das Argument der Gewaltenteilung

Am Anfang des hier betrachteten Zeitraums wurde die Gewaltenteilung als erstes Argument für die Trennung des Notariats von der Advokatur angeführt.[647]

a) Die Stimmen zu Beginn des 19. Jahrhunderts

Bereits zu Beginn des 19. Jahrhunderts wurde die Ansicht vertreten, dass die Handlungen der freiwilligen Gerichtsbarkeit, zu denen die notarielle Tätigkeit zählt, nicht zur Sphäre der richterlichen Gewalt gehörten, sondern der Polizeigewalt zuzuordnen seien.[648] Die Verbindung von streitiger und freiwilliger Gerichtsbarkeit wurde als „Rückbleibsel ursprünglicher unvollständiger Staatsorganisation“[649] angesehen, und einige Stimmen forderten die Trennung dieser beiden Gerichtsbarkeiten.[650]

---

646 Vgl. Bebel, Aus meinem Leben, S. 1 und 6 f.; Kaufmann, Aus rheinischen Jugendtagen, S. 17 f., 41, 56 und 132.

647 Dafür dürfte maßgebend gewesen sein, dass in Altpreußen die Gerichte neben den Notaren für die Aufgaben der freiwilligen Gerichtsbarkeit zuständig waren.

648 Gönner, Handbuch des deutschen gemeinen Prozesses, Bd. 2, S. 20; Krüll, Prüfung einzelner Theile des bürgerlichen Rechts, Bd. 1, S. 15 ff., 23 f., 63 f.; Glück, Ausführliche Erläuterung der Pandecten nach Hellfeld, Band 3.1, S. 92 f.

649 So v. Grolman, Ausführliches Handbuch, S. XXI.

650 Goßler, Jurisdische Miszellen, Heft 1, S. 10 f.; v. Grolman, Ausführliches Handbuch, S. XXI; v. Reibnitz, Versuch über das Ideal einer Gerichtsordnung, S. 85; Seyppel, Niederrheinisches Archiv 1817, S. 321, 324 ff.

b) Die Diskussion nach 1815

aa) Die Position der Rheinländer

Nachdem das Rheinland an Preußen gefallen war, sprachen sich alle dortigen Gerichte und Notariatskammern[651] sowie die Mehrheit der Beamten[652] für die Beibehaltung der Trennung von streitiger und freiwilliger Gerichtsbarkeit aus.

bb) Die Position der Immediat-Justiz-Kommission

(1) Das Gutachten der Kommission

Nach dem Gutachten der Immediat-Justiz-Kommission war die Gewaltenteilung das Hauptargument für die Beibehaltung des rheinischen Notariats: Die „möglichst absolute Trennung der einzelnen Staats-Gewalten … [als] wesentliche Bedingung für das bessere Gedeihen und für die Vervollkommnung sowohl dieser einzelnen Disciplin, als für den Staats-Organismus überhaupt“[653] bildet den Schwerpunkt der Betrachtung in ihrem Gutachten über das Notariat.

Diese These ist zugleich der Ausgangspunkt der eigentlichen theoretischen Erörterung des Gutachtens. Bei Berücksichtigung des bloßen Wortverstandes sei der Richter (judex) i. e. S. derjenige, „der vom Staat berufen ist, die Rechtsverhältnisse streitender Theile nach den Gesetzen zu bestimmen – und die ihm dazu ertheilte Befugniß bilde den eigentlichen Begriff der ihm verliehenen Gerichtsbarkeit oder jurisdictio.“[654] Sowohl nach der römischen als auch nach den neueren Rechtsordnungen sei es nicht bei diesem engen Verständnis geblieben, sondern diese Gerichtsbarkeit im engeren Sinne dahin erweitert worden, dass „dem Richter das Recht verliehen war, auch ohne Befehl und förmlichen Rechtsspruch gewisse nicht streitige Geschäfte in der gesetzlichen Form zu vollführen und bestätigen – legis actio.“[655]

Anders sei es bei der freiwilligen Gerichtsbarkeit nach Th. II. Tit. 1 § 1 AGO, die ausschließlich solche Handlungen umfasste, die – ohne Prozesse zu sein – zwingend aufgrund gesetzlicher Vorschriften oder freiwillig aufgrund des

651 IJK, Gutachten über das Notariat, LArch NRW, Abteilung Rheinland, Immediat-Justiz-Kommission Nr. 63, fol. 2, 54 (auch abgedruckt in: Klein/Bockemühl (Hrsg.), Weltgeschichte am Rhein erlebt, S. 303, 334 f.

652 IJK, Gutachten über das Notariat (o. Fußn. 651), fol. 55. Ausdrückliche Erwähnung fanden die Gutachten der Notare Marchand (LArch NRW, Abteilung Rheinland, Immediat-Justiz-Kommission Nr. 5 I, fol. 92 f.) und Steinberger (LArch NRW, Abteilung Rheinland, Immediat-Justiz-Kommission Nr. 5 I, fol. 117, 118).

653 IJK, Gutachten über das Notariat (o. Fußn. 651), fol. 11.

654 IJK, Gutachten über das Notariat (o. Fußn. 651), fol. 14.

655 IJK, Gutachten über das Notariat (o. Fußn. 651), fol. 15.

Parteiwillens vor Gericht vollzogen werden mussten. Im Unterschied zur legis actio treffe der Richter hier keine eigene Entscheidung mehr, sondern sei lediglich Instrument der Parteien, die ihren Verhandlungen „das Siegel der Authenticität aufdrücken wollen oder müssen".[656] Historisch sei der Begriff der Gerichtsbarkeit nie auf diese Gegenstände ausgedehnt worden – für diese Aufgaben habe es die Einrichtung der Tabellionen und Notare gegeben.[657]

Abgesehen davon würden die Geschäfte eines Richters eine ganz andere Art der Geistestätigkeit, Gewandtheit und Fertigkeit als die eines Notars erfordern. Jener habe einen gegebenen Fall zu beurteilen, auf den er die Gesetze anzuwenden habe. Dieser müsse den Fall unter Berücksichtigung der Gesetze erst schaffen, um die zukünftige Anwendung der Gesetze entsprechend dem Parteiwillen zu sichern. In der Regel sei davon auszugehen, dass die unterschiedlichen Anforderungen an die Ämter von Richter und Notar bei dem einzelnen Amtsträger nicht gleich ausgeprägt seien bzw. dass er sie zumindest nicht mit der gleichen Lust und Neigung ausübe. Er würde entweder mit der Behandlung und Entscheidung eines Prozesses oder aber bei der Befassung mit notariellen Geschäften seine Schwierigkeiten haben. Gesetzeskenntnis allein reiche nicht aus, um gültige Dokumente und Urkunden zu verfassen, das Notariat erfordere darüber hinaus vor allem technische Fertigkeiten.[658]

Auch nach Zweck und Funktion seien die Ämter von Richter und Notar verschieden.

In den Angelegenheiten der freiwilligen Gerichtsbarkeit benötigten die Parteien kompetente Ansprechpartner, denen sie vertrauen und mit denen sie ihre Probleme zunächst von allen Seiten beleuchten könnten, also „Beamte, die zu jeder Stunde bereit und verpflichtet sind, ihnen den bedürfenden rechtlichen Rath und Beistand zu leisten."[659] Diese Vorteile entfielen bei der Verbindung von Richteramt und Notariat. Die Geschäfte der streitigen Gerichtsbarkeit würden die notariellen Verrichtungen sowohl nach ihrer Anzahl als auch nach der zu ihrer Bearbeitung erforderlichen Zeit deutlich übersteigen. Der Richter, der den größeren Teil seiner Arbeitszeit jenen Geschäften widmen müsse und Gerichtsverhandlungen nicht einfach unterbrechen könne, stünde nicht jederzeit für die Aufnahme von Urkunden zur Verfügung. Ohne finanzielle Anreize hätte der Richter auch kein Interesse an der Erledigung solcher Aufgaben. Bei Überlastung wäre er zudem nicht in der Lage, für eine vorbereitende Rechtsberatung zu sorgen.[660] Zum Nachweis dieser Tatsache wird über die in den Gebieten des

656 IJK, Gutachten über das Notariat (o. Fußn. 651), fol. 16.
657 IJK, Gutachten über das Notariat (o. Fußn. 651), fol. 17.
658 IJK, Gutachten über das Notariat (o. Fußn. 651), fol. 18 ff.
659 IJK, Gutachten über das Notariat (o. Fußn. 651), fol. 20.
660 IJK, Gutachten über das Notariat (o. Fußn. 651), fol. 21 f.

preußischen Rechts „ziemlich allgemein gewordene Klage über nachtheilige oft mehrere Monate dauernde Verzögerung bei Abfassung und Ausfertigung der gerichtlichen Acten“ berichtet.[661]

Zudem sei die richterliche Unparteilichkeit in Gefahr. Der Richter habe „in strenger Unparteilichkeit ... zwischen [den Parteien] zu stehen und jedem ... sein Recht zuzusprechen“, wohingegen der Notar sich mit den Interessen der Parteien zu identifizieren habe und ihnen mit Rat und Tat helfen müsse.[662] Beim Richter müsse das Publikum befürchten, dass er die ihm in Angelegenheiten der freiwilligen Gerichtsbarkeit bekannt gewordenen persönlichen Verhältnisse später in den vor ihm geführten Prozessen berücksichtige.[663]

Die Bedenken gegen die Vereinigung des Richteramts mit dem Notariat würden auch nicht dadurch ausgeräumt, dass neben den Gerichten noch ein besonderes Notariat besteht. Dies würde lediglich dazu führen, dass sich leichter eine Stelle für die Aufnahme von Akten der freiwilligen Gerichtsbarkeit finde und dass selbst bei notwendig gerichtlicher Vollziehung die Parteien sich vorbereitend beraten lassen könnten. Nachteilig sei jedoch, dass das Publikum sich mit seinem Anliegen dann jeweils an zwei verschiedene Stellen wenden müsste, zunächst an den Justizkommissar und Notar zur Beratung und Vorbereitung des Geschäfts und dann an den Richter zur förmlichen Aufnahme der Urkunde. Dies habe einen höheren zeitlichen und finanziellen Aufwand zur Folge.[664]

(2) Das Sondervotum von Simon

Von den Mitgliedern der Kommission sprach sich lediglich *Simon* für das preußische Modell aus, wonach ein Teil der Handlungen der freiwilligen Gerichtsbarkeit den Richtern vorbehalten sei und der Rest von Richtern und Notaren aufgenommen werden könne. Dies begründete er damit, dass die Notare weniger öffentlichen Glauben verdienten als die Richter.[665]

(3) Der Lösungsvorschlag der Kommission

Trotz der Bedenken gegen eine Verbindung des Richteramts mit dem Notariat schlug *Sethe* eine Verbindung des Notariats mit dem Amt des Friedensrichters vor, weil sonst entweder das Geschäftsaufkommen für die Notare nicht ausrei-

661 IJK, Gutachten über das Notariat (o. Fußn. 651), fol. 44.
662 IJK, Gutachten über das Notariat (o. Fußn. 651), fol. 22.
663 IJK, Gutachten über das Notariat (o. Fußn. 651), fol. 23 f.
664 IJK, Gutachten über das Notariat (o. Fußn. 651), fol. 24 f.
665 Resultate der Deliberationen der IJK, in: Landsberg, Die Gutachten der Rheinischen Immediat-Justiz-Kommission, S. 205, 214.

chend sei oder die Gerichtsbezirke zu groß und die Beamten deshalb schwer zu erreichen seien.[666]

Die Majorität der Kommission wies darauf hin, dass keine entsprechenden Klagen vorlägen, erklärte sich aber mit einer Ausnahmeregelung einverstanden.[667] Schließlich verständigte sich die Kommission, ohne dass *Simon* dem beigetreten war, darauf, das Notariat in den Friedensgerichtsbezirken, in denen die Notare keine „hinreichende Beschäftigung und noch weniger ein angemessenes Diensteinkommen finden würden", mit dem Amt des Friedensrichters zu vereinigen.[668]

cc) Die Position des Justizministers

Justizminister *von Kircheisen* erklärte in seinem Votum ebenfalls, dass eine Trennung der freiwilligen von der streitigen Gerichtsbarkeit nicht erforderlich sei. Er wies darauf hin, dass die Richter über dieselbe Qualifikation wie die Notare verfügten und deshalb auch zur Vornahme der Handlungen der freiwilligen Gerichtsbarkeit fähig seien. Eine Entscheidung über eine vom Richter aufgenommene Urkunde durch ihn selbst sei nur dann problematisch, wenn er bei der Aufnahme einen Fehler begangen habe oder er in Regress genommen werden solle. In diesen Fällen sei seine Mitwirkung im Prozess wegen Interessenkollision jedoch bereits nach den allgemeinen Grundsätzen ausgeschlossen. Wenn sonst Streit über das beurkundete Rechtsgeschäft entstünde, sei die Verhandlung vor dem die Urkunde aufgenommen habenden Richter dagegen von Vorteil, weil er die Verhandlungsinhalte am besten kenne und die Urkunde am besten auszulegen imstande sei. Außerdem versetze die Ausübung der streitigen Gerichtsbarkeit den Richter in die Lage, die Geschäfte der freiwilligen Gerichtsbarkeit besser zu besorgen.[669]

c) Die spätere Diskussion

aa) Die Position der Befürworter der Trennung

Grävell kam bei seiner Prüfung der Gutachten der Immediat-Justiz-Kommission – trotz seiner Vorbehalte gegen die französische Gesetzgebung[670] – zu dem Ergebnis, dass neben der Niederlegung der Testamente nur diejenigen Akte der

666 Resultate der Deliberationen der IJK (o. Fußn. 665), S. 217 f.

667 Resultate der Deliberationen der IJK (o. Fußn. 665), S. 219.

668 Resultate der Deliberationen der IJK (o. Fußn. 665), S. 220 f.

669 Votum des Justizministers v. Kircheisen, in: Landsberg, Die Gutachten der Rheinischen Immediat-Justiz-Kommission, S. 281, 343 ff.

670 Prüfung der Gutachten, Bd. 1, S. 191 ff.

freiwilligen Gerichtsbarkeit vor die Gerichte gehören, die eine richterliche Prüfung voraussetzen.[671]

Auch nach 1840 wurde die Trennung von freiwilliger und streitiger Gerichtsbarkeit gefordert.[672] Dabei vertrat *von Seybold* die These, das der Trennung von streitiger und freiwilliger Gerichtsbarkeit zugrunde liegende Motiv müsse bei der Frage der Verbindung des Notariats mit der Rechtsanwaltschaft in noch stärkerem Maße berücksichtigt werden, „weil zwei Functionen vereiniget werden sollen, wovon die eine der Constatierung eines Actes gewidmet ist, welcher mit einem richterlichen Ausspruche auf ein und derselben Linie steht – pacta dant leges – während die andere Function rein nur dem einseitigen Interesse einer einzelnen Partei gewidmet ist.“[673] Auch *Euler* war der Ansicht, „daß die Gründe für und gegen eine Trennung des Notariats vom Richteramte und von der Anwaltschaft im Wesentlichen zusammenfallen, ja, daß sich dieselben häufig gegenseitig ergänzen und erklären, was schon an sich eine gemeinsame Behandlung empfiehlt.“[674]

Nach 1900 findet sich das Argument der Gewaltenteilung nur noch in den Erinnerungen und Verweisungen auf die IJK und ihr Gutachten.[675] Allerdings taucht es in einer Eingabe des *Württembergischen Notarvereins* an das Justizministerium Baden-Württemberg vom 29. August 1952 noch einmal auf, wo es heißt: „Wenn neuerdings Bedenken gegen eine Urkundstätigkeit der Amtsgerichte geäussert werden, als dem Grundsatz der Gewaltenteilung widersprechend, so sind solche Bedenken in vermehrtem Umfang gegen eine Verbindung des Notariats mit der Rechtsanwaltschaft anzumelden.“[676]

671 Prüfung der Gutachten, Bd. 2, S. 385.

672 Feuerbach, Ueber die Gerichtsverfassung, S. 3; o. N., Ansichten und Wünsche der Bewohner der preussischen Rheinprovinzen bey der bevorstehenden Justizorganisation, S. 29; Dübyen, Beilage zu Nr. 94 der Kölnischen Zeitung v. 4. April 1842 (auch abgedruckt in: RhNotZ 1856, S. 15 ff.); ders., Beilagen zu Nr. 138 u. 139 der Kölnischen Zeitung v. 18. u. 19. Mai 1842 (auch abgedruckt in: RhNotZ 1856, S. 38 ff.); Schottki, Die Ausübung der freiwilligen Gerichtsbarkeit durch die Gerichte und Notarien, S. 13; Bühl, Beiträge zur Kenntniß der altpreußischen Justizeinrichtungen, S. 79 ff.; Euler, Ueber das Notariat in Rheinpreußen, S. 7 f., 17; Bopp, in: Weiske (Hrsg.), Rechtslexikon, Bd. 7, S. 376 ff.; Mittermaier, in: Rotteck/Welcker (Hrsg.), Staatslexikon, Bd. 9, S. 795 f.

673 Zeitschrift für das österreichische Notariat 1862, S. 175, 176.

674 Verh. d. Vierten Deutschen Juristentages, Bd. 1, S. 313, 343 f.

675 Vgl. Weisweiler, Gutachtliche Äußerungen, S. 45 f.

676 Akten der GDN, Bundesnotarordnung, Schriftwechsel (S. 3 der Eingabe).

bb) Die Position der Befürworter der Verbindung

Es wurden jedoch auch Einwände gegen eine Trennung der freiwilligen von der streitigen Gerichtsbarkeit erhoben.[677] Zur Begründung wurde angeführt, dass die Vereinigung beider Disziplinen die wissenschaftliche Praxis fördere und dass der Richter seine praktischen Erfahrungen mit streitigen Rechtssachen bei der Beurkundung nutzen könne.[678] Die Trennung würde mehr Justiz-Personal erfordern und höhere Kosten verursachen.[679] Möglichen Interessenkollisionen könne leicht abgeholfen werden.[680] Das Gericht könne die Urkunden, die sich manchmal ohne Einsichtnahme in die bei Gericht verwahrten Akten überhaupt nicht erstellen ließen, ohne zusätzliche Kosten prüfen, ergänzen oder ändern.[681]

d) Eigene Stellungnahme

Das Argument der Gewaltenteilung muss vor dem Hintergrund der im 19. Jahrhundert bestehenden Konkurrenz von altpreußischem und rheinischem Notariat gesehen werden. In Altpreußen waren Gerichte und Notare für die Erfüllung der Aufgaben der freiwilligen Gerichtsbarkeit zuständig, während in Rheinpreußen nach dem Ventôse-Gesetz eine ausschließliche Zuständigkeit der Notare für diese Tätigkeiten bestand. Hinzu kam, dass in Altpreußen die Aufnahme einer Urkunde durch den Justizkommissar für die Wirksamkeit vieler Rechtsgeschäfte nicht ausreichend war, sondern dass es hierfür zusätzlich der Vollziehung und Verlautbarung dieser Rechtsgeschäfte durch das Gericht bedurfte. Das führte dazu, dass sich die Interessenten in solchen Fällen bei Beauftragung eines Justizkommissars anschließend noch an das Gericht wenden mussten, was mit Zeitverlust und vermehrten Kosten verbunden war.[682] Der Wettbewerb von altpreußischem und rheinischem Notariat und Recht zeigt sich auch darin, dass sich das einzige altpreußische Mitglied der Immediat-Justiz-

677 Puchta, Über die Grenzen des Richteramts, S. 154 ff.; ders., Entwurf einer Ordnung des Verfahrens, S. 249, 259 f.; Lombard, Ueber die bevorstehende Veränderung der Gesetze, S. 19; Sommer, Neues Archiv für preußisches Recht und Verfahren, sowie für deutsches Privatrecht 1843, S. 305, 328; Meerkatz, Systematisches Handbuch der freiwilligen Gerichtsbarkeit, S. 8.

678 Puchta, Über die Grenzen des Richteramts, S. 156 ff.; ders., Entwurf einer Ordnung des Verfahrens, S. 252; Sommer, Neues Archiv für preußisches Recht und Verfahren, sowie für deutsches Privatrecht 1843, S. 328.

679 Puchta, Über die Grenzen des Richteramts, S. 166 f.

680 Lombard, Ueber die bevorstehende Veränderung der Gesetze, S. 19; Sommer, Neues Archiv für preußisches Recht und Verfahren, sowie für deutsches Privatrecht 1843, S. 328.

681 Meerkatz, Systematisches Handbuch der freiwilligen Gerichtsbarkeit, S. 8.

682 Vgl. IJK, Gutachten über das Notariat (o. Fußn. 651), fol. 24 f.

Kommission *Simon* nicht von der Zweckmäßigkeit des französischen Notariats überzeugen ließ und bei seinem abweichenden Votum blieb.[683]

Auch wenn der altpreußische Justizkommissar bis zum Erlass der Rechtsanwaltsordnung als Beamter angesehen wurde und vorwiegend auf dem Gebiet der streitigen Gerichtsbarkeit tätig war, wurde unter dem Gesichtspunkt der Gewaltenteilung nicht die Vereinbarkeit des Notaramts mit dem Beruf des Rechtsanwalts, sondern die Frage erörtert, ob die Aufgaben der freiwilligen Gerichtsbarkeit den Gerichten übertragen werden oder besser besonderen staatlichen Stellen, den Notaren, vorbehalten sein sollten. Die von der Immediat-Justiz-Kommission für kleine Gerichtsbezirke ausnahmsweise vorgeschlagene Verbindung des Notariats mit dem Richteramt erscheint allerdings inkonsequent, weil die Gefahr von Interessenkollisionen dort viel eher gegeben ist als in größeren Gerichtsbezirken.[684]

Danach ist festzuhalten, dass unter dem Aspekt „Gewaltenteilung" lediglich die Verbindung von Richteramt und Amt des Notars bzw. die Frage der gerichtlichen Zuständigkeit für Akte der freiwilligen Gerichtsbarkeit, nicht aber die Verbindung des Notariats mit der Anwaltschaft erörtert wurde.

Für die heutige Diskussion um die Vereinbarkeit von Notariat und Anwaltschaft kann das Argument der Gewaltenteilung nicht mehr herangezogen werden. Der Rechtsanwalt übt keine staatliche Gewalt, sondern gem. § 2 Abs. 1 BRAO einen freien Beruf aus und ist gem. § 1 BRAO ein unabhängiges Organ der Rechtspflege.

2. Die Wesensverschiedenheit von Notariat und Advokatur

Als sich die Frage stellte, wie die Justizverfassung in Rheinpreußen auszugestalten sei, wurde erklärt, dass die Verbindung des Notariats mit der Advokatur heterogen sei und deshalb nichts tauge.[685] Zum Teil wurden Notariat und Anwaltschaft ohne nähere Begründung als nicht miteinander vereinbar angesehen.[686] Teilweise beschrieben die Befürworter des selbständigen Notariats das Dilemma

683 Resultate der Deliberationen der IJK (o. Fußn. 665), S. 220.

684 Eine mögliche Erklärung dieser Inkonsequenz könnte darin liegen, dass die Notariatsverfassung damals im Vergleich zu anderen Fragen, z. B. denen nach der Öffentlichkeit des Verfahrens und nach den Geschworenengerichten lediglich von untergeordneter Bedeutung war.

685 Goßler, Gedanken über die Einrichtung der Justiz, S. 26 f.

686 Vgl. Denkschrift der rechtsrheinischen bayerischen Notariats-Kammern zu Augsburg, München und Passau an das Staatsministerium der Justiz in München, Bayer. Not.-Ztg.1898, S. 1, 3; Salzmann, DNotZ 1935, S. 7, 8 f.

des Anwaltsnotars mit den Worten Goethes, dass zwei Seelen in der Brust des Anwaltsnotars leben müssten.[687]

Vor allem zwei Gesichtspunkte wurden zur Begründung der Wesensverschiedenheit herangezogen: die Unparteilichkeit des Notars und die unterschiedliche Blickrichtung von Notar und Rechtsanwalt.

a) Die Unparteilichkeit des Notars

aa) Die Position der Befürworter des selbständigen Notariats

Das Gutachten der *Immediat-Justiz-Kommission* kam zu dem Ergebnis, dass das Notariat mit der Advokatur unter dem Aspekt der Unparteilichkeit möglicherweise noch weniger vereinbar sei als mit dem Richteramt: „Denn wessen nächster und vorzüglicher Beruf es ist, den entstandenen Streit der Parteien vor den Richter zu bringen, um dort entschieden zu werden, dessen ganzes Geschäftsleben wird auch bald mehr oder weniger eine diesem unmittelbaren Zweck und Beruf analoge und einseitige Richtung bekommen, die dem Amte eines Notars [...] wenig zusagt, daher schon um deswillen und schon dem bloßen Begriff nach beide Institute schwer zu vereinigen sein möchten.“[688]

Der Gedanke, dass Sachwaltereigenschaft der Advokaten und Unparteilichkeit der Notare nicht miteinander in Einklang zu bringen seien, wurde fortan vielfach aufgegriffen. Der Advokat müsse stets die Stellung der von ihm vertretenen Partei vertreten, wogegen der Notar die Interessen aller Beteiligten zu berücksichtigen habe.[689] Aus diesem Grund sei das Vertrauen des Publikums in die Unparteilichkeit gefährdet.[690]

687 Siehe oben C.I.

688 IJK, Gutachten über das Notariat (o. Fußn. 651), fol. 25.

689 Vgl. v. Seybold, Die Rückwirkung der bevorstehenden Reformen, S. 64; dens., Zeitschrift für das österreichische Notariat 1862, S. 175 f.; Rösl, Das k. bayerische Gesetz v. 10. November 1861, S. 67; v. Zink, in: v. Dollmann (Hrsg.), Die Gesetzgebung des Königreichs Bayern, Teil 2, Bd. 3, S. 367; v. Hagen, Die Reform des Notariats in den altpreußischen Provinzen, S. 73; Eberty, Begründung des Antrags auf Trennung des Notariats von der Anwaltschaft zum 4. DJT, Deutsche Gerichtszeitung 1861, S. 223; Faber, Gutachten zum 4. DJT, Verh. d. Vierten Deutschen Juristentages, Bd. 1, S. 50 ff.; Kopp, Gutachten zum 4. DJT, Verh. d. Vierten Deutschen Juristentages, Bd. 1, S. 60; Euler, Gutachten zum 4. DJT, Verh. d. Vierten Deutschen Juristentages, Bd. 1, S. 348 f.; Bohlmann, Verh. d. Neunten Deutschen Juristentages, Bd. 3, S. 126; Courth, Verh. d. Rheinischen Provinzial-Landtags, Bd. 33, S. 274 f.; Lütkemann, DNotV 1909, S. 137, 152 f.; dens., Anwalts-Notariat oder selbständiges Notariat, S. 7 ff., 63 ff.; Vleugels, Zeitschrift für das Notariat 1920, S. 118, 119; Calman, Zeitschrift für das Notariat 1920, S. 123, 126; Weisweiler, Gutachtliche Äußerungen, S. 46 f.; o. N., Artikel „Anwalt oder Notar?“ im Berliner Börsen-Courier v. 24. Oktober 1929; Crasemann, Artikel „Das

Vor allem Gerichte[691], das Rheinpreußische Notariat[692] und Notarvereine[693] teilten diese Ansicht. Die Unparteilichkeit wurde auch als Motiv für die in einigen Gesetzentwürfen vorgesehene Trennung von Anwaltschaft und Notariat benannt.[694]

---

deutsche Notariat" in den Hamburger Nachrichten v. 17. Mai 1933; Lent, DNotZ 1934, S. 637, 639; Heckmann, DNotZ 1935, S. 271, 273 f.; Wolpers, DNotZ 1937, S. 170, 171; Jonas, DNotZ 1937, S. 175, 179 f.; Hornig, JW 1937, S. 777; Burkart, Vermerk v. 3. April 1950, Akten der GDN, Bundesnotarordnung, Schriftwechsel (S. 4); Justizministerium Rheinland-Pfalz, Rundschreiben an die Landesjustizverwaltungen und das BJM v. 9. Oktober 1955, Bundesarchiv Koblenz, B 141/2980, fol. 066.

690 Faber, Verh. d. Vierten Deutschen Juristentages, Bd. 1, S. 50 ff.; Kurlbaum, Begründung zum Entwurf eines Gesetzes betreffend die Amtsstellung der Notare, GStA PK, I. HA Rep. 84 a, Nr. 2396, fol. 24, 47 (auch abgedruckt bei: Schubert (Hrsg.), Materialien zur Vereinheitlichung des Notarrechts, S. 40, 53 f.); Notariatsverein für Elsaß-Lothringen, DNotZ 1898, S. 61, 68; Stranz, DJZ 1901, S. 357, 359; o. N., DNotV 1903, S. 101, 103 f.; o. N., DNotV 1903, S. 104, 105 f.; o. N., DNotV 1903, S. 106, 107; Lütkemann, Anwalts-Notariat oder selbständiges Notariat, S. 66 ff.; Vleugels, Zeitschrift für das Notariat 1920, S. 118, 121; Calman; Zeitschrift für das Notariat 1920, S. 123; Weisweiler, Gutachtliche Äußerungen, S. 49 f.; Lent, DNotZ 1934, S. 637, 639; Heckmann, DNotZ 1935, S. 271, 273 ff.; Salzmann, DNotZ 1937, S. 7, 8 f.; Feyock, DNotZ 1952, S. 244, 249 f.; Präsident des OLG Bamberg, Auszug aus einem Bericht, Bundesarchiv Koblenz, B 141/2978, fol. 051 f.; Justizministerium Rheinland-Pfalz, Rundschreiben an die Landesjustizverwaltungen und das BJM v. 9. Oktober 1955, Bundesarchiv Koblenz, B 141/2980, fol. 066 f.

691 Stellungnahme der altpreußischen Gerichte zur Erweiterung der notariellen Zuständigkeit, vgl. Zusammenstellung des wesentlichen Inhalts der Berichte, abgedruckt bei: Schubert/Regge (Hrsg.), Gesetzrevision, Bd. 11.3, S. 1298 ff., 1306, 1308 (OLG Breslau), 1310 (OLG Hamm); Auszug aus einem Bericht des Präsidenten des OLG Bamberg, Bundesarchiv Koblenz, B 141/2978, fol. 051, 052.

692 Vgl. den Standpunkt des Notariats zur Frage der Vereinigung der Rechtsanwaltschaft und des Notariats im Geltungsbereiche des Rheinischen Rechts, Zeitschrift für das Notariat 1887, S. 197 ff., 206 f.

693 Braden, Beilage zu Nr. 14 zur DNotZ 1876, S. 4; Österreichischer Notarenverein (Hrsg.), Denkschrift über die Vereinigung des Notariates mit der Advocatie, 1883, S. 10 f; o. N., Zeitschrift für das Notariat 1888, S. 41 ff., 43 f. Vgl. auch S. 11 f. der Denkschrift des Vereins für das Rheinische Notariat vom April 1959, Bundesarchiv Koblenz, B 141/16889, Bl. 25 ff.; Bartels, Verh. d. BT, 3. Wahlp., S. 7442.

694 Motive zu dem vom Revisor 1833 vorgelegten Entwurf eines Gesetzes über die Justiz-Einrichtung, abgedruckt bei: Schubert/Regge (Hrsg.), Gesetzrevision, Bd. 9.2, S. 1103, 1129 f.; Motive des ersten Entwurfs eines Notariatsgesetzes für Bayern, vgl. v. Zink, in: v. Dollmann (Hrsg.), Die Gesetzgebung des Königreichs Bayern, Teil 2, Bd. 3, S. 387; Kurlbaum, Begründung zum Entwurf eines Gesetzes betreffend die Amtsstellung der Notare, GStA PK, I. HA Rep. 84 a, Nr. 2396. fol. 24, 46 f. So wohl auch die Motive des

bb) Die Position der Befürworter der Verbindung

Die Behauptung, der Rechtsanwaltsnotar könne nicht unparteiisch sein, wurde von den Befürwortern der Verbindung in Zweifel gezogen.[695] Zudem könne auch der Nur-Notar versucht sein, seine Beratung zugunsten einer Partei zu gestalten, wenn er von dieser häufiger Aufträge erhalte oder erhalten wolle.[696]

Im *preußischen Justizministerium* sah man die Advokatur als „eigentliche Vorschule des Richteramts“ an und stellte in Frage, dass sie „im Allgemeinen der Unparteilichkeit schade“.[697]

Weißler erklärte, sowohl Rechtsanwalt als auch Notar müssten unparteilich sein.[698] Im Übrigen komme es auf die Unparteilichkeit nur bei der Beteiligung mehrerer Parteien an, die „im Augenblicke der Beurkundung überhaupt kein widerstreitendes, sondern nur das eine gemeinsame Interesse an richtiger, gesetzlicher, zweckmäßiger, künftige Anfechtung ausschließender Beurkundung“ hätten.[699]

cc) Die vermittelnde Auffassung

Daneben gab es auch eine vermittelnde Auffassung, wonach sich das Problem der Unparteilichkeit im Falle der Verbindung lösen ließe, indem Rechtsanwälten mit der Verleihung des Notariats die Befugnis zur Vertretung im Prozess entzo-

ersten Entwurfs eines Notariatsgesetzes für Bayern, vgl. v. Weinrich, AöR 1897, S. 405, 417.

695 Meißner, Deutsche Rechtsanwalts-Zeitung 1908, S. 136, 137; Josef, ZBlFG IX, S. 373, 374 f.; Rausnitz, JurLitBl. 1909, S. 117; Vorstand des DAV, Schreiben an den Reichsjustizminister v. 29. Januar 1926, Bundesarchiv, R 3001, Akte 4809, Bl. 204, 205; Raabe, Artikel „Das deutsche Notariat“ in den Hamburger Nachrichten v. 25. Mai 1933, Bundesarchiv, R 3001/21364, Akte 4810, Bl. 86; RAK Nordbaden, Denkschrift zum Inititativ-Gesetzentwurf zwecks Einführung des Anwaltsnotariats im Landesbezirk Nordbaden, Akten der GDN, Bundesnotarordnung, Entwürfe Protokolle, Teil I.

696 So bereits Rausnitz, JurLitBl. 1909, S. 117.

697 Vgl. die Motive zu § 10 des Entwurfs eines Gesetzes wegen anderweitiger Regulirung der Kompetenz der Notarien und des Verfahrens bei Aufnahme notarieller Instrumente, hier zitiert nach: Weißler, Das preußische Notariat im Geltungsgebiete der Allgemeinen Gerichts-Ordnung, S. 384 f.

698 DJZ 1897, S. 159; Reform der vorbeugenden bürgerlichen Rechtspflege in Oesterreich, S. 71; Referat auf dem Kongress der Notare Deutschlands und Österreichs v. 7. September 1907, DNotV 1907, S. 548, 558.

699 DJZ 1897, S. 159.

gen würde[700] oder indem Anwaltsnotare bei Vorbefassung als Notar keine Anwaltsmandate in dieser Angelegenheit annehmen dürften.[701]

b) Die unterschiedliche Perspektive von Rechtsanwalt und Notar

Teilweise wurde vertreten, dass sich rechtsanwaltliche Tätigkeit und notarielle Tätigkeit grundlegend voneinander unterschieden. Während jene auf die Erledigung eines in der Vergangenheit entstandenen Streites abziele, solle diese die tatsächlichen Verhältnisse und die rechtlichen Beziehungen mit Blick auf die Zukunft regeln.[702]

c) Eigene Stellungnahme

Das Argument der Wesensverschiedenheit wurde am Ende des hier betrachteten Zeitraums im Prinzip nicht mehr vertreten. Ursächlich hierfür dürfte das veränderte Aufgabenfeld des Rechtsanwalts sein, der neben der Vertretung streitender Parteien im Prozess oft auch rechtsberatend und vertragsgestaltend tätig ist,[703] dabei häufig mehrere Parteien gleichzeitig berät und für einen gerechten Ausgleich ihrer Interessen sorgt. Dies ist sowohl für die anwaltliche Rechtsberatung als auch für die notarielle Tätigkeit unproblematisch, solange zwischen den Parteien die gleichen Interessen bestehen. Dagegen müssen – unabhängig von der Notariatsform – Probleme auftreten, wenn die Parteien im Streit liegen. Dies führt jedoch zu dem Schluss, dass streitende Parteien grundsätzlich nicht vor den Notar, sondern vor den Richter oder den Mediator, gehören.

Der Gesichtspunkt der generell unterschiedlichen Blickrichtung von Notar und Rechtsanwalt trifft ebenfalls nicht zu. Die Perspektive des Rechtsanwalts unterscheidet sich von der des Notars lediglich dann, wenn jener eine streitende Partei vertritt. Bei der rechtsberatenden und der vertragsgestaltenden Tätigkeit ist die Blickrichtung dagegen bei beiden Berufen in die Zukunft und auf Streitvermeidung gerichtet.

---

700 So Lütkemann, ZBlFG XX, S. 33, 56 f.

701 Reichsfachgruppe Notare (im Einvernehmen mit der Reichsfachgruppe Rechtsanwälte) im BNSDJ, Mitteilungsblatt des BNSDJ 1935, S. 157 f. So auch der Standpunkt der zweiten Kammerversammlung der Reichsnotarkammer, DNotZ 1936, S. 318 f.

702 Weisweiler, Gutachtliche Äußerungen, S. 47.

703 So der Vorstand des DAV, Schreiben an den Reichsjustizminister v. 29. Januar 1926, Bundesarchiv, R 3001, Akte 4809, Bl. 204 f.; Vorstand der Anwaltskammer Hamm (Westf.), Schreiben an den Reichsjustizminister v. 24. Juli 1933, Bundesarchiv, R 3001/21364, Akte 4810, Bl. 97.

3. Interessenkollision

Bereits im 16. Jahrhundert kam es durch die Verbindung von Advokatur und Notariat zu Interessenkollisionen, die 1548 zum Erlass des Edikts Kaiser *Karls V.* vom 3. August 1548 führten.[704] In der im 19. und 20. Jahrhundert darüber geführten Diskussion, ob Notariat und Anwaltschaft voneinander getrennt oder miteinander verbunden sein sollten, spielte dieser Punkt eine zentrale Rolle.

a) Die Position der Befürworter des selbständigen Notariats

Die Immediat-Justiz-Kommission war der Ansicht, der Justizkommissar könne durch die Verbindung mit dem Notariat „zu einer leichtern Erreichung seiner unlauteren Zwecke" und dazu verleitet werden, „wenigstens das eine Amt auf Kosten des anderen einträglicher zu machen".[705] Auch im weiteren Verlauf der Diskussion begründeten viele Befürworter des selbständigen Notariats die Unvereinbarkeit von Advokatur und Notariat vor allem damit, dass bei einer Verbindung der beiden Berufe leicht Interessenkollisionen auftreten könnten.[706] Es

---

704 Siehe oben B.I.

705 IJK, Gutachten über das Notariat (o. Fußn. 651), fol. 26.

706 Ackermann, Einige Worte über das deutsche Notariatswesen und dessen Reform, S. 15; Schottki, Die Ausübung der freiwilligen Gerichtsbarkeit durch die Gerichte und Notarien, S. 15; v. Hagen, Die Reform der Advokatur, S. 165; Gutachten der Justiz-Abtheilung des [preußischen] Staatsraths über den Gesetzentwurf wegen anderweitiger Regulirung der Kompetenz der Notarien und des Verfahrens bei Aufnahme notarieller Instrumente, hier zitiert nach: Weißler, Das preußische Notariat im Geltungsgebiete der Allgemeinen Gerichts-Ordnung, S. 408; Euler, Handbuch des Notariats in Preußen, S. 87; Bohlmann, Zeitschrift für Gesetzgebung und Rechtspflege in Preußen 1871, S. 104; Kurlbaum, Begründung zum Entwurf eines Gesetzes betreffend die Amtsstellung der Notare, GStA PK, I. HA Rep. 84 a, Nr. 2396. fol. 24, 48; v. Wilmowski, Wortmeldung auf dem V. Deutschen Anwaltstag, Beilage zu Nr. 14 und 15 der JW 1876, S. 37; Lingmann und Lautz, Wortmeldungen auf dem V. Deutschen Anwaltstag, Beilage zu Nr. 14 und 15 der JW 1876, S. 38; Traeger, Wortmeldung in der Sitzung des Preußischen Abgeordnetenhauses v. 14. Februar 1880, Sten. Berichte über die Verh. der durch die Allerhöchste Verordnung v. 15. Oktober 1879 einberufenen beiden Häuser des Landtages, Abgeordnetenhaus, Bd. 2, S. 1742; Heuser, Wortmeldung bei Beratung des Gesetzentwurfs über die Vereinigung von Notariat und Rechtsanwaltschaft in Rheinpreußen im Rheinischen Provinzial-Landtag, Verh. d. Rheinischen Provinzial-Landtags, Bd. 33, S. 273 f.; v. Weinrich, AöR 1897, S. 430; Stranz, DJZ 1901, S. 357, 359 f.; ders., DJZ 1906, Sp. 303; Lütkemann, DNotV 1909, S. 137, 149 f.; Vleugels, Zeitschrift für das Notariat 1920, S. 118, 119 f.; Weisweiler, Gutachtliche Äußerungen, S. 47; o. N., Artikel „Anwalt oder Notar?" im Berliner Börsen-Courier v. 24. Oktober 1929; Oberneck, Begründung zum Entwurf einer RNO, abgedruckt bei: Schubert (Hrsg.), Materialien zur Vereinheitlichung des Notarrechts, S. 266, 272 ff.; Wolpers, Das Notariats-

bestehe die Gefahr, dass der Anwaltsnotar als Notar in die Verhältnisse und Geheimnisse der Parteien eingeweiht werde und seine auf diese Weise erlangten Kenntnisse bei späterer Beauftragung gegen eine der Parteien missbrauchen könne.[707] Die Verbindung könne dazu führen, dass der Anwaltsnotar Notariats-Akte angreife oder verteidige, bei deren Errichtung er mitgewirkt habe.[708]

b) Die Position der Befürworter der Verbindung

Die Befürworter der Verbindung wiesen darauf hin, dass sich das Anwaltsnotariat in Altpreußen bewährt habe.[709] Interessenkollisionen, die auch beim reinen Notariat vorkommen könnten,[710] seien so selten, dass sie keinen Grund für die Trennung darstellten.[711] Ihnen könne durch besondere Bestimmungen vorgebeugt werden, die nach Vorbefassung mit einer Angelegenheit in der einen Funktion die Tätigkeit in derselben Angelegenheit in der anderen Funktion ausschließen.[712]

---

recht, in: Frank, Hans (Hrsg.), Nationalsozialistisches Handbuch für Recht und Gesetzgebung, S. 1540, 1546; Schieck, DNotZ 1934, S. 470, 475 f.; ders., DJZ 1934, Sp. 704, 706; Feyock, DNotZ 1952, S. 244, 249 f.; Hieber, DNotZ 1952, S. 258, 259; Präsident des OLG Düsseldorf, Schreiben v. 6. September 1955 an den Justizminister von NRW, Akten des JM NRW, Az.: 3830-I A 49, Bd. IV, Bl. 581; Präsident der Notarkammer Koblenz, vgl. S. 7 der Stellungnahme zur Frage einer Wiedereinführung des Anwaltsnotariats in den rechtsrheinischen Teilen von Rheinland-Pfalz v. 22. Oktober 1960, Bundesarchiv Koblenz, B 141/16892, Bl. 146, 152.

707 Rösl, Das k. bayerische Gesetz vom 10. November 1861, S. 67; Faber, Gutachten zum 4. DJT, Verh. d. Vierten Deutschen Juristentages, Bd. 1, S. 50 ff.

708 Vgl. die Begründung des Trennungsantrags von Eberty auf dem 4. DJT, Deutsche Gerichtszeitung 1861, S. 223; v. Hagen, Die Reform des Notariats in den altpreußischen Provinzen, S. 73 f.; Euler, Gutachten zum 4. DJT, Verh. d. Vierten Deutschen Juristentages, Bd. 1, S. 348.

709 Lombard, Ueber die bevorstehende Veränderung der Gesetze, S. 20.

710 Weißler, DJZ 1897, S. 159; Alterthum, Artikel „Nur Anwalt? – Nur Notar?“ im Berliner Börsen-Courier v. 10. November 1929, Bundesarchiv, R 3001/21364, Akte 4810, Blatt 41g.

711 Weißler, Referat auf dem Kongress der Notare Deutschlands und Österreichs v. 7. September 1907, DNotV 1907, S. 548, 558.

712 Motive zum Entwurf eines Gesetzes wegen anderweitiger Regulirung der Kompetenz der Notarien und des Verfahrens bei Aufnahme notarieller Instrumente, hier zitiert nach: Weißler, Das preußische Notariat im Geltungsgebiete der Allgemeinen Gerichts-Ordnung, S. 378; v. Gneist, Freie Advocatur, S. 93; Finger, Die Kunst des Notars, S. 91 ff.; Raabe, Artikel „Das deutsche Notariat“ in den Hamburger Nachrichten v. 25. Mai 1933, Bundesarchiv, R 3001/21364, Akte 4810, Bl. 86.

c) Differenzierende Auffassung

Teilweise wurde auch eine differenzierende Auffassung vertreten.

Im Falle der Verbindung grundsätzlich zu befürchtende Interessenkollisionen könnten nicht auftreten, wenn der Notar zwar als Advokat mit einer Angelegenheit vorbefasst gewesen sei, diese aber zuvor durch ein rechtskräftiges Urteil oder durch einen Vergleich geendet habe und sein Verhältnis als Advokat dadurch beendet sei.[713] Bei Testamenten und anderen einseitigen Akten könne eine Interessenkollision nicht auftreten, so dass ihre Aufnahme durch die Justizkommissare unbedenklich sei.[714]

d) Eigene Stellungnahme

Die Interessenkollision ist kein spezifisches Problem der Verbindung von Notariat und Rechtsanwaltschaft. Sie kann auch im Falle der Trennung des Notariats von der Rechtsanwaltschaft auftreten, und zwar sowohl beim Notar als auch beim Rechtsanwalt. Den Gefahren möglicher Interessenkollisionen kann durch gesetzliche Regelungen begegnet werden, die dem Anwaltsnotar verbieten, bei Vorbefassung mit einer Angelegenheit in einer seiner beiden Funktionen in derselben Angelegenheit in der jeweils anderen Funktion tätig zu werden. Dieses Verbot, dass im Edikt Kaiser Karls V. vom 3. August 1548 erstmals ausdrücklich formuliert wurde, ist heute in § 14 Abs. 1 S. 2, 14 Abs. 3 S. 3 BNotO sowie und § 3 Abs. 1 S. 1 Nr. 7 BUrkG geregelt.

Sofern man die Trennung wegen möglicher Interessenkollisionen für geboten hält, erscheint die häufig für ländliche Verhältnisse geforderte ausnahmsweise Zulässigkeit der Verbindung problematisch. Gerade dort, wo sowohl die anwaltliche als auch die notarielle Tätigkeit aufgrund ihres geringen Umfangs für sich genommen keine ausreichende Lebensgrundlage bieten, sind Vorbefassungen in der einen oder anderen Funktion wahrscheinlicher als in größeren Städten. Damit ist dort auch die Gefahr einer Interessenkollision wesentlich höher als an größeren Orten.

---

713 Oesterley, Das deutsche Notariat, Bd. 2, S. 268; Bertheim, Wortmeldung auf dem 9. DJT, Verh. d. Neunten Deutschen Juristentages, Bd. 3, S. 127.

714 Seyppel, Niederrheinisches Archiv 1817, S. 321, 343.

4. Die Erreichbarkeit des Notars

a) Die Position der Befürworter des selbständigen Notariats

Viele Befürworter des selbständigen Notariats sahen die Erreichbarkeit im Falle der Verbindung des Notariats mit der Anwaltschaft als problematisch an.[715] Schon 1815 hatte *von Reibnitz* die Verbindung der Advokatur mit dem Notariat mit der Begründung abgelehnt, dass der Notar zur Erledigung seiner Geschäfte in der Regel zu Hause sein müsse, während der Advokat fast täglich bei Gericht sein müsse.[716] Sein Entwurf einer Gerichtsordnung sah in § 8 folgende Regelung vor:

> „Die Notarien können neben ihren Notariatsgeschäften kein anderes öffentliches Amt bekleiden, weil sie als Notarien verbunden sind, täglich von des Morgens um 8 bis 12, und des Nachmittags von 3 bis 6 Uhr zur Aufnahme gerichtlicher Handlungen bereit zu seyn."[717]

Es wurde darauf hingewiesen, dass die notariellen Handlungen in manchen Fällen keinen Aufschub duldeten und dass der Notar daher stets erreichbar sein müsse.[718] Da die Prozesse einen großen Teil seiner Zeit in Anspruch nähmen und seine Anwesenheit bei Gericht erforderten, könne der Notar dies bei gleichzeitiger Ausübung der Anwaltschaft nicht gewährleisten.[719] Gerade für die Orte ohne Amtsgericht sei dies problematisch, weil die anwaltliche Tätigkeit dann

---

715 So z. B. IJK, Gutachten über das Notariat (o. Fußn. 651), fol. 26. Vgl. auch den Standpunkt des rheinpreußischen Notariats, Zeitschrift für das Notariat 1887, S. 197, 206; Lütkemann, DNotV 1909, S. 137, 146 f.; Mügel, Grundzüge einer landesrechtlichen Justizreform, S. 107; ders., in: FS Oberneck, S. 3; Lent, DNotZ 1934, S. 637, 639; Verein für das Rheinische Notariat, Denkschrift vom April 1959, Bundesarchiv Koblenz, B 141/16889, Bl. 25 ff. (S. 12).

716 Versuch über das Ideal einer Gerichtsordnung, Theil 1, S. 93.

717 Versuch über das Ideal einer Gerichtsordnung, Theil 2, S. 237.

718 Faber, Verh. d. Vierten Deutschen Juristentages, Bd. 1, S. 52; Euler, Verh. d. Vierten Deutschen Juristentages, Bd. 1, S. 347 f.; Vleugels, DNotV 1909, S. 496, 503.

719 Faber, Verh. d. Vierten Deutschen Juristentages, Bd. 1, S. 52; Kurlbaum, Begründung zum Entwurf eines Gesetzes betreffend die Amtsstellung der Notare, GStA PK, I. HA Rep. 84 a, Nr. 2396. fol. 24, 52 f. Ebenfalls in diesem Sinne äußerte sich Braden, Beilage zu Nr. 14 zur DNotZ 1876, S. 5. Vgl. auch Lautz in seiner Wortmeldung auf dem V. Deutschen Anwaltstag in Köln, Bericht in Beilage zu Nr. 14 und 15 der JW 1876, S. 38 f.; Breslauer Handelskammer, Bericht über die Bewährung des reinen Notariats v. 23. September 1909, DNotV 1909, S. 710; Schulze-Delitzsch, Für das selbständige Notariat, S. 7 f. In diesem Sinne auch die Notarkammer Koblenz, Stellungnahme zum Entwurf eines Gesetzes zur Änderung der Notarordnung für das Land Rheinland-Pfalz an das JM Rheinland-Pfalz v. 4. Juli 1951, Akten der GDN, Bundesnotarordnung, Schriftwechsel.

mit Reisen zu den Gerichtsorten und langer Abwesenheit von der Amtsstube des Notars verbunden wäre.[720] Es stehe auch zu befürchten, dass die Parteien bei Abwesenheit des Notars entweder überhaupt nicht oder von seinen Hilfskräften bedient würden.[721]

Der Anfang des 20. Jahrhundert in Altpreußen unternommene Versuch mit der Anstellung selbständiger Notare wurde damit begründet, dass die Anwaltsnotare dem Publikum wegen ihrer Anwaltstätigkeit häufig nicht zur Verfügung stünden.[722]

Dass sich die Anwaltsnotare zwecks ihrer besseren Erreichbarkeit mit anderen Anwälten assoziieren könnten, wurde nicht als Lösung des Problems empfunden.[723]

Auch gegenüber der von den Befürwortern des Anwaltsnotariats zur Lösung des Problems der Erreichbarkeit vorgeschlagenen Stellenvermehrung sei das selbständige Notariat das bessere Mittel, um die Erreichbarkeit des Notars zu gewährleisten, zumal die für die Verbindung angeführte Einkommensverbesserung für die Rechtsanwälte bei einer Stellenvermehrung sehr gering ausfallen dürfte.[724] Zudem könne erhöhter Geschäftsanfall auch im Nur-Notariat durch die Schaffung neuer Notarstellen berücksichtigt werden.[725]

Stattdessen empfehle sich die Abhaltung von Urkundtagen in Orten ohne Notar, wobei dieser „über die Geschäftsstelle auch im anderen Ort jederzeit benachrichtigt und herbeigerufen werden" könne.[726]

---

720 Weisweiler, Gutachtliche Äußerungen, S. 51.

721 Faber, Verh. d. Vierten Deutschen Juristentages, Bd. 1, S. 52; Verband Deutscher Bureauvorsteher, JW 1890, S. 349, 352; v. Weinrich, Zur Reform der deutschen Rechtsanwaltschaft, S. 16; ders., AöR 1897, S. 405, 429 f.; Weißler, DJZ 1897, S. 136, 160; ders., Referat auf dem Kongress der Notare Deutschlands und Österreichs v. 7. September 1907, DNotV 1907, S. 548, 558; Lütkemann, DNotV 1909, S. 137, 155; Vleugels, Zeitschrift für das Notariat 1920, S. 118, 121; Weisweiler, Gutachtliche Äußerungen, S. 47.

722 So der preußische Justizminister in der Sitzung des preußischen Abgeordnetenhauses v. 16. März 1906, vgl. den Hinweis in DNotV 1906, S. 236. Dieser Ansicht war auch Schulze-Delitzsch, Für das selbständige Notariat, S. 7 f.

723 Artikel „Anwalt oder Notar?" im Berliner Börsen-Courier v. 24. Oktober 1929, Bundesarchiv, R 3001/21364, Akte 4810, Bl. 40; Lent, DNotZ 1934, S. 637, 639.

724 Lütkemann, DNotV 1909, S. 137, 148.

725 So der Präsident des OLG Köln, Stellungnahme v. 13. Mai 1959, Akten des JM NRW, Az.: 3830-I A 49, Bd. VII, Bl. 249, 251 f.

726 Notarkammer Koblenz, Stellungnahme zum Entwurf eines Gesetzes zur Änderung der Notarordnung für das Land Rheinland-Pfalz an das JM Rheinland-Pfalz v. 4. Juli 1951, Akten der GDN, Bundesnotarordnung, Schriftwechsel (S. 4 f.).

b) Die Position der Befürworter der Verbindung

Die Vertreter der Gegenansicht zogen zunächst die Ursächlichkeit der Verbindung für die fehlende Erreichbarkeit in Zweifel. Klagen über die schlechte Erreichbarkeit der Anwaltsnotare seien nicht laut geworden.[727] Es träfe nicht zu, dass der Rechtsanwalt den größten Teil seiner Zeit in den Gerichtssälen zubringe. Der Anwaltsnotar sei wie der Nur-Notar deshalb oft nicht in seinem Büro anzutreffen, weil er in seiner Eigenschaft als Notar auswärtige Termine wahrnehme.[728] Auch die Nur-Notare würden einen Großteil ihrer Geschäfte durch das Büropersonal abwickeln lassen.[729] Verzögerungen bei der Vornahme von notariellen Handlungen gingen nicht auf das Anwaltsnotariat, sondern auf den „Großstadtverkehr mit seinen Entfernungen und mit seiner Geschäftshäufung" zurück.[730] Im Übrigen könne der Anwaltsnotar durch die Assoziation mit einem anderen Rechtsanwalt seine Erreichbarkeit in der Kanzlei gewährleisten.[731]

Nennenswerte Probleme würden nicht auftreten, da das Publikum die modernen Beförderungs- und Verständigungsmittel nutze und der Anwaltsnotar eilige Notariatsangelegenheiten zwischen seinen Gerichtsterminen erledigen könne.[732]

Bedenken gegen die Einführung des Nur-Notariats gab es auch deshalb, weil die Amtsbezirke auf dem Land zur Schaffung lebensfähiger Stellen hätten vergrößert werden müssen und der Wegfall der Notariate an kleineren Orten längere Wege zum Notar für die Bevölkerung dort zur Folge gehabt hätte.[733] Umge-

---

727 Vorstand der Naumburger Anwaltskammer, DNotV 1909, S. 31, 36 f.

728 Meißner, Deutsche Rechtsanwalts-Zeitung 1909, S. 7; Vorstand der Naumburger Anwaltskammer, DNotV 1909, S. 31, 37; Vorstand des Deutschen Anwaltvereins, Schreiben an den Reichsjustizminister v. 29. Januar 1926, Bundesarchiv, R 3001, Akte 4809, Bl. 204, 206.

729 Josef, ZBlFG IX, S. 373, 375; Meißner, Deutsche Rechtsanwalts-Zeitung 1908, S. 7 f. Vgl. auch Kirchhof, Denkschrift v. 9. Mai 1956 an den Ausschuss für Rechtswesen und Verfassungsrecht im Bundeshaus in Bonn, Akten der RAK Düsseldorf, LArch NRW, Abteilung Rheinland, Akte RW 552 Nr. 775, M 22 g.

730 So der Vorstand der Naumburger Anwaltskammer, DNotV 1909, S. 31, 36.

731 Vorstand der Naumburger Anwaltskammer, DNotV 1909, S. 31, 37; Meißner, Deutsche Rechtsanwalts-Zeitung 1909, S. 7; Finger, Die Kunst des Notars, S. 84.

732 Vorstand der Naumburger Anwaltskammer, DNotV 1909, S. 31, 36 f.

733 Regierungspräsident von Merseburg, Schreiben an den Reichsjustizminister v. 24. Januar 1933, Bundesarchiv, R 3001/21365, Akte 4811, Bl. 2; Verein der Amtsgerichtsanwälte des OLG Celle, Entschließung zur Auflösung der Provinzorganisation des Vereins der Amtsgerichtsanwälte des OLG-Bezirks Celle mit Hinweis auf die Gefahren der gegenwärtigen und künftigen Lage v. 28. Dezember 1933, Bundesarchiv, R 3001/21365, Akte 4811, Bl. 3. Wegen des hohen Zeit- und Kostenaufwandes bei Einrichtung eines Nur-Notariats im Landesteil Birkenfeld plädierte der Dienstaufsicht füh-

kehrt wurde deshalb vorgeschlagen, die Notarstellen bei Beibehaltung der Verbindung des Notariats mit der Anwaltschaft[734] oder durch Einführung des Anwaltsnotariats[735] zu vermehren.

c) Differenzierende Ansicht von Weißler

Weißler erklärte zu den Zuständen des Notariats in Altpreußen, dass weder der Anwalt noch der Richter jederzeit für Beurkundungen zur Verfügung ständen. Obwohl man den Parteien die Wahl zwischen zwei Urkundämtern lasse, sei „wenn man sie braucht, keines zur Hand."[736] Der Anwaltsnotar müsse sich wegen des mündlichen Verfahrens oft von seiner Kanzlei entfernen und sei dann nicht in seiner Kanzlei anzutreffen.[737]

Allerdings bemerkte er auch, dass die Erreichbarkeit bei Abhaltung von Urkundtagen nicht gewährleistet sei. Der Amtsbezirk des Notars müsse klein sein, damit er leicht erreichbar sei. Für die Lebensfähigkeit des Notariats könne durch die Verbindung mit der Anwaltschaft gesorgt werden.[738]

d) Eigene Stellungnahme

Zunächst liegt der Gedanke nahe, dass der Anwaltsnotar durch seine anwaltliche Tätigkeit an der Wahrnehmung notarieller Aufgaben gehindert sein könnte. Allerdings ist auch der Nur-Notar nicht jederzeit erreichbar, so wenn er auswärtige Termine wahrzunehmen hat oder wenn er mit der Erledigung einer anderen keinen Aufschub duldenden Angelegenheit beschäftigt ist.

---

rende Richter am Amtsgericht Idar-Oberstein für die Errichtung von drei Anwaltsnotariaten dort, vgl. sein Schreiben an den Präsidenten des Landgerichts Koblenz v. 2. Juli 1935, Abschrift im Bundesarchiv, R 3001/20783, Bl. 409 f.

734 Vorstand der Naumburger Anwaltskammer, DNotV 1909, S. 31, 37.

735 Vgl. den Artikel „Anwaltsnotare erforderlich", Badische Neueste Nachrichten v. 2. Februar 1950; RAK Nordbaden, Denkschrift der zum Initiativ-Gesetzentwurf zwecks Einführung des Anwaltsnotariats im Landesbezirk Nordbaden, Akten der GDN, Bundesnotarordnung, Entwürfe Protokolle, Teil I. Ähnlich argumentierte auch der Bundestagsabgeordnete Reismann in der 133. Sitzung des ersten Deutschen Bundestages v. 9. Mai 1951, Verh. d. BT, 1. Wahlp., S. 5596 und in der 167. Sitzung des ersten Deutschen Bundestages v. 11. Oktober 1951, Verh. d. BT, 1. Wahlp., S. 6863. Auch die Anwaltschaft in Köln und Düsseldorf hielt eine Vermehrung der Notariate für erforderlich und durch das Anwaltsnotariat für möglich, vgl. Eingabe vom November 1958, Bundesarchiv Koblenz, B 141/16888, Bl. 193 ff.

736 DNotZ 1890, S. 167, 180.

737 Referat auf dem Kongress der Notare Deutschlands und Österreichs v. 7. September 1907, DNotV 1907, S. 548, 558.

738 DNotV 1903, S. 107 ff.

Das Problem dürfte sich dadurch von selbst lösen, dass sich der Anwaltsnotar auf die zusätzliche notarielle Tätigkeit einstellt. Da er bei seiner Inanspruchnahme als Notar aufgrund seiner Amtsgewährungspflicht gem. § 15 Abs. 1 S. 1 BNotO grundsätzlich tätig werden muss und die von ihm übernommenen anwaltlichen Mandate sorgfältig zu betreuen hat, wird er seine anwaltliche Tätigkeit einschränken. Dies kann er zum Beispiel erreichen, indem er eine Sozietät mit einem anderen Rechtsanwalt eingeht, dieser die auswärtigen anwaltlichen Termine wahrnimmt und so die Anwesenheit des Anwaltsnotars in der Kanzlei ermöglicht.

Beim Anwaltsnotariat gibt es darüber hinaus eine größere Notardichte, so dass dem Publikum mehr Anlaufstellen für die Angelegenheiten der freiwilligen Gerichtsbarkeit zur Verfügung stehen.

Im Übrigen ist die Frage der Erreichbarkeit heute weniger brisant als im 19. oder noch zu Beginn des 20. Jahrhunderts. Durch moderne Kommunikationsmittel lassen sich Termine vorab vereinbaren und besser miteinander koordinieren. Auch die Reise zum Notar nimmt heute wesentlich weniger Zeit in Anspruch als damals. Vor diesem Hintergrund ist dem Argument der Erreichbarkeit aus heutiger Sicht keine Bedeutung mehr beizumessen.

5. Die Spezialisierung

a) Die Position der Befürworter des selbständigen Notariats

Der Großteil der Befürworter des selbständigen Notariats hielt die Trennung des Notariats von der Anwaltschaft auch unter dem Gesichtspunkt der Spezialisierung für geboten.

Bereits 1810 hatte *von Grolman* erste Überlegungen in der Richtung angestellt, dass Nur-Notare unter dem Gesichtspunkt der Spezialisierung besser für das Notariat geeignet seien, als die Advokaten „bey der für sie größeren Wichtigkeit der processualischen Geschäfte, für welche sie die Verantwortlichkeit haben".[739] Viele Befürworter des selbständigen Notariats hielten die Trennung des Notariats von der Advokatur auch unter diesem Aspekt für geboten.[740] Teil-

739 Ausführliches Handbuch, S. XXIII.

740 So z. B. Euler, Ueber das Notariat in Rheinpreußen, S. 8; Bopp, in: Weiske (Hrsg.), Rechtslexikon, Bd. 7, S. 378; Kurlbaum, Begründung zum Entwurf eines Gesetzes betreffend die Amtsstellung der Notare, GStA PK, I. HA Rep. 84 a, Nr. 2396, fol. 24, 41; Vleugels, Zeitschrift für das Notariat 1920, S. 118; Oberneck, Begründung zum Entwurf einer RNO, abgedruckt bei: Schubert (Hrsg.), Materialien zur Vereinheitlichung des Notarrechts, S. 266, 275; Grewe, Skizze v. 9. Dezember 1954 (o. Fußn. 508), S. 8; Präsident des OLG Bamberg, vgl. den Auszug aus seinem Bericht, Bundesarchiv Koblenz,

weise wurde darauf hingewiesen, dass das Notariat ganz andere Neigungen bzw. Fähigkeiten voraussetze als die Rechtsanwaltschaft.[741]

Besonders hervorgehoben wurden die Gesichtspunkte der Vorbildung und der praktischen Erfahrung.

Die Vorbildung der Rechtsanwälte für das Notariat wurde für mangelhaft gehalten.[742] Die Nur-Notare könnten durch ihre spezielle Ausbildung besser auf das Notariat vorbereitet werden, als das bei den Anwaltsnotaren möglich sei.[743] Das Notarassessorat stelle die beste Vorbereitung auf die notarielle Tätigkeit dar.[744]

Abgesehen von der Ausbildung könne der Anwaltsnotar nicht die gleiche praktische Erfahrung in den Notariatsangelegenheiten sammeln wie der Nur-Notar.[745]

B 141/2978, fol. 051 f.; Verein für das Rheinische Notariat, Seite 12 f. der Denkschrift vom April 1959, Bundesarchiv Koblenz, B 141/16889, Bl. 25 ff.

741 So wohl Kurlbaum, Begründung zum Entwurf eines Gesetzes betreffend die Amtsstellung der Notare, GStA PK, I. HA Rep. 84 a, Nr. 2396, fol. 24, 41. In diesem Sinne auch Heuser, Verh. d. Rheinischen Provinzial-Landtags, Bd. 33, S. 273 f.; Oberneck, Das Notariatsrecht der deutschen Länder, S. 4; Heckmann, DR 1933, S. 187, 190; ders., DNotZ 1935, S. 271, 275.

742 Oberneck, DNotV 1921, S. 30, 31; ders., Begründung zum Entwurf einer RNO, abgedruckt bei: Schubert (Hrsg.), Materialien zur Vereinheitlichung des Notarrechts, S. 266, 274.

743 Lehmann, Referat auf dem außerordentlichen Deutschen Notartag am 21. Oktober 1928 in Leipzig, vgl. DNotV 1928, S. 667, 680; Württembergischer Notarverein, vgl. S. 3. seiner Eingabe an das Justizministerium Baden Württemberg v. 29. August 1952, Akten der GDN, Bundesnotarordnung, Schriftwechsel; Justizministerium Rheinland-Pfalz, Rundschreiben an die Landesjustizverwaltungen und das BJM v. 9. Oktober 1955, Bundesarchiv Koblenz, B 141/2980, fol. 066 f.; Präsident des OLG Köln, Stellungnahme v. 13. Mai 1959, Akten des JM NRW, Az.: 3830-I A 49, Bd. VII, Bl. 249, 251.

744 GDN, Stellungnahme v. 12. März 1959, Bundesarchiv Koblenz, B 141/16889, Bl. 16, 18 ff.; Verein für das Rheinische Notariat, S. 5 f. und 11 f. der Denkschrift vom April 1959, Bundesarchiv Koblenz, B 141/16889, Bl. 25 ff.

745 Calman, Zeitschrift für das Notariat 1920, S. 121, 125 f.; Jost, Zeitschrift für das Notariat 1920, S. 126, 130; Lehmann, Referat auf dem außerordentlichen Deutschen Notartag am 21. Oktober 1928 in Leipzig, vgl. DNotV 1928, S. 667, 680 f.; Wolpers, Das Notariatsrecht, in: Frank, Hans (Hrsg.), Nationalsozialistisches Handbuch für Recht und Gesetzgebung, S. 1540, 1547; Schieck, DJZ 1934, Sp. 704, 706; Reichsfachgruppe Notare, S. 5 der Begründung des Entwurfs der Reichsfachgruppe Notare im BNDSJ, Bundesarchiv, R 3001/21365, Akte 4811, Bl. 3b. So auch die Befürworter des Nur-Notariats bei der Eröffnung der Reichsnotarkammer, vgl. Bericht über die Eröffnungssitzung der Reichsnotarkammer, DNotZ 1935, S. 252, 261 f.; Feyock, DNotZ 1952, S. 244, 249. Der Präsident des OLG Köln erklärte sogar, dass der Nur-Notar bereits bei

Über die Fortentwicklung des materiellen Rechts könnten sich die Nur-Notare ebenso durch das Studium der höchstrichterlichen Entscheidungen informieren wie die Rechtsanwälte.[746]

b) Die Position der Befürworter der Verbindung

Im Gegensatz dazu hatte das Kammergericht bereits im Jahre 1775 berichtet, dass die meisten Notare mit größter Flüchtigkeit vorgingen und die Interessen der Beteiligten nicht berücksichtigen. Nur diejenigen Notare, die auch Advokaten seien, würden sich durch Urteilskraft und ihre Kenntnisse auszeichnen.[747] Auch später wurde die Auffassung vertreten, dass das Notariat leide, wenn der Notar nicht gleichzeitig die Advokatur bekleide. Die Notariatsgeschäfte seien den Nur-Notaren zwar nach langer Übung geläufig, doch fehle „ihnen der Stoff, das am Angewöhnten sich findende Mangelhafte zu entdecken und zu verbessern."[748]

Für beide Berufe als vorteilhaft stufte *von Gneist* das Anwaltsnotariat ein:

> „Die Verbindung beider Functionen giebt dem Advocaten die schätzenswerthe Praxis der Cautelarjurisprudenz, dem Notar die wissenschaftlichere Auffassung seines Berufes, die Garantie gegen den leider oft handwerksmäßigen Betrieb des Notariats."[749]

Auch andere Befürworter des Anwaltsnotariats sahen in diesem Zusammenhang Vorteile der Verbindung für beide Seiten.[750] Teilweise wurde auch erklärt, dass die gebotene Spezialisierung auf materiell-rechtliche Teilgebiete durch die

---

seiner Ernennung über praktische Berufserfahrungen verfüge, vgl. seine Stellungnahme v. 13. Mai 1959, Akten des JM NRW, Az.: 3830-I A 49, Bd. VII, Bl. 249, 251.

746 Vgl. dazu Oberneck, Begründung zum Entwurf einer RNO, abgedruckt bei: Schubert (Hrsg.), Materialien zur Vereinheitlichung des Notarrechts, S. 266, 274 f.

747 Vgl. Weißler, Die Umbildung der Anwaltschaft unter Friedrich dem Großen, S. 123.

748 Puchta, Über die Grenzen des Richteramts, S. 157. In diesem Sinne äußerten sich auch das OLG Münster, Zusammenstellung des wesentlichen Inhalts der Berichte, abgedruckt bei: Schubert/Regge (Hrsg.), Gesetzrevision, Bd. 11.3, S. 1298 ff., 1311 und Sommer, Neues Archiv für preußisches Recht und Verfahren, sowie für deutsches Privatrecht 1843, S. 305, 329 f.

749 Freie Advocatur, S. 93. Dieser Auffassung schloss sich z. B. Raabe an, vgl. dessen Artikel „Das deutsche Notariat" in den Hamburger Nachrichten v. 25. Mai 1933, Bundesarchiv, R 3001/21364, Akte 4810, Bl. 86.

750 So z. B. Brinkmann, Über das Justizwesen, S. 36; Vorstand des deutschen Anwaltvereins, Schreiben an den Reichsjustizminister v. 29. Januar 1926, Bundesarchiv, R 3001/21364, Akte 4809, Bl. 204 f. Ähnlich äußerte sich auch der Verfasser des Artikels „Anwalt oder Notar?" im Berliner Börsen-Courier v. 24. Oktober 1929, Bundesarchiv, R 3001/21364, Akte 4810, Bl. 40.

Trennung von Anwaltschaft und Notariat nicht erreicht werden könne, weil die notarielle Tätigkeit das gesamte bürgerliche Recht, das Handelsrecht, das Wechselrecht, das Urheberrecht, das Prozessrecht und das gesamte Landesrecht umfasse.[751]

Hinsichtlich der Vorbildung wurde erklärt, dass der Anwaltsnotar aufgrund seiner umfassenderen Rechtskenntnisse besser zur Erledigung der Notariatsgeschäfte geeignet sei als der Nur-Notar. [752] Die Verbindung sichere die wissenschaftliche Ausübung des Notariats.[753] Die Anwaltstätigkeit sei eine gute Möglichkeit der Vorbereitung auf das Notariat.[754]

Zudem könne der Anwaltsnotar durch seine in der Prozesspraxis gewonnenen Erfahrungen das Notariat besser besorgen als der Nur-Notar,[755] der nicht die gleiche Gelegenheit wie der Anwaltsnotar habe, juristische Voraussicht und die Einsicht in die wahren Bestrebungen der Parteien zu entwickeln,.[756]

---

751 Vorstand der Anwaltskammer Hamm (Westf.), Schreiben an den Reichsjustizminister v. 24. Juli 1933, Bundesarchiv R 3001/21364, Akte 4810, Bl. 97.

752 Meißner, Deutsche Rechtsanwalts-Zeitung 1908, S. 136 f.; Josef, ZBlFG IX, S. 373, 376 ff.; ders., DNotV 1909, S. 235 f.

753 Stranz, DJZ 1906, Sp. 303. In diesem Sinne äußerte sich auch der Vorstand der Naumburger Anwaltskammer, der darauf hinwies, dass die bedeutendsten Werke über die freiwillige Gerichtsbarkeit von Rechtsanwaltsnotaren verfasst worden seien, vgl. DNotV 1909, S. 31, 39.

754 Alterthum, Artikel „Nur Anwalt? – Nur Notar?“ im Berliner Börsen-Courier v. 10. November 1929, Bundesarchiv, R 3001/21364, Akte 4810, Bl. 41g; Vorstand der Anwaltskammer Hamm (Westf.), Schreiben an den Reichsjustizminister v. 24. Juli 1933, Bundesarchiv, R 3001/21364, Akte 4810, Bl. 97. Der niedersächsische Justizminister war allerdings der Ansicht, dass längere Anwaltstätigkeit allein nicht ausreichend auf die notarielle Tätigkeit vorbereite, vgl. Schreiben v. 3. Januar 1958, Bundesarchiv Koblenz, B 141/16888, Bl. 75.

755 Brinkmann, Über das Justizwesen, S. 36; Meißner, Deutsche Rechtsanwalts-Zeitung 1908, S. 136 f.; Josef, ZBlFG IX, S. 373, 376 ff.; ders., DNotV 1909, S. 235 f. So auch der Abgeordnete Keil in der Sitzung des preußischen Abgeordnetenhauses v. 14. Mai 1909, vgl. DNotV 1909, S. 349, 350 f.; Regierungspräsident von Merseburg, Schreiben an den Reichsjustizminister v. 24. Januar 1933, Bundesarchiv, R 3001/21365, Akte 4811, Bl. 2; Kirchhof, Denkschrift v. 9. Mai 1956 an den Ausschuss für Rechtswesen und Verfassungsrecht im Bundeshaus in Bonn, Akten der RAK Düsseldorf, LArch NRW, Abteilung Rheinland, RW 552 Nr. 775, M 22 g; RAK Nordbaden, Denkschrift zum Initiativ-Gesetzentwurf zwecks Einführung des Anwaltsnotariats im Landesbezirk Nordbaden, Akten der GDN, Bundesnotarordnung, Entwürfe Protokolle, Teil I (jedenfalls im Hinblick auf die Amtsnotare – vgl. S. 8 der Denkschrift).

756 Vorstand der Anwaltskammer Hamm (Westf.), Schreiben an den Reichsjustizminister v. 24. Juli 1933, Bundesarchiv R 3001/21364 Akte 4810, Bl. 97.

c) Differenzierende Auffassungen

Abgesehen von den beiden bisher beschriebenen Positionen gab es auch differenzierende Auffassungen.

Teilweise wurde die Ansicht vertreten, die Verleihung des Notariats an Rechtsanwälte habe die alte Unwissenheit bei den Notaren beseitigt. Allerdings sei durch die Verbindung bei den Anwälten der „Geist wissenschaftlicher Forschung erstickt [worden] und bei vielen eine Verflachung“ eingetreten.[757]

Es gab auch die Meinung, dass beide Arten des freiberuflichen Notariats hinsichtlich der Vorbereitung auf die notarielle Tätigkeit zunächst gleich geeignet seien. Die Vervollkommnung der notariellen Fähigkeiten setze jedoch einen gewissen Umfang des Notariats voraus, so dass auch die Bestellung zum Anwaltsnotar von einem entsprechenden Bedürfnis abhängig gemacht werden solle.[758]

Sogar einige Anhänger des selbständigen Notariats erkannten an, dass die Erfahrungen des Rechtsanwalts, insbesondere seine regeren Kontakte zur Rechtsprechung und zum Publikum, für die notarielle Tätigkeit von Nutzen seien.[759] Meist waren sie jedoch der Ansicht, der Notar könne der anwaltlichen Praxis entbehren, zumal er sich auch auf andere Weise fortbilden könne[760] bzw. den Rechtsanwälten in den einschlägigen Rechtsgebieten überlegen sei[761]. Ein Teil von ihnen wollte die anwaltliche Berufserfahrung für das Notariat dadurch nutzbar machen, dass die Notare aus den Reihen der Rechtsanwälte rekrutiert werden sollten.[762]

---

757 Schlink, Der Gerichtssaal 1850, S. 51. In diesem Sinne auch v. Weinrich, AöR 1897, S. 405, 434 f.

758 Bühling, in: Kersten/Bühling, Formularbuch und Praxis der freiwilligen Gerichtsbarkeit, S. 6 f.

759 Faber, Verh. d. Vierten Deutschen Juristentages, Bd. 1, S. 53; Bohlmann, Zeitschrift für Gesetzgebung und Rechtspflege in Preußen 1871, S. 89, 104 f.; Weißler, Reform der vorbeugenden bürgerlichen Rechtspflege in Oesterreich, S 71 f.; Lütkemann, Anwalts-Notariat oder selbständiges Notariat, S. 69 und 82 f.; Vleugels, Zeitschrift für das Notariat 1909, S. 7, 14; Weisweiler, Gutachtliche Äußerungen, S. 50 f. Ähnlich äußerte sich auch Mügel, der jedoch zu bedenken gab, dass die notarielle Technik durch ausschließliche Notartätigkeit besser zu beherrschen sei, in: FS Oberneck, S. 3.

760 Faber, Verh. d. Vierten Deutschen Juristentages, Bd. 1, S. 53; Lütkemann, DNotV 1909, S. 137, 152; ders., Anwalts-Notariat oder selbständiges Notariat, S. 69 und 82 f.

761 So Vleugels, DNotV 1909, S. 496, 502 ff.

762 So z. B. v. Seybold , Die Rückwirkung der bevorstehenden Reformen, S. 69 ff.; Lütkemann, DNotV 1909, S. 137, 160 f.; ders., ZBlFG XX, S. 33, 36 f.; Schulze-Delitzsch, Für das selbständige Notariat, S. 20; Weisweiler, Gutachtliche Äußerungen, S. 51. Vgl. auch die Wortmeldung des Bundestagsabgeordneten Weber im Unteraus-

d) Eigene Stellungnahme

Beide Positionen können gute Argumente vorbringen: Das Notarassessoriat ist geeignet, den Notar besser auf die notarielle Tätigkeit vorzubereiten als dies allein die anwaltliche Tätigkeit vermag. Andererseits kann der Rechtsanwalt durch die Vertretung von Anwaltsnotaren Erfahrungen in notariellen Angelegenheiten sammeln. Das größere Aufkommen an notariellen Geschäften verschafft dem Nur-Notar eine größere Routine im Sinne der Anwendung des notariellen Handwerks. Andererseits können Erfahrungen aus der anwaltlichen Prozesspraxis auch von Vorteil für die notarielle Tätigkeit sein.

Die Vielzahl von Rechtsgebieten, die für die notarielle Tätigkeit relevant sind, und die Amtsgewährungspflicht des Notars gem. § 15 BNotO stehen einer Spezialisierung des Notars im Sinne einer Beschränkung auf einzelne materielle Rechtsgebiete entgegen. Da der Notar seine Mitwirkung bei Urkundstätigkeiten nach den §§ 20 bis 22 BNotO nicht verweigern darf, muss er das materielle Recht auf sämtlichen für die notarielle Tätigkeit in Betracht kommenden Gebieten beherrschen. Der für das Notariat geeignete Rechtsanwalt sollte dazu in gleicher Weise in der Lage sein.

Damit ist festzustellen, dass die Spezialisierung nicht als zwingendes Argument für das selbständige Notariat betrachtet werden kann.

6. Die Unabhängigkeit

a) Die Position der Befürworter der Trennung

Neben die bisher für die Trennung von Notariat und Rechtsanwaltschaft vorgetragenen Argumente trat ein weiteres, das der Unabhängigkeit, wobei hauptsächlich die der Advokatur thematisiert wurde.

Zunächst tauchte der Gedanke auf, dass sich die Advokaten durch die Annahme eines Nebenamtes, wie z. B. des Notariats ihrer Unabhängigkeit begeben würden.[763] Die Advokatur, die neben dem Recht auch Ehre, Freiheit und Leben der Mandanten zu beschützen habe, sei höher zu bewerten als das vorwiegend materiellen Interessen dienende Notariat und müsse von allen ihre Integrität be-

schuss Notarordnung des BT-Ausschusses für Rechtswesen und Verfassungsrecht v. 27. Februar 1957, Kurzprotokoll der 1. Sitzung des Unterausschusses Notarordnung des Ausschusses für Rechtswesen und Verfassungsrecht v. 27. Februar 1957 (o. Fußn. 559), S. 9.

763 So v. Hagen, Die Reform der Advokatur, S. 95 f. Zuvor hatte bereits Gans geäußert, dass die Advokatur von allen Handels-, Mäkler-und Kommissionsgeschäften befreit werden müsse: Von dem Amte der Fürsprecher vor Gericht, S. 220.

drohenden Einflüssen, also auch von allen Nebenbeschäftigungen einschließlich des Notariats ferngehalten werden.[764]

Später kam als weiterer Aspekt hinzu, dass sich die Unabhängigkeit der Advokatur nicht mit der bei den Notaren erforderlichen staatlichen Überwachung vertrage.[765]

Während die Rechtsanwaltschaft zur Erfüllung ihrer Aufgaben einer jede Einwirkung der Staatsgewalt auf die anwaltliche Tätigkeit im Einzelfall ausschließenden Unabhängigkeit bedürfe, müsse das Notariat der Staatsgewalt untergeordnet werden. Bei der Doppelstellung als Rechtsanwalt und Notar würde er theoretisch im Fall anwaltlicher Tätigkeit der Standesdisziplin unterliegen und bei Tätigkeit als Notar der Staatsdisziplin. Es sei jedoch zu erwarten, dass sich die strengere Staatsdisziplin in der Praxis auf beide Bereiche auswirken könne.[766]

Als problematisch wurde insbesondere angesehen, dass dieselbe Verfehlung von zwei verschiedenen Instanzen unterschiedlich geahndet werden könne[767] und dass die Aufsichtsbehörde auch das anwaltliche Verhalten des Anwaltsnotars überwachen müsse.[768]

---

764 Vgl. v. Hagen, Die Reform des Notariats in den altpreußischen Provinzen, S. 75. So wohl auch Prischl, Adocatur und Anwaltschaft, S. 355; v. Weinrich, AöR 1896, S. 1, 45; Kruse, Richteramt und Advokatur, S. 35 ff.; a. A. Weißler, DJZ 1897, S. 136, 160.

765 So v. Seybold, Zeitschrift für das österreichische Notariat 1862, S. 175, 176 f.; Faber, Verh. d. Vierten Deutschen Juristentages, Bd. 1, S. 52 f.; Braden, Beilage zu Nr. 14 zur DNotZ 1876, S. 5; Lingmann, Wortmeldung auf dem V. Deutschen Anwaltstag in Köln, Beilage zu Nr. 14 und 15 der JW 1876, S. 38; Lautz, Wortmeldung auf dem V. Deutschen Anwaltstag in Köln, Beilage zu Nr. 14 und 15 der JW 1876, S. 38; Trimborn, Wortmeldung in ersten Beratung des Gesetzes v. 13. April 1888, Stenogr. Berichte über die Verh. des Abgeordnetenhauses 1888, Bd. 2, S. 538 f.; v. Weinrich, Zur Reform der deutschen Rechtsanwaltschaft, S. 7, 16; ders., AöR 1896, S. 1, 43; Stranz, DJZ 1901, S. 357, 359 f.; Heckmann, DNotZ 1935, S. 271, 273 f.; Vorstand des DAV in der Vorstandssitzung am 9. Mai 1958, vgl. Schreiben des DAV an alle angeschlossenen Anwaltvereine und alle Vorstandsmitglieder v. 29. Juli 1960, Akten der RAK Düsseldorf, LArch NRW, Abteilung Rheinland, RW 552 Nr. 774, Bl. 198, 202 f.

766 Kurlbaum, Begründung zum Entwurf eines Gesetzes betreffend die Amtsstellung der Notare, GStA PK, I. HA Rep. 84 a, Nr. 2396. fol. 24, 51 f.; Rausnitz, Der Entwurf eines Gesetzes über die Angelegenheit der freiwilligen Gerichtsbarkeit, S. 57 f.

767 Stranz, DJZ 1901, S. 357, 360; ders., DJZ 1906, Sp. 303.

768 Oberneck, Begründung zum Entwurf einer RNO, abgedruckt bei: Schubert (Hrsg.), Materialien zur Vereinheitlichung des Notarrechts, S. 266, 278.

Teilweise wurde die Gefährdung der anwaltlichen Unabhängigkeit als das entscheidende Argument gegen die Verbindung der beiden Berufe angesehen.[769] Andererseits wurde gegen die Verbindung umgekehrt auch eingewandt, dass die anwaltliche Tätigkeit die notarielle Unabhängigkeit gefährde.[770]

b) Die Position der Befürworter der Verbindung

Diese Argumentation blieb nicht ohne Widerspruch. So wurde dagegen eingewandt, dass das Notariat kein weniger ideales Amt sei als die Rechtsanwaltschaft.[771] Das Notariat sei ein privater und mit der Advokatur sehr wohl vereinbarer Beruf.[772] Das gesicherte Einkommen aus dem Notariat schütze den Anwalt vor den Gefahren, denen Rechtsanwälte mit mangelndem Einkommen ausgesetzt sind.[773]

Die Doppeldisziplin sei unproblematisch. Disziplinarmaßnahmen gegen den Anwaltsnotar als Notar würden bei der ehrengerichtlichen Bestrafung derselben Handlung als Anwalt als Strafzumessungsgrund berücksichtigt, was zu einer „gerechten Verteilung der Bestrafung" führe und beiden Ständen „doppelten Halt" gebe.[774]

c) Eigene Stellungnahme

Die Bedenken gegen die Verbindung unter dem Gesichtspunkt der Unabhängigkeit der Advokatur waren offenbar nicht unbegründet. So hatte der preußische Justizminister *Friedberg* in der Sitzung des preußischen Abgeordnetenhauses vom 14. Februar 1880 offen zugegeben, über die im Falle der Verbindung bestehende Möglichkeit, den Rechtsanwälten das Notariat zu erteilen oder es ihnen zu versagen, könne Einfluss auf die Rechtsanwälte ausgeübt und so den mit der freien Advokatur verbundenen Gefahren begegnet werden. Auf diese Möglich-

---

769 Stranz, DJZ 1901, S. 357, 359 f.; ders.; DJZ 1906, Sp. 303; Wreschner, Wortmeldung auf Versammlung der deutschen Anwaltskammervorstände v. 10. Januar 1909, vgl. DNotV 1909, S. 169, 170.

770 Präsident des OLG Bamberg, Auszug aus einem Bericht, Bundesarchiv Koblenz, B 141/2978, fol. 051, 052; Präsident der Notarkammer Koblenz, S. 7 der Stellungnahme zur Frage einer Wiedereinführung des Anwaltsnotariats in den rechtsrheinischen Teilen von Rheinland-Pfalz v. 22. Oktober 1960, Bundesarchiv Koblenz, B 141/16892, Bl. 146, 151 f.

771 Weißler, DJZ 1897, S. 136, 160.

772 Weißler, Reform der vorbeugenden bürgerlichen Rechtspflege in Oesterreich, S. 71; Finger, Die Kunst des Notars, S. 86 f.

773 Weißler, DNotV 1908, S. 589, 620; Josef, ZBlFG IX, S. 373, 378 f.

774 Finger, Die Kunst des Notars, S. 82 ff.

keit wolle er nicht verzichten.[775] Auch zu Beginn des 20. Jahrhunderts wurde die Verbindung als wirksames Mittel des Staates zur Maßregelung angesehen, weil die Anwälte entweder bereits Notar waren oder es noch werden wollten.[776]

Allerdings ist diese Möglichkeit der Einflussnahme nicht zwingend mit der Verbindung von Notariat und Anwaltschaft verbunden. Einflussnahmen auf die noch nicht zum Notar ernannten Anwälte ließen sich verhindern, indem das Notariat jedem Anwalt verliehen wird; Einflussnahmen auf Anwaltsnotare können verhindert werden, indem das Notariat unabhängig vom Staat organisiert und einer Standesdisziplin unterstellt wird.

Nachdem der Notar gem. § 1 BNotO unabhängiger Träger eines öffentlichen Amtes und der Rechtsanwalt gem. § 1 der BRAO ein unabhängiges Organ der Rechtspflege ist, führt die Verbindung von Notariat und Anwaltschaft heute nicht mehr zu einer Gefährdung der anwaltlichen oder der notariellen Unabhängigkeit.

Das kumulative Zusammenwirken des notariellen Berufsrechts und des anwaltlichen Standesrechts und die damit verbundene Beurteilung von Verfehlungen nach dem jeweils strengeren Recht[777] erscheinen ebenfalls nicht als bedenklich. Auch in anderen Lebensbereichen wird derselbe Sachverhalt unter verschiedenen Aspekten rechtlich beurteilt.[778] Zudem nimmt der Rechtsanwalt das Nebeneinander von anwaltlichem und notariellem Berufsrecht mit der zusätzlichen Übernahme des Notariats bewusst in Kauf.

7. Historische Begründung

a) Die vertretenen Standpunkte

Vereinzelt wurde vertreten, die Verbindung der Rechtsanwaltschaft mit dem Notariat sei nicht „historisch“.[779] Ebenfalls in diese Richtung geht die Äußerung

775 Sten. Berichte über die Verh. der durch die Allerhöchste Verordnung v. 15. Oktober 1879 einberufenen beiden Häuser des Landtages, Abgeordnetenhaus, Bd. 2, S. 1743.

776 Rausnitz, Wortmeldung auf dem Kongress der Notare Deutschlands und Österreichs v. 7. September 1907, DNotV 1907, S. 641 f.

777 So auch der Disziplinarsenat für Richter in Essen, Beschluss v. 18. Oktober 1960 – W Y 6/60, DNotZ 1961, S. 164 (1. Leitsatz) und S. 165.

778 So im Straßenverkehr und im Sport, wo ein- und dieselbe Handlung z. B. zivilrechtlich, strafrechtlich und unter Umständen nach verbandsrechtlichen Regeln beurteilt wird.

779 Zum Beispiel von Traeger, Sten. Berichte über die Verh. der durch die Allerhöchste Verordnung v. 15. Oktober 1879 einberufenen beiden Häuser des Landtages, Abgeordnetenhaus, Bd. 2, S. 1742. Der Verein für das Rheinische Notariat sah dies ähnlich, vgl. S. 15 ff. seiner Denkschrift vom April 1959, Bundesarchiv Koblenz, B 141/16889, Bl. 25, 31 f. Vgl. auch S. 6 der Stellungnahme des Präsidenten der Notarkammer Kob-

der *GDN*, die Bestrebungen der Düsseldorfer und Kölner Rechtsanwälte zielten auf Einführung des Anwaltsnotariats „in Gebieten, in denen immer nur die Form des selbständigen, hauptberuflichen Notariats bestanden hat".[780]

b) Eigene Stellungnahme

Diese Darstellung einiger Befürworter des selbständigen Notariats ist unzutreffend.[781] Wie ein Blick auf das Edikt Kaiser Karls V. vom 3. August 1548 und auf die Reichskammergerichtsordnung von 1555 ergibt, war die Verbindung schon damals zulässig und keinesfalls unüblich.[782] Neu an der – zum Zeitpunkt der Äußerung von *Traeger* in Altpreußen bereits seit mehr als 80 Jahren bestehenden – Regelung der AGO war lediglich die zwingende Verbindung des Notariats mit der Rechtsanwaltschaft.[783]

8. Der Zugang zum Anwaltsnotariat

a) Die vertretenen Standpunkte

Auch die Tatsache, dass in Altpreußen im Gegensatz zu früheren Zeiten nicht mehr jeder Rechtsanwalt auch das Notariat erhalte, wurde kritisiert. Die Vergabe nach Verdienst sei ebenso problematisch wie die Verleihung nach dem Alter. Zudem sei die Benachteiligung jüdischer Rechtsanwälte zu beklagen.[784] Wegen der Ungleichbehandlung bei der Verleihung des Notariats sei dasselbe von der Anwaltschaft zu trennen.[785]

Nach anderer Ansicht war die Verleihung des Notariats an ältere Rechtsanwälte bzw. nach dem Dienstalter als unproblematisch anzusehen.[786]

Zur Lösung des Problems gab es verschiedene Vorstellungen. Sie reichten von der Verleihung des Notariats an jeden Anwalt mit seiner Zulassung[787] oder

---

lenz v. 22. Oktober 1960, Bundesarchiv Koblenz, B 141/16892, Bl. 146, 151; Schlick, Verh. d. BT, 3. Wahlp., S. 7440.

780 Stellungnahme v. 12. März 1959, Bundesarchiv Koblenz, B 141/16889, Bl. 16, 17.

781 Siehe oben B.I.

782 Conrad, DNotZ 1960, S. 3, 13; Bräutigam, in: FS Redeker, S. 563; Mihm, Berufsrechtliche Kollisionsprobleme beim Anwaltsnotar, S. 38 f.

783 So auch Bräutigam, in: FS Redeker, S. 563 f.

784 Weißler, DNotV 1905, S. 1, 4 f.

785 Wreschner, Wortmeldung auf Versammlung der deutschen Anwaltskammervorstände v. 10. Januar 1909, vgl. DNotV 1909, S. 169, 170.

786 Vorstand der Naumburger Anwaltskammer, DNotV 1909, S. 31, 35; Meißner, Deutsche Rechtsanwalts-Zeitung 1909, S. 7.

787 S. Meyer, JW 1908, S. 506, 507.

nach einer Wartezeit[788] bis dahin, nur bewährte Rechtsanwälte zu Notaren zu ernennen.[789]

Weißler zog neben der Einführung des selbständigen Notariats auch seine Vergabe an alle Rechtsanwälte und ein kombiniertes System mit selbständigem Notariat in den größeren Städten und Verleihung des Notariats an sämtliche Rechtsanwälte in den sonstigen Gebieten in Betracht.[790]

b) Eigene Stellungnahme

Unregelmäßigkeiten oder Ungerechtigkeiten bei der Verleihung des Notariats an Anwälte stellen kein überzeugendes Argument für die Abschaffung der Verbindung dar. Die Frage nach der Auswahl der Bewerber stellt sich ungeachtet der Notariatsform und muss unabhängig von ihr gelöst werden. Neben einer Freigabe des Notariats kommt hier auch die Verleihung an die am besten geeigneten Bewerber in Betracht. Allerdings kann die Bewährung in der von der preußischen Justizverwaltung verstandenen Form nicht als Eignungskriterium in Betracht kommen, weil sonst die anwaltliche Unabhängigkeit nicht mehr gewährleistet wäre.[791]

9. Die Überfüllung des Notariats

a) Die Position der Befürworter des selbständigen Notariats

Gegen die Verbindung wurde auch vorgebracht, dass die Anzahl der Notare als Folge des Anwaltsnotariats übermäßig angewachsen sei[792] und dass die Überfüllung des Notariats nur in den Gebieten des Anwaltsnotariats zu beklagen sei.[793]

---

788 Stranz, DJZ 1901, S. 357, 360. So wohl auch die Berliner Anwaltschaft, vgl. DNotV 1919, S. 65 f. und der preußische Justizminister, vgl. DNotV 1919, S. 271.

789 Regierungspräsident von Merseburg, Schreiben an den Reichsjustizminister v. 24. Januar 1933, Bundesarchiv, R 3001/21365, Akte 4811, Bl. 2.

790 DNotV 1910, S. 882, 899.

791 Siehe oben C.II.6.c.

792 So die Begründung zum Entwurf einer Notariatsordnung (für Österreich), Nr. 1045 der Beilagen zu den sten. Protokollen des Abgeordnetenhauses, XXI. Session 1911, Band 20/21, S. 79, 83.

793 Lehmann, Referat auf dem außerordentlichen Notartag v. 21. Oktober 1928, DNotV 1928, S. 669, 670.

Bei Trennung von Anwaltschaft und Notariat würden beide Berufe vor Überfüllung geschützt werden.[794]

b) Die Position der Befürworter der Verbindung

Die *Justizminister von Nordrhein-Westfalen*[795] und *Schleswig-Holstein*[796] erkannten nicht an, dass die Ernennung von Anwälten zu Anwaltsnotaren nach Ablauf der Wartezeit ohne Bedürfnisprüfung zu Problemen geführt habe.

Finger erklärte, die Überfüllung des Notariats sei kein spezifisches Problem des Anwaltsnotariats. Diese Gefahr, der durch den sparsameren Umgang mit der Verleihung des Notariats begegnet werden könne, bestehe auch beim selbständigen Notariat.[797] Soweit die Überfüllung des Anwaltsnotariats anerkannt wurde, wurde eine Lösung des Problems unter Beibehaltung des Anwaltsnotariats darin gesehen, neue Anwaltsnotare nur bei Vorliegen eines entsprechenden Bedürfnisses zu ernennen.[798]

c) Eigene Stellungnahme

Die Ursache der in den 1920er Jahren vorhandenen Überfüllung des Anwaltsnotariats dürfte nicht im Anwaltsnotariat selbst, sondern im Rückgang der notariellen Tätigkeit als Folge des Ersten Weltkrieges[799] sowie darin gelegen haben,

---

794 Schulze-Delitzsch, Für das selbständige Notariat, S. 19 f.; Oberneck, Begründung zum Entwurf einer RNO, abgedruckt bei: Schubert (Hrsg.), Materialien zur Vereinheitlichung des Notarrechts, S. 266, 276.

795 Schreiben an den Präsidenten des Zentral-Justizamtes v. 13. September 1947, Bundesarchiv Koblenz, Z 21/754, Bl. 44.

796 Schreiben an den Präsidenten des Zentral-Justizamtes v. 26. September 1947, Bundesarchiv Koblenz, Z 21/754, Bl. 45. Allerdings sollte wegen des Zustroms zur Anwaltschaft zum damaligen Zeitpunkt für eine Übergangszeit das Bedürfnis „zum mindesten mitentscheidender Faktor" für die Notarernennung sein.

797 Die Kunst des Notars, S. 85.

798 Vgl. Bericht über die Eröffnungssitzung der Reichsnotarkammer am 8./9. März 1935, DNotZ 1935, S. 252, 263; Präsident des OLG Braunschweig, Bericht an den Niedersächsischen Justizminister v. 25. April 1947, Bundesarchiv Koblenz, Z 21/754, Bl. 19 f.; Niedersächsischer Justizminister, Schreiben an den Präsidenten des Zentral-Justizamtes v. 13. Mai 1947, Bundesarchiv Koblenz, Z 21/754, Bl. 17 f.

799 Auch in den Gebieten des Nur-Notariats hatte der Krieg zu einer Verringerung der notariellen Geschäfte geführt, weshalb 1924 ein Notgesetz über die ausschließliche Zuständigkeit der rheinischen Notare erlassen wurde, vgl. DNotV 1924, S. 17.

dass die preußische Justizverwaltung nach dem Krieg zu viele Notare bestellt hatte.[800]

Ungeachtet der Verbindung kann einer Überfüllung des Notariats begegnet werden, indem die Ernennung von Notaren – gleich welchen Typs – nur bei Vorliegen eines entsprechenden Bedürfnisses erfolgt.

10. Die Existenzsicherung bei Trennung von Notariat und Rechtsanwaltschaft

a) Die vertretenen Standpunkte

Für die Trennung beider Disziplinen wurde weiter angeführt, dass bei einem Nebeneinander von Nur-Notariat und Rechtsanwaltschaft mehr Existenzen gesichert werden könnten als im Fall der Verbindung beider Berufe.[801] Auch „der Gesichtspunkt einer möglichst gerechten Verteilung der vom Juristenstand zu erfüllenden Aufgaben" wurde in diesem Zusammenhang für die Beibehaltung des Nur-Notariats angeführt.[802]

b) Eigene Stellungnahme

Ob im Falle der Trennung des Notariats von der Rechtsanwaltschaft tatsächlich mehr Personen von Notariat und Rechtsanwaltschaft leben können als bei der Verbindung der beiden Berufe, lässt sich aus meiner Sicht nicht beurteilen. Jedenfalls ist in diesem Zusammenhang darauf hinzuweisen, dass unter sozialen Gesichtspunkten auch die Lebensfähigkeit der Stellen auf dem Lande vielfach als Argument für die Verbindung des Notariats mit der Rechtsanwaltschaft angeführt wurde.[803]

Im Übrigen ist für die Frage der besseren Notariatsform nicht entscheidend, wie viele Menschen ihre Existenz mit der Erfüllung anwaltlicher und notarieller Aufgaben bestreiten können. Maßgebend muss vielmehr sein, ob diese Aufgaben bei der Trennung der beiden Berufe oder im Falle ihrer Verbindung besser erfüllt werden können.

---

800 So auch Bahr, Artikel „Das deutsche Notariat" in den Hamburger Nachrichten v. 30. Mai 1933, Bundesarchiv, R 3001/21364, Akte 4810, Bl. 87.

801 Schulze-Delitzsch, Für das selbständige Notariat, S. 19; Mügel, Grundzüge einer landesrechtlichen Justizreform, S. 107 f.; Oberneck, Begründung zum Entwurf einer RNO, abgedruckt bei: Schubert (Hrsg.), Materialien zur Vereinheitlichung des Notarrechts, S. 266, 276.

802 Grewe, Zusammenfassende Skizze v. 9. Dezember 1954 (o. Fußn. 508), S. 8.

803 Vgl. dazu unten C.III.1.

11. Der Schutz des Nur-Notariats durch Artikel 138 GG

a) Die vertretenen Standpunkte

Anlässlich einer Besprechung zwischen dem Vorstand der GDN und dem Bundesjustizminister *Dr. Dehler* vom 12. Dezember 1949 wurde erwogen, zu prüfen, inwieweit das Nur-Notariat durch das Grundgesetz gesichert sei.[804]

Dehler vertrat später die Ansicht, Art. 138 GG sei so auszulegen, dass in jedem Bundesland, in dem – auch nur in einem Landesteil – das Nur-Notariat bei Inkrafttreten des Grundgesetzes bestand, dieses nur mit Zustimmung des betreffenden Bundeslandes beseitigt werden könne.[805] Ein großer Teil der Landesjustizverwaltungen[806], die 28. Justizminister-Konferenz[807] und Vertreter des Nur-Notariats[808] traten dieser Auffassung bei. *Saage* hielt diese Ansicht zumindest für vertretbar.[809]

Dagegen wurde auch die Auffassung vertreten, Art. 138 GG schütze lediglich die bestehenden Notariatseinrichtungen in den in dieser Vorschrift aufgeführten Ländern.[810]

b) Eigene Stellungnahme

Die Auffassung, wonach Art. 138 GG das gesamte Nur-Notariat in seinem Bestand schütze ist unzutreffend und wird heute nicht mehr vertreten. Lediglich Änderungen der Notariatseinrichtungen in den in dieser Vorschrift aufgeführten

804 Vgl. S. 2 f. der Niederschrift über diese Besprechung, Akten der GDN, Bundesnotarordnung, Entwürfe Protokolle, Teil I.

805 Schreiben des BJM v. 10. Januar 1950, Akten der GDN, Bundesnotarordnung, Schriftwechsel.

806 Dies waren Bayern, Bremen, Hamburg, Koblenz, Niedersachsen, Schleswig-Holstein, Württemberg-Baden und Württemberg-Hohenzollern. NRW begrüßte diese Auslegung, vgl. Zilken, Aktennotiz über eine Besprechung mit Ministerialrat Dr. Bülow im Bundesjustizministerium am 19. Mai 1950, Akten der GDN, Bundesnotarordnung, Entwürfe Protokolle, Teil I.

807 Auszug aus dem Protokoll dieser Konferenz, Bundesarchiv Koblenz, B 141/16890, Bl. 122, 125 R.

808 Vgl. Notarkammer Koblenz, Schreiben an Saage v. 7. Oktober 1955, Bundesarchiv Koblenz, B 141/2980, fol. 059, 061; Verein für das Rheinische Notariat, Denkschrift vom April 1959, Bundesarchiv Koblenz, B 141/16889, Bl. 25, 27.

809 DNotZ 1956, S. 4, 10; DNotZ 1959, S. 439, 442.

810 Kirchhof, Denkschrift v. 9. Mai 1956 an den Ausschuss für Rechtswesen und Verfassungsrecht im Bundeshaus in Bonn, Akten der RAK Düsseldorf, LArch NRW, Abteilung Rheinland, RW 552 Nr. 775, M 22 g; Scheuner, Rechtsgutachten v. 30. August 1959 (o. Fußn. 596).

Ländern „Baden, Bayern, Württemberg-Baden und Württemberg-Hohenzollern“ bedürfen der Zustimmung der Landesregierungen dieser Länder.[811]

Weder das Nur-Notariat noch die übrigen Länder, in denen das Nur-Notariat bei Inkrafttreten des Grundgesetzes galt, finden in Art. 138 GG Erwähnung. Nach dem Wortlaut sind lediglich die bestehenden Notariatseinrichtungen in den dort aufgeführten Ländern der Bundesrepublik geschützt.

Ein Schutz der Notariatsverfassung in den nicht in dieser Vorschrift erwähnten Ländern war nicht beabsichtigt. Es sollten lediglich die Rechte der süddeutschen Länder gewahrt werden.[812]

Festzuhalten ist jedoch, dass Artikel 138 GG einer allgemeinen Einführung des Anwaltsnotariats entgegenstand, weil mit der dafür erforderlichen Zustimmung der bayerischen Landesregierung nicht gerechnet werden konnte. Allerdings stand diese Vorschrift auch der allgemeinen Einführung des Nur-Notariats entgegen, da die hierfür notwendige Zustimmung der Landesregierung von Baden-Württemberg nicht vorlag.[813]

III. Die Argumente für die Verbindung des Notariats mit der Advokatur

Die Befürworter einer Verbindung des Notariats mit der Advokatur beschränkten sich nicht lediglich darauf, die gegen diese Verbindung vorgebrachten Gründe zu widerlegen. Sie trugen auch mehrere für diese Verbindung sprechende Argumente vor.

1. Die Lebensfähigkeit

a) Die Position der Befürworter des Anwaltsnotariats

Schon bei Einführung des Justizkommissariats hatte die Überlegung, dass die außergerichtliche Rechtsberatung allein den Justizkommissaren kein ausrei-

---

811 Degenhart, in: Sachs (Hrsg.), Grundgesetz, Art. 138, Rn. 2; Höfling/Burkiczak, in: Friauf/Höfling (Hrsg.), Berliner Komm., Art. 138, Rn. 8; Klein, in: Maunz-Dürig, Grundgesetz-Kommentar, Art. 138, Rn. 6.

812 Vgl. die Bemerkung des Abgeordneten de Chapeaurouge, in der 30. Sitzung des Hauptausschusses des Parlamentarischen Rates v. 6. Januar 1949, Der Parlamentarische Rat, Bd. 14.1, S. 883 f.; Vgl. zur Entstehungsgeschichte auch Klein, in: Maunz-Dürig, Grundgesetz-Kommentar, Art. 138, Rn. 2.

813 Vgl. Saage, DNotZ 1961, S. 116, 121.

chendes Einkommen bieten würde, eine Rolle gespielt.[814] Der Gedanke, das Notariat vom Justizkommissariat zu trennen wurde sowohl 1810[815] als auch 1835[816] verworfen, um die Existenz der Justizkommissare nicht zu gefährden. Auch später sprach man sich unter diesem Gesichtspunkt für die Verbindung des Notariats mit der Anwaltschaft aus.[817]

Ein weiterer Vorteil der Verbindung wurde darin gesehen, dass sie die Niederlassung von Anwälten[818] oder Notaren[819] an Orten ermögliche, wo sie von

---

814 Vgl. Goßler, Gedanken über die Einrichtung der Justiz, S. 26; Sommer, Neues Archiv für preußisches Recht und Verfahren, sowie für deutsches Privatrecht 1843, S. 305, S. 326 f.

815 Reskript des Justizministers von Kircheisen v. 20. Oktober 1810, GStA PK I. HA Rep. 84 a, Nr. 40883, fol. 36; auch abgedruckt bei: Mathis, IX., S. 427 f.

816 Denkschrift zu den Grundzügen der Justiz-Einrichtung, abgedruckt bei: Schubert/Regge (Hrsg.), Gesetzrevision, Bd. 9.2, S. 1233, 1242 f. Vgl. auch § 128 des Entwurfs von 1835, abgedruckt bei: Schubert/Regge (Hrsg.), Gesetzrevision, Bd. 9.2, S. 1279.

817 So v. Hagen, Die Reform der Advokatur, S. 165 f.; v. Gneist, Freie Advocatur, S. 94; Rau, Wortmeldung auf dem V. Deutschen Anwaltstag, Beilage zu Nr. 14 und 15 der JW 1876, S. 38; Lasker, Wortmeldung in der zweiten Beratung des Entwurfs der Rechtsanwaltsordnung im Plenum des Reichstages am 11. Mai 1878, Sten. Berichte über die Verh. d. Reichstages, 3. Legislaturp., II. Session 1878. Bd. 2, S. 1242; Meißner, Deutsche Rechtsanwalts-Zeitung 1909, S. 7; Vorstand des DAV, Schreiben an den Reichsjustizminister v. 29. Januar 1926, Bundesarchiv, R 3001, Akte 4809, Bl. 204 f.; unbekannter Verfasser, Artikel „Anwalt oder Notar?“ im Berliner Börsen-Courier v. 24. Oktober 1929, Bundesarchiv, R 3001/21364, Akte 4810, Bl. 40; Schreiben des Dienstaufsicht führenden Richters am Amtsgericht Idar-Oberstein an den Präsidenten des LG Koblenz v. 2. Juli 1935, Abschrift im Bundesarchiv, R 3001/20783, Bl. 409 f.; Präsident des LG Koblenz, zitiert im Schreiben des Präsidenten des OLG Köln an den Reichsjustizminister v. 8. August 1935, Bundesarchiv, R 3001/20783, Bl. 402 f.; Ortsgruppe Idar-Oberstein im BNSDJ, Stellungnahme zur Frage des Notariats in Birkenfeld, Bundesarchiv, R 3001/20783, Bl. 446, 447 ff.; Präsident des OLG Celle, Entwurf einer Verordnung über das Notariat in Lippe und Schaumburg-Lippe, Bundesarchiv Koblenz, Z 21/753, Bl. 7 f.

818 Lombard, Ueber die bevorstehende Veränderung der Gesetze, S. 20 f.; Sommer, Neues Archiv für Preußisches Recht und Verfahren, sowie für Deutsches Privatrecht 1843, S. 305, 326 f.; Begründung des Gesetzentwurfs, betreffend die Vereinigung der Rechtsanwaltschaft und des Notariats im Geltungsbereich des Rheinischen Rechts v. 5. Oktober 1887, Verh. d. Rheinischen Provinzial-Landtags, Bd. 33, S. 102, 103 f. (auch abgedruckt bei: Menzen (Hrsg.), Gesetz über das Grundbuchwesen, S. 141, 143 f.); Bericht des preußischen Justizministers über die Justizverwaltung und Rechtspflege in Preußen 1882-1887 v. 27. Oktober 1887, Auszug in JW 1888, S. 5 , 7.; Referat des Provinzial-Verwaltungsrats, Verh. d. Rheinischen Provinzial-Landtags, Bd. 33, S. 92, 100; Stolterfoth, Verh. d. Rheinischen Provinzial-Landtags, Bd. 33, S. 277; Küster, Verh. d. Rheinischen Provinzial-Landtags, Bd. 33, S. 267, 272 ff.; Nebe-Pfugstaedt, Sten. Be-

der Prozesspraxis oder vom Notariat allein nicht leben könnten. Die Verbindung führe dazu, dass sich Rechtsanwaltschaft und Notariat gegenseitig förderten.[820]

Das Argument der Einkommensaufbesserung wurde noch in der Bundesrepublik für die Verbindung angeführt.[821]

b) Die Position des Befürworter des selbständigen Notariats

Das Problem, dass Rechtsanwälte ohne das Notariat unter Umständen kein genügendes Auskommen finden würden, war auch der Immediat-Justiz-Kommission bekannt, die es auf die zu kleinen Gerichtsbezirke und das damit einher gehende geringe Prozessaufkommen in Altpreußen zurückführte und durch die Bildung größerer Gerichtsbezirke für lösbar hielt.[822]

Nach anderen Überlegungen wurde das Argument der Lebensfähigkeit negiert, weil Justizkommissare bzw. Rechtsanwälte an Orten, an denen sie nicht

---

richte über die Verh. d. Abgeordnetenhauses 1888, Bd. 2, S. 537 f.; v. Zastrow, Sten. Berichte über die Verh. d. Abgeordnetenhauses 1888, Bd. 2, S. 539; Mehrheit der XIV. Kommission des preußischen Abgeordnetenhauses, vgl. deren Bericht (Nr. 94 der Drucksachen), abgedruckt bei: Menzen (Hrsg.), Gesetz über das Grundbuchwesen, S. 172, 175 f.; Berichterstatter Adams in der Schlussberatung d. preußischen Herrenhauses am 23. März 1888, Sten. Berichte über die Verh. d. Preußischen Herrenhauses 1888, Bd. 1, S. 49, 50 f.; Weißler, Reform der vorbeugenden bürgerlichen Rechtspflege in Oesterreich, S. 72 f.; ders., DJZ 1897, S. 136, 160; ders., DNotV 1903, S. 107, 108; ders., DNotV 1905, S. 1, 5 f.; Raabe, Artikel „Das deutsche Notariat" in den Hamburger Nachrichten v. 25. Mai 1933, Bundesarchiv, R 3001/21364, Akte 4810, Bl. 86.

819 Erklärung des preußischen Justizministers Friedberg in der Sitzung d. preußischen Abgeordnetenhauses v. 18. Februar 1888, Sten. Berichte über die Verh. d. Abgeordnetenhauses 1888, Bd. 2, S. 541; Küster, Verh. d. Rheinischen Provinzial-Landtags, Bd. 33, S. 267, 270 f.; Stolterfoth, Verh. d. Rheinischen Provinzial-Landtags, Bd. 33, S. 277 ff.; Klein, Verh. d. Rheinischen Provinzial-Landtags, Bd. 33, S. 287, 288 f.; XIV. Kommission des preußischen Abgeordnetenhauses, vgl. deren Bericht (Nr. 94 der Drucksachen), abgedruckt bei: Menzen (Hrsg.), Gesetz über das Grundbuchwesen, S. 172, 175 f.

820 Weißler, DNotV 1903, S. 107, 108; ders., DNotV 1906, S. 236, 237.

821 Reismann in der Sitzung des deutschen Bundestages am 9. Mai 1951, Verh. d. BT, 1. Wahlp., S. 5596; Ketteler, Schreiben an die RAK Düsseldorf v. 26. März 1954, Akten der RAK Düsseldorf, LArch NRW, Abteilung Rheinland, RW 552 Nr. 776, Bl. 60. Vgl. dazu auch das Schreiben des Präsidenten des OLG Köln an das JM NRW v. 25. September 1954, in dem er auf das Bedürfnis nach Notaranwälten in einigen abgelegenen Gebieten hinweist (Akten des JM NRW, Az.: 3830-I A 49, Bd. I, Bl. 139, 141 f.) und die Stellungnahme des nordrhein-westfälischen Justizministers an den Bundesjustizminister v. 10. November 1954 (Bundesarchiv Koblenz, B 141/2978, fol. 059, 061 f.).

822 IJK, Gutachten über das Notariat (o. Fußn. 651), fol. 2, 27.

ohne das Notariat existieren können, nicht hätten angestellt werden dürfen.[823] Nicht zusätzliche Erwerbsmöglichkeiten, sondern allein die Belange der Rechtspflege dürften maßgebend sein.[824] Gerade in kleinen Amtsbezirken seien bei der Verbindung Interessenkollisionen zu befürchten.[825]

Ein Interesse der Bevölkerung an der Niederlassung von Rechtsanwälten an allen Amtsgerichten wurde teilweise nicht anerkannt.[826] Der Nur-Notar sei als Berater auf dem Lande ausreichend,[827] zumal er in Rheinpreußen zur Parteivertretung vor den Amts- und Friedensgerichten befugt und als Ratgeber in allen nicht streitigen Angelegenheiten berufen gewesen sei.[828]

Orte mit unbesetzten Notarstellen könnten durch Abhaltung fester Terminstage von Nachbarnotaren versorgt werden.[829] Lebensfähige Notariate könnten auch durch eine Erweiterung der notariellen Kompetenzen erreicht werden.[830]

---

823 So v. Savigny, vgl. Relation betreffend die bei der schriftlichen Abstimmung über den Entwurf eines Gesetzes wegen anderweitiger Regulirung der Kompetenz der Notarien und Abänderung des Verfahrens bei Aufnahme notarieller Instrumente vorgebrachten Erinnerungen, abgedruckt bei: Schubert/Regge (Hrsg.), Gesetzrevision, Bd. 11.3, S. 1344, 1363. Ebenfalls in diese Richtung geht die Argumentation von Weisweiler, Gutachtliche Äußerungen, S. 52.

824 Feyock, DNotZ 1952, S. 244, 250.

825 Vgl. die Zuschriften in DNotV 1903, S. 101, 103; DNotV 1903, S. 104, 106; DNotV 1903, S. 106, 107 sowie Salzmann, DNotZ 1935, S. 7, 8 f.

826 Vertreter des rheinischen Notarvereins, Zeitschrift für das Notariat 1888, S. 41, 45 ff.; Courth, Verhandlungen des Rheinischen Provinzial-Landtags, Bd. 33, S. 274 f. So auch einige Mitglieder der XIV. Kommission des preußischen Abgeordnetenhauses, vgl. deren Bericht (Nr. 94 der Drucksachen), abgedruckt bei: Menzen (Hrsg.), Gesetz über das Grundbuchwesen, S. 172, 175 f.; Weisweiler, Gutachtliche Äußerungen, S. 52.

827 Völk, Wortmeldung in der zweiten Beratung des Entwurfs der Rechtsanwaltsordnung im Plenum des Reichstages am 11. Mai 1878, Sten. Berichte über die Verh. d. Reichstages, 3. Legislaturp., II. Session 1878. Bd. 2, S. 1251.

828 Standpunkt des Notariats zur Frage der Vereinigung der Rechtsanwaltschaft und des Notariats im Geltungsbereiche des Rheinischen Rechts, Zeitschrift für das Notariat 1887, S. 197, 204 f.; Kockerols, Die Notariatsbezirke in Deutschland und Österreich, S. 90.

829 So der Standpunkt des Notariats zur Frage der Vereinigung der Rechtsanwaltschaft und des Notariats im Geltungsbereiche des Rheinischen Rechts, Zeitschrift für das Notariat 1887, S. 197, 205 f. Vgl. auch unbekannten Verfasser, DNotV 1903, S. 101, 104 und Weisweiler, Gutachtliche Äußerungen, S. 54; Notarkammer Koblenz, Stellungnahme zu dem Entwurf eines Gesetzes zur Änderung der Notarordnung für das Land Rheinland-Pfalz an das JM Rheinland-Pfalz v. 4. Juli 1951, Akten der GDN, Bundesnotarordnung, Schriftwechsel (S. 2 f.).

830 So z. B. Kurlbaum, Begründung zum Entwurf eines Gesetzes betreffend die Amtsstellung der Notare, GStA PK, I. HA Rep. 84 a, Nr. 2396, fol. 24, 53 ff.; Bohlmann, Zeit-

Das Einkommen ließe sich durch die Verbindung nicht verbessern, da sich der Anwalt von den Parteien, gegen die er anwaltlich tätig werde, entfremde und diese ihn daher nicht als Notar in Anspruch nehmen würden.[831] Außerdem wurde darauf hingewiesen, dass sich die Zahl der Anwälte bei Trennung beider Berufe in den bisherigen Gebieten des Anwaltsnotariats verringern und dass sich die Einkommensverhältnisse der verbleibenden Anwälte dadurch verbessern würden.[832]

Selbst in der Anwaltschaft gab es Bedenken dagegen, dass sich die Lebensfähigkeit durch die Verbindung verbessern ließe. Da die Nur-Notare in den bisherigen Nur-Notariatsgebieten bei Einführung des Anwaltsnotariats zur Anwaltschaft zuzulassen wären, sei ein zusätzlicher Geschäftsanfall für die bisherigen Anwälte unwahrscheinlich. Zudem seien die Kosten der Berufshaftpflichtversicherung für Anwaltsnotare fast doppelt so hoch wie die Beiträge für die Haftpflichtversicherung der Rechtsanwälte.[833] Außerdem wurde bezweifelt, dass die Einführung des Anwaltsnotariats den tatsächlich bedürftigen Rechtsanwälten helfen werde.[834]

Später wurde teilweise erklärt, dass die Verbindung zur Schaffung lebensfähiger Stellen nicht erforderlich sei.[835] Die Einnahmen ließen sich auch durch andere Maßnahmen erhöhen, z. B. durch Zulassung der Amtsgerichtsanwälte beim übergeordneten Landgericht, Änderungen der amtsgerichtlichen Zuständigkeit

---

schrift für Gesetzgebung und Rechtspflege in Preußen 1871, S. 89, 105; Franz, DJZ 1907, Sp. 920, 924.

831 Notariatsverein für Elsaß-Lothringen, Denkschrift betreffend die Mittel zur Erhaltung des selbständigen Notariats in Elsaß-Lothringen, DNotZ 1898, S. 61, 68. Vgl. dazu auch die Schilderungen rheinischer Notare, DNotV 1903, S. 101, 103 f., DNotV 1903, S. 104, 105 f., DNotV 1903, S. 106, 107.

832 So v. Weinrich, Zur Reform der deutschen Rechtsanwaltschaft, S. 18 f.

833 Vorstand des DAV, Stellungnahme gegen eine über den Kompromiss hinausgehende Einführung des Anwaltsnotariats in der Vorstandssitzung am 9. Mai 1958, vgl. Schreiben des DAV an alle angeschlossenen Anwaltvereine und alle Vorstandsmitglieder v. 29. Juli 1960, Akten der RAK Düsseldorf, LArch NRW, Abteilung Rheinland, RW 552 Nr. 774, Bl. 198, 202 f.

834 So ausdrücklich für Nordbaden: Burkart, Schreiben v. 3. April 1950, Akten der GDN, Bundesnotarordnung, Schriftwechsel, S. 5 f., Präsident des LG Karlsruhe Schmidt in einer Besprechung mit Zilken und Martens am 6. August 1950, nach Vermerk von Zilken, Akten der GDN, Bundesnotarordnung, Entwürfe Protokolle, Teil I; Vorstand des Nordbadischen Notarvereins, Stellungnahme an das Württ.-Bad. Justizministerium zur Einführung des Anwaltsnotariats in Nordbaden, Akten der GDN, Bundesnotarordnung, Entwürfe Protokolle, Teil I (S. 4 f.).

835 Schulze-Delitzsch, Für das selbständige Notariat, S. 5 f., 21; Weisweiler, Gutachtliche Äußerungen, S. 52 ff.

und Erhöhung der Anwaltsgebühren[836] oder durch eine neue Grenzziehung der Amtsbezirke.[837]

c) Vermittelnde Position

Vielfach wurde anerkannt, dass eine Verbindung von Anwaltschaft und Notariat ausnahmsweise dort zugelassen werden könnte, wo beide Berufe für sich genommen nicht das Auskommen sichern könnten.[838] Das Gesetz betreffend die Vereinigung von Rechtsanwaltschaft und Notariat im Geltungsbereich des Rheinischen Rechts verdankt seine Entstehung dem Umstand, dass es dort viele lebensunfähige Notariatsstellen gab.[839] So bemerkte *Weisweiler* – als grundsätzlicher Gegner der Verbindung – zu seinen persönlichen Erfahrungen, dass ihn die gleichzeitige Tätigkeit als Notar und Rechtsanwalt „vollständig ernährte und … [ihm] Zeit und Mittel ließ …[,] die Welt zu bereisen“.[840]

Auch der Entwurf einer Reichsnotariatsordnung von *Oberneck* sah aus Rücksicht auf die an den kleineren Orten herrschenden Verhältnisse vor, dass die Verbindung des Notariats mit der Rechtsanwaltschaft dort durch den Landesgesetzgeber zugelassen werden könne.[841] Auch nach Gründung der Bundes-

836 So Schulze-Delitzsch, Für das selbständige Notariat, S. 21 ff.

837 So Gonella, vgl. Niederschrift über die Sitzung des Ausschusses der GDN zur Beratung des Bereinigungsgesetzentwurfes zur RNotO am 29. Juni 1953 in Köln, Akten der GDN, Bundesnotarordnung, Entwürfe Protokolle, Teil II, S. 4.

838 Sethe, vgl. oben C.II.1.b.bb.(3); Faber, Verh. d. Vierten Deutschen Juristentages, Bd. 1, S. 53; Bertheim, Wortmeldung auf dem 9. Deutschen Juristentag, Verh. d. Neunten Deutschen Juristentages, Bd. 3, S. 111 f.; Lehmann, Sten. Berichte über die Verh. d. Abgeordnetenhauses 1888, Bd. 2, S. 533 f.; v. Weinrich, AöR 1897, S. 405, 435 f.; Weißler, Reform der vorbeugenden bürgerlichen Rechtspflege in Oesterreich, S. 72 f.; ders., DNotV 1903, S. 1, 5 f.; ders., DNotV 1903, S. 107, 108 f.; ders., DNotV 1907, S. 548, 559; ders., DNotV 1908, S. 589, 617 ff.; Stranz, DJZ 1906, S. 303; Lütkemann, DNotV 1909, S. 137, 139 f.; ders., Anwalts-Notariat oder selbständiges Notariat, S. 70 f.; Finger, Die Kunst des Notars, S. 86; Mügel, Grundzüge einer landesrechtlichen Justizreform, S. 108, ders., in: FS Oberneck, S. 3 f.; Bahr, Artikel „Das deutsche Notariat“ in den Hamburger Nachrichten v. 30. Mai 1933, Bundesarchiv, R 3001/21364, Akte 4810, Bl. 87; Wolpers, DNotZ 1933, S. 675, 679; Lent, DNotZ 1934, S. 637, 640.

839 Vgl. die Begründung des Gesetzentwurfs, Nr. 53 der Drucksachen, abgedruckt bei: Menzen (Hrsg.), Gesetz über das Grundbuchwesen, S. 141, 145 f.; Stellungnahme des Provinzial-Verwaltungsrats, Verh. d. Rheinischen Provinzial-Landtags, Bd. 33, S. 92, 100.

840 Gutachtliche Äußerungen, S. 51.

841 § 2 des Entwurfs, abgedruckt bei: Schubert (Hrsg.), Materialien zur Vereinheitlichung des Notarrechts (1872-1937), S. 225, 232; Begründung zu § 2 des Entwurfs, abgedruckt bei: Schubert (Hrsg.), Materialien zur Vereinheitlichung des Notarrechts, S. 280 f.

republik wurde die Verbindung teilweise dort für notwendig gehalten, wo man weder von der Anwaltschaft noch vom Notariat allein leben könne.[842]

d) Eigene Stellungnahme

Die Schaffung lebensfähiger Anwalts- und Notarstellen wurde nicht nur von den Befürwortern des Anwaltsnotariats, sondern auch von vielen Gegnern der Verbindung als geeignetes Mittel angesehen, die Versorgung der Bevölkerung auf dem Land mit Notaren und Rechtsanwälten zu sichern. Aufgrund der geringen Mobilität der Bevölkerung lag es sowohl im 19. als auch zu Beginn des 20. Jahrhunderts im Interesse der Rechtspflege, dass sich auch in kleineren Ortschaften Rechtsanwälte und Notare niederließen. Dies sprach dafür, die Verbindung beider Berufe in den ländlichen Gebieten aufrecht zu erhalten bzw. zuzulassen.

Eine Trennung von Notariat und Anwaltschaft hätte mit großer Wahrscheinlichkeit die Existenz vieler Anwaltsnotare gefährdet. Um bei einer Trennung in den Gebieten des Anwaltsnotariats lebensfähige Notarstellen zu schaffen, hätten die notariellen Amtsbezirke vergrößert werden müssen, was wiederum die Erreichbarkeit der Notare für die Bevölkerung erschwert hätte.[843]

Auch die teilweise zur Lösung des Problems vorgeschlagene Abhaltung von Notartagen durch benachbarte Notare erscheint unter dem Aspekt der stets zu gewährleistenden Erreichbarkeit des Notars mindestens als ebenso problematisch wie die Verbindung des Notariats mit der Anwaltschaft.

Ob die Befürchtung, die Verbindung würde zu einer Schädigung der Einnahmen führen, die ihre Verbesserung mindestens aufwiegen würde, berechtigt war, erscheint dagegen angesichts der aus Altpreußen geschilderten Erfahrungen, wonach sich Rechtsanwaltschaft und Notariat dort gegenseitig gefördert hätten,[844] zumindest fraglich. Dabei ist jedoch zu bedenken, dass sich ein wirt-

---

842 Reismann, Verh. d. BT, 1. Wahlp., S. 5595 f.; Wehrens, Niederschrift über die Sitzung des Ausschusses der GDN zur Beratung des Bereinigungsgesetzentwurfes zur RNotO v. 29. Juni 1953, in: Akten der GDN, Bundesnotarordnung, Entwürfe Protokolle, Teil II (S. 4); Landesjustizverwaltung Hamburg, Schreiben an das BJM v. 1. Februar 1960, Bundesarchiv Koblenz, B 141/16891, Bl. 44 f.; Seidl und Eicher, Wortmeldungen in der 99. Sitzung des BT-Rechtsausschusses v. 17. März 1960, 3. Deutscher Bundestag, (12.) Rechtsausschuß, Protokolle, Bd. 5, S. 31; Präsident der Anwaltskammer Koblenz, Schreiben an den Präsidenten der RAK Düsseldorf v. 3. Februar 1955, Akten der RAK Düsseldorf, LArch NRW, Abteilung Rheinland, RW 552, Nr. 775, Bl. 7.

843 Siehe oben C.II.4.b.

844 Siehe oben C.III.1.a.

schaftlicher Vorteil bei einem zu geringen Aufkommen an Notariatsgeschäften nicht erreichen lässt.[845]

Zu berücksichtigen ist außerdem, dass die Verbindung gerade in kleinen Orten großes Konfliktpotential in sich birgt, weil dort Vorbefassungen oder Vorkenntnisse besonders häufig auftreten werden. Von einigen Kritikern wurde die Verbindung zu Recht gerade bei ländlichen Verhältnissen als problematisch angesehen, weil in kleineren Bezirken Kollisionsfälle eher zu befürchten sind.[846]

2. Die Verstaatlichung des Notariats

a) Die vertretenen Standpunkte

Offenbar ausgehend von der Erkenntnis, dass eine Verstaatlichung des Notariats dessen Trennung von der Rechtsanwaltschaft voraussetze,[847] erklärte *Rausnitz*, dass bei Trennung des Notariats von der Rechtsanwaltschaft die Verstaatlichung des Notariats drohe.[848] *Lütkemann* hielt diese Befürchtung für unbegründet.[849] Eine Verstaatlichung des Notariats und die Anstellung des Notars gegen eine feste Besoldung lehnte er ab.[850]

Spätere Befürchtungen, das Notariat könne verstaatlicht werden, standen offenbar nicht im Zusammenhang mit der Frage der Verbindung von Anwaltschaft und Notariat, sondern mit der Einführung einer Abgabe auf die Notariatsgebühren an den Staat. 1922 wurde ein außerordentlicher Notartag abgehalten, der sich unter anderem mit diesem Thema befasste.[851] Dort wurde beschlossen, die „Verstaatlichung des Notariats auch in der Form einer teilweisen Abgabe der Notariatsgebühren an den Staat … mit aller Entschiedenheit abzulehnen und zu bekämpfen.“[852]

---

845 So Bühling, in: Kersten/Bühling, Formularbuch und Praxis der freiwilligen Gerichtsbarkeit, S. 7.

846 Siehe oben C.III.1.b.

847 S. Meyer, JW 1908, S. 506, 507.

848 JurLitBl. 1909, S. 117.

849 Anwalts-Notariat oder selbständiges Notariat, S. 73.

850 Anwalts-Notariat oder selbständiges Notariat, S. 87 f. Ebenso Schulze-Delitzsch, Für das selbständige Notariat, S. 16.

851 Als Tagesordnungspunkt 1 war „Die Gefahr der Verstaatlichung des freien Notariats durch Einführung der Erhebung einer Abgabe von den Notariatsgebühren an den Staat und die Bedenken gegen eine solche Abgabe als solche, insbesondere mit Rücksicht auf den Entwurf einer Preußischen Gebührenordnung für Notare“ vorgesehen, vgl. DNotV 1922, S. 49.

852 Vgl. DNotV 1922, S. 99. Dem schloss sich der Deutsche Juristenbund an, vgl. DNotV 1922, S. 152, 153.

Noch 1929 bat *Oberneck* den Reichsjustizminister darum, „etwaige Bestrebungen auf Verstaatlichung des Notariats, wie sie nach seinen Informationen in Bayern und Braunschweig beabsichtigt sein sollen, bis auf weiteres zu hemmen.“[853] Der Reichsjustizminister erklärte daraufhin, dass entsprechende Anträge in Bayern abgelehnt worden und aus Braunschweig nicht bekannt seien.[854]

b) Eigene Stellungnahme

Zunächst ist die Frage nach der Vereinbarkeit des Notariats mit der Advokatur von der weiteren Frage zu unterscheiden, ob das Notariat von staatlichen Behörden oder von externen Trägern eines öffentlichen Amtes besorgt werden soll. Dabei kann auch der selbständige Notar unabhängiger Träger eines öffentlichen Amtes sein,[855] so dass das Nur-Notariat nicht notwendig eine Verstaatlichung des Notariats zur Folge hat. Die Beantwortung der ersten Frage ist für die weitere Frage insofern von Bedeutung, als eine Verstaatlichung des Notariats von vornherein nicht in Betracht kommt, wenn das Notariat mit der freien Rechtsanwaltschaft verbunden ist. Danach steht die Existenz des Anwaltsnotariats neben dem Nur-Notariat der allgemeinen Verstaatlichung des Notariats entgegen.

3. Die Verfassungswidrigkeit des Nebeneinander der unterschiedlichen Notariatsformen

a) Die Position der Rechtsanwälte um Wilde

Wilde begründete seine Forderung auf Einführung des Anwaltsnotariats in ganz Nordrhein-Westfalen damit, dass die unterschiedliche Regelung des Zugangs zum Notariat im Oberlandesgerichtsbezirk Düsseldorf verfassungswidrig sei[856]

853 Schreiben an das RJM v. 21. Januar 1929, Bundesarchiv R 3001/21364, Akte 4810, Bl. 15. Eine Abschrift befindet sich in den Akten der GDN, Bundesnotarordnung, Entwürfe Protokolle, Teil I.

854 Schreiben des Reichsjustizministers v. 8. Februar 1929 an den Deutschen Notarverein, Bundesarchiv R 3001/21364, Akte Nr. 4810, Blatt 19.

855 Vgl. § 2 RNotO und § 1 BNotO, die nicht zwischen selbständigen und Anwaltsnotaren unterscheiden.

856 Antrag v. 19. Oktober 1953 an die RAK Düsseldorf, Akten der RAK Düsseldorf, LArch NRW, Abteilung Rheinland, RW 552 Nr. 776, Bl. 1; Schreiben an den Vorstand der RAK Düsseldorf v. 23. Juli 1959, Akten des JM NRW, Az.: 3830-I A 49, Bd. VII, Bl. 277, 279 ff.

und gegen die Artikel 3, 2 und 12 GG verstoße.[857] Zahlreiche Rechtsanwälte aus dem Düsseldorfer Kammerbezirk hielten die unterschiedlichen Bestimmungen für die Zulassung zum Notariat ebenfalls für verfassungswidrig.[858]

In den unterschiedlichen Zugangsvoraussetzungen wurden Verstöße gegen die Artikel 3 und 12 GG gesehen.[859] Das Nur-Notariat stelle für Rechtsanwälte eine nicht gerechtfertigte objektive Zugangsbeschränkung „mit der Wirkung einer Berufssperre" dar.[860] Darüber hinaus verstoße es insbesondere gegen das Verbot der Benachteiligung aufgrund der Herkunft (Art. 3 Abs. 3 S. 1 GG), bzw. gegen Art. 33 Abs. 2 GG, der den gleichen Zugang zu jedem öffentlichen Amte gewähre.[861]

---

857 Wortmeldung auf der Versammlung der Düsseldorfer Rechtsanwaltskammer v. 8. Mai 1954, Akten der RAK Düsseldorf, LArch NRW, Abteilung Rheinland, RW 552 Nr. 776, Bl. 82 ff.

858 Kevelaer, Schreiben an die RAK Düsseldorf v. 16. November 1953, Akten der RAK Düsseldorf, LArch NRW, Abteilung Rheinland, RW 552 Nr. 776, Bl. 7; Görgens, Schreiben an die RAK Düsseldorf v. 16. November 1953, Akten der RAK Düsseldorf, LArch NRW, Abteilung Rheinland, RW 552 Nr. 776, Bl. 8; Weiser, Schreiben v. 17. November 1953, Akten der RAK Düsseldorf, LArch NRW, Abteilung Rheinland, RW 552 Nr. 776, Bl. 9; Pommer, Schreiben v. 22. Dezember 1953, Akten der RAK Düsseldorf, LArch NRW, Abteilung Rheinland, RW 552 Nr. 776 Bl. 42; Geile/Henze/Schulze-Haben, Schreiben v. 10. Februar 1954, Akten der RAK Düsseldorf, LArch NRW, Abteilung Rheinland, RW 552 Nr. 776, Bl. 52 ff.

859 Kirchhof, Denkschrift v. 9. Mai 1956, Akten der RAK Düsseldorf, LArch NRW, Abteilung Rheinland, RW 552 Nr. 775, M 22 g.; ders., Schreiben an den BR v. 20. Januar 1958, Akten der RAK Düsseldorf, LArch NRW, Abteilung Rheinland, RW 552 Nr. 774, Bl. 32; Rechtsanwaltskammer Koblenz, Resolution v. 23. Januar 1960, Bundesarchiv Koblenz, B 141/16891, Bl. 61; Kaiser, Gutachten (für die RAK Düsseldorf) zur Verfassungsmäßigkeit des Ausschlusses der Rechtsanwälte vom Notariat in den Gebieten des Rheinischen Nur-Notariats v. 25. August 1961, Akten der RAK Düsseldorf, LArch NRW, Abteilung Rheinland, RW 552 Nr. 773, Bl. 22, 54 f.

860 So Kaiser, Gutachten v. 25. August 1961, Akten der RAK Düsseldorf, LArch NRW, Abteilung Rheinland, RW 552 Nr. 773, Bl. 22, 54 f.

861 Kirchhof, Denkschrift v. 9. Mai 1956, Akten der RAK Düsseldorf, LArch NRW, Abteilung Rheinland, RW 552 Nr. 775, M 22 g; ders., Schreiben an den BR v. 20. Januar 1958, Akten der RAK Düsseldorf, LArch NRW, Abteilung Rheinland, RW 552 Nr. 774, Bl. 32.

b) Die herrschende Meinung

Die überwiegende Meinung ging davon aus, dass das Nebeneinander unterschiedlicher Notariatsverfassungen mit dem Grundgesetz vereinbar sei.[862] Selbst Teile der Düsseldorfer Anwaltschaft teilten diese Ansicht.[863]

Insbesondere verstießen die den Zugang zum Notariat regelnden Bestimmungen der Reichsnotarordnung nicht gegen die Artikel 12 und 3 GG.[864]

Das Notariat sei kein freier Beruf, sondern ein öffentliches Amt, so dass kein Rechtsanspruch auf seine Übertragung bestehe und nur der gleiche Zugang gem. Art. 33 Abs. 2 GG gewährleistet werden müsse.[865] Eine den Bedürfnissen der Rechtspflege entsprechende Beschränkung der Notarstellen sei gerechtfertigt, weil der Notar Aufgaben der vorsorgenden Rechtspflege wahrzunehmen habe und ein öffentliches Amt ausübe.[866]

Ein Verstoß gegen den Gleichheitsgrundsatz liege nicht vor, da die unterschiedliche Rechtslage in den verschiedenen Landgerichtsbezirken des Oberlandesgerichtsbezirks Düsseldorf nicht auf Willkür, sondern auf traditionell ver-

---

862 Grewe, Zusammenfassende Skizze v. 9. Dezember 1954 (o. Fußn. 508); Scheuner, Rechtsgutachten v. 30. August 1959 (o. Fußn. 596), Bundesarchiv Koblenz, B 141/16890, Bl. 80, 89 ff., 114 f.; Saage, Vermerk v. 20. Oktober 1959, der die Zustimmung zum Gutachten von Scheuner dokumentiert, Bundesarchiv Koblenz, B 141/16890, Bl. 79; Seidl, Referat in der 96. Sitzung des BT-Rechtsausschusses v. 26. Februar 1960, 3. Deutscher Bundestag, (12.) Rechtsausschuß, Protokolle, Bd. 5, S. 3, 16. Vgl. auch OVG Münster, Beschl. v. 27. Februar 1959 – II A 446/57, DNotZ 1959, S. 438, 439.

863 Blumberg, Schreiben an den Präsidenten der RAK Düsseldorf v. 4. Dezember 1953, Akten der RAK Düsseldorf, LArch NRW, Abteilung Rheinland, RW 552 Nr. 776, Bl. 24 ff.; Wiedemann, Schreiben an Wilde v. 5. Dezember 1953, Akten der RAK Düsseldorf, LArch NRW, Abteilung Rheinland, RW 552 Nr. 776, Bl. 27 f.; Hahn I (der allerdings trotzdem den Antrag von Wilde unterstützte), Schreiben an die RAK Düsseldorf v. 19. Dezember 1953, Akten der RAK Düsseldorf, LArch NRW, Abteilung Rheinland, RW 552 Nr. 776, Bl. 38 f.

864 Gutachten der Hans-Soldan-Stiftung v. 7. März 1955, Akten der RAK Düsseldorf, LArch NRW, Abteilung Rheinland, RW 552 Nr. 775, Bl. 26, 39 ff.

865 Grewe, Zusammenfassende Skizze v. 9. Dezember 1954 (o. Fußn. 508), S. 11 f.; Scheuner, Rechtsgutachten v. 30. August 1959 , Bundesarchiv Koblenz, B 141/16890, Bl. 80, 89 ff.; Bescheid des JM NRW (an RA Knop) v. 14. März 1956, Gesch.-Z.: III K 361 – I A (Abschrift in den Akten der RAK Düsseldorf, LArch NRW, Abteilung Rheinland, RW 552 Nr. 775, Bl. 157 f.).

866 Scheuner, Rechtsgutachten v. 30. August 1959 (o. Fußn. 596), Bundesarchiv Koblenz, B 141/16890, Bl. 80, 100.

wurzelter Ungleichheit beruhe.[867] Teilweise wurde insoweit vertreten, dass der Gesetzgeber im Falle einer Neuregelung des Notariatsrechts eine Angleichung vornehmen müsse.[868] Nach anderer Auffassung wurde unter Hinweis auf Artikel 138 GG erklärt, dass selbst die Aufrechterhaltung der unterschiedlichen Notariatsverfassungen innerhalb eines Landes durch den Gesetzgeber nicht gegen Artikel 3 GG verstoße.[869]

c) Eigene Stellungnahme

Das Nebeneinander der verschiedenen Notariatsformen in der Bundesrepublik ist mit dem Grundgesetz vereinbar. Es verletzt weder die Grundrechte noch sonstiges Verfassungsrecht.

aa) Die Vereinbarkeit mit Grundrechten

(1) Die Vereinbarkeit mit Artikel 12 GG

Der Anwendungsbereich von Artikel 12 GG ist eröffnet, da diese Vorschrift grundsätzlich für alle Berufe – auch für staatlich gebundene Berufe und für Berufe innerhalb eines öffentlich-rechtlichen Dienstverhältnisses – gilt.[870]

Bei den staatlich gebundenen Berufen kann das Grundrecht der freien Berufswahl eingeschränkt werden. Je größer die Nähe des Berufs zum öffentlichrechtlichen Dienstverhältnis ist, desto stärker dürfen diese Einschränkungen sein.[871] Der Notar ist als Träger eines öffentlichen Amtes in die unmittelbare Nähe des Beamten gerückt. Er nimmt staatliche Aufgaben wahr, weil er auf dem Gebiet der vorsorgenden Rechtspflege tätig wird.[872] Seine Beurkundungen genießen öffentlichen Glauben.[873] Der Notar hat einen Amtssitz (§ 10 BNotO) und

---

867 Grewe, Zusammenfassende Skizze v. 9. Dezember 1954 (o. Fußn. 508), S. 7 f.; Scheuner, Rechtsgutachten v. 30. August 1959 (o. Fußn. 596), Bundesarchiv Koblenz, B 141/16890, Bl. 80, 109 ff.; Bescheid des JM NRW (an RA Knop) v. 14. März 1956, Gesch.-Z.: III K 361 – I A (Abschrift in den Akten der RAK Düsseldorf, LArch NRW, Abteilung Rheinland, RW 552 Nr. 775, Bl. 157 f.); OVG Münster, Entscheidung v. 18. Oktober 1960 – II A 1492/59 (Abschrift in den Akten der RAK Düsseldorf, LArch NRW, Abteilung Rheinland, RW 552 NR. 774, Bl. 209, 216 f.).

868 Grewe, Zusammenfassende Skizze v. 9. Dezember 1954 (o. Fußn. 508), S. 8.

869 Scheuner, Rechtsgutachten v. 30. August 1959 (o. Fußn. 596), Bundesarchiv Koblenz, B 141/16890, Bl. 80, 110 ff.

870 BVerfGE 7, S. 377, 397 f.; 11, 30, 40; BVerfG, DNotZ 1963, S. 621, 625.

871 BVerwG, Urteil v. 27. September 1961, 1 C 148.60, veröffentlicht in MDR 1962, S. 503.

872 BVerfG, DNotZ 1963, S. 621, 626.

873 BVerwG, Urteil v. 27. September 1961, 1 C 148.60, veröffentlicht in MDR 1962, S. 503.

einen Amtsbezirk (§ 11 BNotO). Er führt ein Amtssiegel (§ 2 S. 2 BNotO), leistet einen Amtseid (§ 13 BNotO). Er darf nicht zugleich Inhaber eines besoldeten Amtes sein, für Nebenbeschäftigungen und den Eintritt in Gesellschaftsorgane benötigt er eine Genehmigung (§ 8 BNotO). Die Beziehungen zwischen dem Notar und den Rechtsuchenden sind öffentlich-rechtlich geregelt. Für seine Tätigkeit erhält er gesetzlich festgelegte Gebühren (§ 140 KostO). Gegen seine Verweigerung der Amtstätigkeit ist das Rechtsmittel der Beschwerde gegeben (§ 15 BNotO). Die schuldhafte Verletzung von Amtspflichten löst einen Amtshaftungsanspruch aus (§ 19 BNotO i. V. m. § 839 BGB) und wird als Dienstvergehen im Dienststrafverfahren verfolgt (§§ 95 f. BNotO).[874]

Bereits aufgrund des hoheitlichen Charakters der notariellen Tätigkeit ist der Gesetzgeber in der Regelung des Notariats weitgehend frei. Soweit er hoheitliche Aufgaben aus dem behördlichen Bereich ausgliedert und Personen überträgt, die nicht in einem öffentlich-rechtlichen Dienstverhältnis stehen, kann er den Umfang, in dem er sich seiner Befugnisse begeben will, bestimmen.[875]

Vor diesem Hintergrund ist das Grundrecht Berufsfreiheit aus Art. 12 GG durch das hauptberufliche Notariat nicht verletzt.

(2) Die Vereinbarkeit mit Artikel 3 GG

Ein Verstoß gegen Art. 3 Abs. 3 GG kommt nicht in Betracht. Die Notariatsverfassung ist für verschiedene Gebiete unterschiedlich, aber innerhalb dieser Gebiete jeweils für alle Bewerber gleich geregelt, so dass eine Differenzierung nach Heimat und Herkunft oder nach Abstammung zwischen ihnen nicht stattfindet.[876]

Der allgemeine Gleichheitssatz aus Art. 3 Abs. 1 GG ist ebenso wenig verletzt. Das Grundgesetz geht ausdrücklich vom Bestehen unterschiedlicher Notariatsverfassungen aus.[877] Nicht nur unter Geltung der Reichsnotarordnung war das Nebeneinander der verschiedenen Notariatsformen mit dem Gleichheitssatz vereinbar;[878] auch die Beibehaltung der verschiedenen Notariatsformen durch das Gesetz über Maßnahmen auf dem Gebiete des Notariats und die

874 BVerfG, DNotZ 1963, S. 621, 626 f.

875 BVerwG, Urteil v. 27. September 1961, 1 C 148.60, veröffentlicht in MDR 1962, S. 503.

876 BVerwG, Urteil v. 27. September 1961, 1 C 148.60, veröffentlicht in MDR 1962, S. 503, 504; BVerfGE 17, S. 381, 389.

877 Dies folgt aus Art. 138 GG, wonach die Änderung der unterschiedlichen Notariatsverfassungen Baden, Bayern, Württemberg-Baden und Württemberg-Hohenzollern der Zustimmung dieser Länder bedarf. Vgl. auch BGHZ 38, S. 228, 232.

878 So allerdings Grewe, Zusammenfassende Skizze v. 9. Dezember 1954 (o. Fußn. 508), S. 8.

Bundesnotarordnung verstößt nicht gegen Art. 3 Abs. 1 GG.[879] Der Gesetzgeber sah die Beibehaltung des Status quo wegen der tiefen Verwurzelung der unterschiedlichen Notariatsformen in den jeweiligen Rechtsgebieten und der Tatsache, dass eine Vereinheitlichung des Notariats erheblichen Schwierigkeiten begegnet wäre, als geboten an. Da diese Entscheidung von sachlichen, in der Eigenart der Materie liegenden Gründen getragen wird, ist sie nicht zu beanstanden.[880]

bb) Die Gesetzgebungskompetenz des Bundes

Der Bundesgesetzgeber ist auch für die Regelung des Notariats zuständig gewesen. Die Reichsnotarordnung war nach Art. 125 GG Bundesrecht geworden, so dass sie nur vom Bundesgesetzgeber neu geregelt werden konnte.[881]

cc) Zwischenergebnis

Das Nebeneinander von Nur-Notariat und Anwaltsnotariat ist mit dem Grundgesetz vereinbar.[882] Der Gleichheitssatz wurde von den Düsseldorfer Rechtsanwälten offenbar nur bemüht, um die aus wirtschaftlichen Gründen erstrebte Einführung des Anwaltsnotariats rechtlich begründen zu können.[883] Im Übrigen wäre eine Vereinheitlichung der Notariatsverfassung auch durch eine flächendeckende Einführung des selbständigen Notariats möglich gewesen, so dass die angebliche Verfassungswidrigkeit des Nebeneinander verschiedener Notariatsverfassungen nicht als Argument für die Einführung des Anwaltsnotariats angesehen werden kann.

---

879 BVerfGE 17, S. 381, 387 f.; BGHZ 38, S. 228, 232; Degenhart, in: Sachs (Hrsg.), Art. 138, Rn. 3; Höfling/Burkiczac, in: in: Friauf/Höfling (Hrsg.), Berliner Komm., Art. 138, Rn. 12; Klein, in: Maunz-Dürig, Grundgesetz-Kommentar, Art. 138, Rn. 16.

880 BVerfGE 17, S. 381, 388 f. unter Hinweis auf BT-Drucks. 3/zu 2128.

881 BVerfGE 11, S. 192, 199; 17, S. 381, 389. Vgl. auch GDN, Stellungnahme v. 12. März 1959, Bundesarchiv Koblenz, B 141/16889, Bl. 16, 20 f.; Verein für das Rheinische Notariat, Denkschrift vom April 1959, Bundesarchiv Koblenz, B 141/16889, Bl. 25, 27 f.

882 Auch die Rechtsanwaltschaft Düsseldorf und Köln begründete ihren neuerlichen Vorstoß im November 1958 nicht mehr mit Grundrechtsverstößen der durch das Gesetz über Maßnahmen auf dem Gebiete des Notarrechts beabsichtigten Regelung der Notariatsverfassung.

883 So auch Saage, DNotZ 1959, S. 439, 441.

4. Die Altersversorgung für Rechtsanwälte

a) Die vertretenen Positionen

Schon in der früheren Phase der Diskussion war die Ansicht vertreten worden, der ruhige Beruf des Notars könne auch noch im Alter ausgeübt werden, während die unruhige Rechtsanwaltschaft im Alter oft nicht mehr besorgt werden könne.[884] *Wilde*[885] und einige der seinen Antrag auf Einführung des Anwaltsnotariats unterstützenden Rechtsanwälte[886] hielten die Einführung des Anwaltsnotariats für die einfachste Möglichkeit zur Herbeiführung einer Altersvorsorge für die Rechtsanwälte. Eine solche sei nicht erforderlich, wenn jeder Rechtsanwalt nach 10- oder 15-jähriger Berufstätigkeit zum Notariat zugelassen werde.

Diese These fand jedoch auch Widerspruch, und zwar sowohl aus den Reihen der Düsseldorfer Anwaltschaft[887] als auch von Seiten der GDN, die darauf hinwies, dass das Problem der Altersversorgung auch in Gebieten des Anwaltsnotariats bestehe, die Verbindung nur kleine oder Zwergnotariate zulasse und die Altersversorgung deshalb nicht durch die Verbindung erreicht werden könne.[888]

b) Eigene Stellungnahme

Tatsächlich erscheint die Annahme, eine Altersversorgung im Sinne der Absicherung des Ruhestands lasse sich durch die Verbindung erreichen, abwegig. Das Problem der Altersversorgung besteht auch im Gebiet des Anwaltsnotariats.

Ob die Existenz im Alter über die Veräußerung des Notariats oder aus der Fortführung der notariellen Tätigkeit gesichert werden könnte, erscheint ebenfalls höchst fraglich, zumal in den Gebieten des Anwaltsnotariats nicht alle Rechtsanwälte zugleich Notare waren und sind.

---

884 v. Seybold, Die Rückwirkung der bevorstehenden Reformen, S. 37 f., 71.

885 Antrag v. 19. Oktober 1953 an die RAK Düsseldorf, Akten der RAK Düsseldorf, LArch NRW, Abteilung Rheinland, RW 552 Nr. 776, Bl. 1.

886 So wohl Handschumacher, Schumacher und Rudolph in einem Schreiben an Wilde v. 22. Dezember 1953, vgl. Wilde, Schreiben an die RAK Düsseldorf v. 22. Dezember 1953, Akten der RAK Düsseldorf, LArch NRW, Abteilung Rheinland, RW 552 Nr. 776, Bl. 41; Pommer, Schreiben v. 22. Dezember 1953, Akten der RAK Düsseldorf, LArch NRW, Abteilung Rheinland, RW 552 Nr. 776, Bl. 42; Geile/Henze/Schulze-Haben, Schreiben an die RAK Düsseldorf v. 10. Februar 1954, Akten der RAK Düsseldorf, LArch NRW, Abteilung Rheinland, RW 552 Nr. 776, Bl. 52 ff.

887 Derichsweiler, Schreiben an die RAK Düsseldorf v. 8. Dezember 1953, Akten der RAK Düsseldorf, LArch NRW, Abteilung Rheinland, RW 552 Nr. 776, Bl. 32.

888 Exposé zum Vorstoß der Düsseldorfer Rechtsanwälte, Akten der RAK Düsseldorf, LArch NRW, Abteilung Rheinland, RW 552 Nr. 776, Bl. 63 ff.

IV. Argumente für die Beibehaltung der jeweils bestehenden Zustände

1. Übergangsprobleme

a) Übergangsprobleme als Argument für die Beibehaltung der Verbindung des Notariats mit der Anwaltschaft

Bereits zu Beginn des hier betrachteten Zeitraums spielten Übergangsprobleme eine Rolle. Zunächst wurden sie als Argument gegen die Trennung des Notariats von der Advokatur angeführt.

aa) Die Position der Befürworter der Verbindung

Nachdem der preußische Justizminister *Beyme* bereits 1810 die Frage aufgeworfen hatte, ob man die bestehende Verbindung ohne Entschädigung der Justizkommissare beseitigen könne,[889] wurde die Trennung auch in der Folgezeit unter diesem Gesichtspunkt für problematisch erachtet[890] und die mit einer solchen verbundenen wirtschaftlichen Auswirkungen für die Anwaltsnotare gefürchtet.[891] Darüber hinaus wurde die Abschaffung der Verbindung auch für diejenigen Rechtsanwälte für unbillig gehalten, die sich im Vertrauen auf die demnächst erfolgende Verleihung des Notariats an einem bestimmten Ort niedergelassen hatten.[892]

Auch die weit über den Bedarf hinausgehende Zahl der Anwaltsnotare in Altpreußen wurde als eine große Hürde für den Übergang zum Nur-Notariat angesehen.[893]

---

889 Reskript v. 3. März 1810, GStA PK I. HA Rep. 84 a, Nr. 40883, fol. 28. Vgl. oben B.III.2.

890 Sommer, Neues Archiv für Preußisches Recht und Verfahren, sowie für Deutsches Privatrecht 1843, S. 305, 328.

891 So die Befürworter des Anwaltsnotariats bei der Eröffnung der Reichsnotarkammer, vgl. den Bericht über die Eröffnungssitzung der Reichsnotarkammer am 8./9. März 1935, DNotZ 1935, S. 252, 261 f.

892 Josef, ZBlFG IX, S. 373, 379.

893 Mügel, in: FS Oberneck, S. 6 f.; unbekannter Verfasser, Artikel „Anwalt oder Notar?" im Berliner Börsen-Courier v. 24. Oktober 1929, Bundesarchiv, R 3001/21364, Akte 4810, Bl. 40; Alterthum, Artikel „Nur Anwalt? – Nur Notar?" im Berliner Börsen-Courier v. 10. November 1929, Bundesarchiv, R 3001/21364, Akte 4810, Bl. 41g.

bb) Die Position der Befürworter des selbständigen Notariats

Die Befürworter des selbständigen Notariats wandten dagegen ein, dass sich Härten durch Übergangsregelungen vermeiden ließen.[894] Den Interessen der mit baldiger Verleihung des Notariats rechnenden Rechtsanwälte könne durch derartige Regelungen und durch ihre bevorzugte Berücksichtigung bei der Errichtung der Nur-Notariate Rechnung getragen werden.[895] Ein anderer Vorschlag ging dahin, alle bis zu einem noch zu bestimmenden Termin zu Notaren ernannten Rechtsanwälte das Notariat für die Dauer ihrer Anwaltszulassung ausüben zu lassen.[896] Zum Schutz der vorhandenen Anwaltsnotare wurde vorgeschlagen, den Übergang zum selbständigen Notariat möglichst schonend durchzuführen und anfänglich nur wenige Nur-Notariate einzurichten.[897] Im Übrigen werde die Trennung zu einer Verringerung der Anzahl der Rechtsanwälte und damit zu besseren Einkommensverhältnissen bei den verbleibenden Anwälten führen.[898]

b) Die Übergangsprobleme als Argument für die Beibehaltung des Nur-Notariats im Rheinland

Für die Beibehaltung des französischen Rechts und damit auch für die des französischen Nur-Notariats im Rheinland waren Übergangsprobleme ebenfalls von Bedeutung. So wurde angeführt, dass sich die Rheinländer im Falle der Einführung der preußischen Gesetze vor ihrer Revision zwei Mal innerhalb kurzer Zeit auf neues Recht einstellen müssten, was erhebliche Rechtsunsicherheit zur Folge habe. Um die doppelte Belastung durch zweifache Gesetzesänderungen zu vermeiden, solle die Revision abgewartet werden.[899]

c) Die Übergangsprobleme als Argument für die Beibehaltung des Status quo

Im Zusammenhang mit einer Neuregelung des Notariats nach dem Ende des Dritten Reichs wurden Übergangsschwierigkeiten als Argument für die Beibe-

894 Lent, DNotZ 1934, S. 637, 638; Schulze-Delitzsch, Für das selbständige Notariat, S. 20; Wolpers, DNotZ 1933, S. 675, 678 f.; ders., Das Notariatsrecht, in: Frank, Hans (Hrsg.), Nationalsozialistisches Handbuch für Recht und Gesetzgebung, S. 1540, 1546; Schieck, DJZ 1934, Sp. 704, 705 f.

895 So Schulze-Delitzsch, Für das selbständige Notariat, S. 20.

896 Wolpers, DNotZ 1933, S. 675, 678; Salzmann, DNotZ 1935, S. 7, 10; Heckmann, DNotZ 1935, S. 271.

897 DNotV 1906, S. 691.

898 Vgl. v. Weinrich, Zur Reform der deutschen Rechtsanwaltschaft, S. 18 f.

899 Siehe oben B.III.1.

haltung der bestehenden Notariatsformen in ihrem jeweiligen Verbreitungsgebiet angeführt.

aa) Die Übergangsprobleme als Argument gegen die Einführung des Nur-Notariats

Gegen die allgemeine Einführung des Nur-Notariats wurde weiterhin eingewandt, dass die bisherigen Anwaltsnotare ohne die Zulassung zum Notariat nicht existieren und ihre Notariatspraxis nicht mehr zur Altersversorgung verwerten könnten.[900]

Die *Notarkammer Koblenz* war der Auffassung, dass diese Begründung nicht auf sachlichen Erwägungen, sondern auf „rein egoistischen Motiven" beruhe. Die Altersversorgung sei unabhängig von der Frage der der Verbindung von Anwaltschaft und Notariat zu regeln.[901]

bb) Die Übergangsprobleme als Argument gegen die Ausdehnung des Anwaltsnotariats

Auch gegen eine mögliche Ausdehnung des Anwaltsnotariats auf die Gebiete des Nur-Notariats wurde der Einwand erhoben, dass dies „den Besitzstand nicht nur der bereits tätigen Nur-Notare, sondern auch des Nachwuchses, der Notarassessoren, erheblich beeinträchtigen würde."[902] Entsprechende Überlegungen waren sowohl bei der Gründung der Rheinischen Notarkammer[903] als auch im Bundesjustizministerium[904] angestellt worden.

---

900 So die Befürchtung der Anwaltsnotare im Bezirk des Landgerichts Koblenz, vgl. Stellungnahme der Notarkammer Koblenz zum Entwurf eines Gesetzes zur Änderung der Notarordnung für das Land Rheinland-Pfalz an das JM Rheinland-Pfalz v. 4. Juli 1951, Akten der GDN, Bundesnotarordnung, Schriftwechsel (S. 1). Diese Überlegung wurde auch im BJM angestellt, vgl. Seidl, DRiZ 1959, S. 313, 316; dens., Referat in der 1. Sitzung des Unterausschusses „Notarordnung" des BT-RA v. 25. Februar 1959, 3. Deutscher Bundestag, (12.) Rechtsausschuß, Protokolle, Bd. 8, Unterausschüsse, S. 2; dens., Referat in der 96. Sitzung des BT-RA v. 26. Februar 1960, 3. Deutscher Bundestag, Rechtsausschuß, Protokolle, Bd. 5, S. 3.

901 Vgl. Stellungnahme der Notarkammer Koblenz zum Entwurf eines Gesetzes zur Änderung der Notarordnung für das Land Rheinland-Pfalz an das JM Rheinland-Pfalz v. 4. Juli 1951, Akten der GDN, Bundesnotarordnung, Schriftwechsel (S. 3 f.).

902 Bericht des Abgeordneten Seidl v. 18. Oktober 1960, Verh. d. BT, 3. Wahlp., Anlagen zu den sten. Berichten, Bd. 69, zu Drucksache 2128, S. 2.

903 Vgl. Blumberg, Schreiben an den Präsidenten der RAK Düsseldorf v. 4. Dezember 1953, Akten der RAK Düsseldorf, LArch NRW, Abteilung Rheinland, RW 552 Nr. 776, Bl. 24 ff.

904 Saage, Beilage zum Bundesanzeiger Nr. 92 v. 16. Mai 1961, S. 2.

Allerdings wurde auch vertreten, dass die Verbindung für die wenigen Nur-Notare kein Problem darstellen würde, weil ihre Klienten noch jahrzehntelang zu ihnen gehen würden und sie ohnehin wirtschaftlich viel besser gestellt seien als die Rechtsanwälte.[905]

d) Eigene Stellungnahme

Übergangsprobleme, die sowohl mit einer allgemeinen Einführung des Nur-Notariats als auch mit seiner Abschaffung unweigerlich verbunden gewesen wären, spielten in der Diskussion stets eine Rolle.

Beide Schritte hätten zu einer Änderung der bestehenden Zustände und zu Eingriffen in Besitzstände geführt. Allerdings hätten sich unbillige Härten auch durch geeignete Übergangsregelungen, wie z. B. den Fortbestand der einmal erteilten Zulassung zum Notariat, vermeiden lassen.

Es ist bemerkenswert, dass Übergangsprobleme, die bereits zu Beginn des 19. Jahrhunderts bekannt waren, eine Vereinheitlichung der Notariatsverfassung während des gesamten hier untersuchten Zeitraums verhindert haben. Auch die nach der Reichsnotarordnung vorgesehene flächendeckende Einführung des Nur-Notariats konnte unter anderem wegen der in ihr enthaltenen Regelung, die in den Gerichtsbezirken des Anwaltsnotariats weiterhin die Bestellung von Anwaltsnotaren zuließ und so einen schonenden Übergang zum Nur-Notariat ermöglichen sollte, nicht durchgesetzt werden.

2. Einheitliche Regelung für Deutschland ohnehin nicht möglich

a) Der Meinungsstand

Bei Besprechung des Referentenentwurfs zum Gesetz über Maßnahmen auf dem Gebiet des Notarrechts Anfang des Jahres 1955 wies der Staatssekretär im Bundesjustizministerium *Strauß* darauf hin, dass in großen Teilen der Bundesrepublik das Anwaltsnotariat gelte und dass weitere große Gebiete des Anwaltsnotariats im Fall der Wiedervereinigung dazukommen würden. Deshalb sollten Nur-Notariat und Anwaltsnotariat in ihren „bisherigen räumlichen Grenzen gleichbe-

---

905 Kirchhof, Denkschrift v. 9. Mai 1956 an den Ausschuss für Rechtswesen und Verfassungsrecht im Bundeshaus in Bonn, Akten der RAK Düsseldorf, LArch NRW, Abteilung Rheinland, RW 552 Nr. 775, M 22 g.

rechtigt nebeneinander bestehen“ bleiben.[906] Diese Überlegung fand die Zustimmung der beteiligten Kreise.[907]

b) Eigene Stellungnahme

Der Umstand, dass eine einheitliche Regelung der Notariatsverfassung für ganz Deutschland wegen der Teilung nach dem Zweiten Weltkrieg nicht möglich war und dass bei einer Wiedervereinigung große Gebiete, in denen traditionell das Anwaltsnotariat galt, zur Bundesrepublik hinzukommen würden, spielte eine bedeutende Rolle dafür, dass von einer Vereinheitlichung der Notariatsverfassung abgesehen wurde.[908]

Allerdings dürfte für die Entscheidung, am Status quo festzuhalten außerdem eine weitere Überlegung von Bedeutung gewesen sein. So rechnete man jedenfalls im Rechtsausschuss des Bundestages damit, dass eine Vereinheitlichung der Notariatsverfassung auf den Widerstand des Bundesrats stoßen würde.[909]

Zudem hätten Änderungen der in Bayern und Baden-Württemberg bestehenden Notariatsverfassungen gem. Art. 138 GG der Zustimmung der Regierungen dieser Länder bedurft, mit der nicht zu rechnen war.[910] Damit waren sowohl die allgemeine Einführung des Anwaltsnotariats als auch die allgemeine Einführung des Nur-Notariats ausgeschlossen.

---

906 Vermerk des BJM v. 10. März 1955 über die Besprechungen v. 28. Februar und 1. März 1955, Bundesarchiv Koblenz, B 141/2978, fol. 115, 120 f.

907 Feyock, vgl. S. 6 f. der Niederschrift über die Besprechung im BJM am 28.2./1.3.1955, Akten der GDN, Bundesnotarordnung, Entwürfe Protokolle, Teil III; GDN, Stellungnahme v. 12. März 1959, Bundesarchiv Koblenz, B 141/16889, Bl. 16, 23 f.

908 Nach Seidls Darstellung war dies sogar der Hauptgrund, weshalb von einer Vereinheitlichung des Notariats abgesehen wurde, vgl. dens., Referat in der 96. Sitzung des BT-RA v. 26. Februar 1960, 3. Deutscher Bundestag, (12.) Rechtsausschuß, Protokolle, Bd. 5, S. 3; dens., Bericht v. 18. Oktober 1960, Verh. d. BT, 3. Wahlp., Anlagen zu den sten. Berichten, Bd. 69, zu Drucksache 2128, S. 3.

909 Vgl. Seidl, Referat in der 96. Sitzung des BT-RA v. 26. Februar 1960, 3. Deutscher Bundestag, (12.) Rechtsausschuß, Protokolle, Bd. 5, S. 10.

910 Vgl. Schreiben des bayerischen JM an das BJM v. 31. Mai 1950, Akten der GDN, Bundesnotarordnung, Schriftwechsel; Schreiben des Bundesjustizministers an die GDN v. 14. Juli 1953, Akten der GDN Bundesnotarordnung, Schriftwechsel; Stellungnahme des bad.-württ. Justizministers an den Bundesjustizminister v. 10. Februar 1955, Bundesarchiv Koblenz, B 141/2978, fol. 098, 098 R; Bericht des bayerischen Justizministers Haas in der 225. Sitzung des Bundesrates v. 11. November 1960, Verh. d. BR 1959/1960, Sten. Berichte, 201.-227. Sitzung, S. 526 f.

D. Zusammenfassung

I. Zeitlicher Ablauf der Diskussion

In zeitlicher Hinsicht ist zunächst festzuhalten, dass die Diskussion um die Verbindung des Notariats mit der Anwaltschaft bei Erlass der Bundesnotarordnung bereits seit mehr als 150 Jahren geführt und durch die Regelung der Notariatsverfassung in der Bundesnotarordnung nicht abgeschlossen wurde.

Die Verbindung des Notariats mit der Anwaltschaft blickt in Deutschland auf eine längere Tradition zurück als das Nur-Notariat. Das Edikt Kaiser *Karls V.* vom 3. August 1548 belegt, dass es die Verbindung bereits damals gab. Noch bevor das Nur-Notariat unter französischer Herrschaft im Rheinland zur Einführung kam, war es in Preußen vorübergehend zu einer Trennung des Notariats von der Advokatur und anschließend zu dessen notwendiger Verbindung mit dem Notariat gekommen.

Aufgrund der bei Verbindung des Notariats mit der Anwaltschaft möglichen Interessenkollisionen wurde in Altpreußen in der ersten Hälfte des 19. Jahrhunderts fortwährend erwogen, die beiden Berufe zu trennen. Wirtschaftliche Erwägungen und mit einer Gesetzesänderung notwendig verbundene Übergangsschwierigkeiten verhinderten jedoch diese Trennung. Zur gleichen Zeit führte die beabsichtigte Revision der preußischen Gesetze neben Überlegungen zu den Vorzügen des Nur-Notariats zur Beibehaltung des französischen Notariats im Rheinland.

Obwohl die Stimmen für das selbständige Notariat zu Beginn der zweiten Hälfte des 19. Jahrhunderts überwogen, wurde das Anwaltsnotariat in Altpreußen aufrecht erhalten und die Verbindung 1888 sogar in Rheinpreußen in Form der eingeschränkten Zulassung von Notaren zur Rechtsanwaltschaft eingeführt. Der nach diesem Gesetz bestehende Ausnahmecharakter der Verbindung in Rheinpreußen wurde durch das Preußische Gesetz über die Angelegenheiten der freiwilligen Gerichtsbarkeit vom 21. September 1899 aufgegeben. Die Beratungen über dieses Gesetz im preußischen Abgeordnetenhaus belegen, dass am Ende des 19. Jahrhunderts eine Vereinheitlichung der Notariatsverfassung auch zu einer gänzlichen Abschaffung des Nur-Notariats hätte führen können.

Als es zu Beginn des 20. Jahrhunderts Bestrebungen zur Einführung des Nur-Notariats in traditionellen Gebieten des Anwaltsnotariats gab und dort erste Nur-Notare ernannt wurden, war allmählich ein vermehrter Widerstand der Anwaltsnotare zu verzeichnen.

Dagegen begrüßte der Deutsche Notarverein diese Entwicklung und nahm die Bemühungen um die Einführung des selbständigen Notariats wieder auf.

Diese Bemühungen gipfelten schließlich in Obernecks Entwurf einer Reichsnotariatsordnung, der jedoch dem Reichsjustizministerium offenbar nicht vorgelegt wurde.

Die Reichsnotarordnung führte den Grundsatz des Nur-Notariats ein und sah die Abschaffung der Verbindung des Notariats mit der Anwaltschaft vor. Nach dem Zweiten Weltkrieg sind erste Tendenzen zur Abkehr von diesem Grundsatz und zur Beibehaltung des Status quo zu verzeichnen gewesen.

Im Gegensatz dazu hält die Bundesnotarordnung am Status quo fest und betrachtet das Nur-Notariat und das Anwaltsnotariat als gleichberechtigte Notariatsformen.

II. Inhalt der Diskussion

Sowohl die Befürworter des Nur-Notariats als auch die des Anwaltsnotariats haben ihre Positionen mit zahlreichen Argumenten zu begründen versucht. Allerdings lassen weder einzelne Gesichtspunkte noch die Gesamtschau das Nur-Notariat oder das Anwaltsnotariat als die bessere oder gar die einzig zulässige Form des Notariats erscheinen.

1. Die für das selbständige Notariat angeführten Argumente

Es ist festzuhalten, dass insbesondere im Fall der Verbindung von Notariat und Anwaltschaft mögliche Interessenkollisionen die Unparteilichkeit gefährden können und für das selbständige Notariat zu streiten scheinen: Nur im Fall der Verbindung ist die Vorbefassung in der jeweils anderen Funktion möglich, während eine solche bei der Trennung der beiden Berufe von vornherein ausgeschlossen ist.

Allerdings erscheint der von vielen Befürwortern des selbständigen Notariats unterbreitete Vorschlag, die Verbindung in kleinen Amtsbezirken als Ausnahme zuzulassen, vor diesem Hintergrund besonders problematisch: Vorbefassungen in der jeweils anderen Funktion müssen dort viel häufiger auftreten als in größeren Amtsbezirken. Abgesehen davon können auch im Falle der Trennung des Notariats von der Anwaltschaft – sowohl beim Nur-Notar als auch beim Nur-Rechtsanwalt – Interessenkollisionen auftreten. Derartige Konflikte lassen sich also durch die Trennung nicht gänzlich verhindern.

Soweit aus der Verbindung des Notariats mit der Anwaltschaft zusätzliche Interessenkollisionen resultieren können, schaffen Regelungen Abhilfe, die dem Rechtsanwaltsnotar wie dem Notaranwalt die Tätigkeit in einer Angelegenheit in der einen Funktion nach Vorbefassung mit derselben Angelegenheit in der anderen Funktion verbieten. Für diese Lösung hat sich auch der Bundesgesetzgeber entschieden, der die notarielle Mitwirkung nach einer Vorbefassung mit derselben Angelegenheit als Rechtsanwalt gem. § 3 Abs. 1 S. 1 Nr. 7 BUrkG und die anwaltliche Tätigkeit nach Vorbefassung mit derselben Angelegenheit als Notar gem. § 45 Abs. 1 Nr. 1 und 2 BRAO untersagt.

Ein weiterer Vorzug des selbständigen Notariats wurde häufig in der Spezialisierung auf die notarielle Tätigkeit gesehen. In diesem Zusammenhang ist festzustellen, dass der Nur-Notar als Notarassessor speziell auf das Notariat vorbereitet werden kann und dass ein größeres Aufkommen an notariellen Geschäften die Ausübung des notariellen Handwerks erleichtert. Die anwaltliche Tätigkeit allein qualifiziert den Rechtsanwalt nicht in vergleichbarer Weise. Allerdings kann die Ernennung zum Anwaltsnotar von zusätzlichen fachlichen Anforderungen, wie dem Nachweis ausreichender Erfahrung in notariellen Angelegenheiten abhängig gemacht werden. Darüber hinaus kann der Anwaltsnotar mit seinen Erfahrungen aus der eigenen Prozesspraxis und der konkreten Kenntnis krankender Rechtsverhältnisse durch seine anwaltliche Tätigkeit die Parteien unter Umständen besser vorbeugend beraten als der Nur-Notar, der nicht über praktische Erfahrungen in diesem Bereich verfügt.

Eine Spezialisierung auf bestimmte Gebiete des materiellen Rechts kommt dagegen von vornherein nicht als Vorzug des Nur-Notariats in Betracht. Da der Notar der Amtsgewährungspflicht unterliegt, muss er das materielle Recht auf sämtlichen für die notarielle Tätigkeit relevanten Gebieten beherrschen. Auf diese Gebiete kann sich der Rechtsanwalt, der seine anwaltliche Tätigkeit auf bestimmte Bereiche beschränken und Mandate ablehnen darf, in gleicher Weise spezialisieren.

Die Spezialisierung kann daher nicht als entscheidendes Argument für das Nur-Notariat angesehen werden.

Neben den Argumenten der Interessenkollision und der Spezialisierung gibt es vier Argumente, die für das Nur-Notariat angeführt wurden, aber zumindest aus heutiger Sicht eine Abschaffung der Verbindung nicht mehr rechtfertigen können: die Gewaltenteilung, die Wesensverschiedenheit, die Erreichbarkeit und die Unabhängigkeit.

Nach heutigem Verständnis betrifft die Gewaltenteilung lediglich die Frage der Trennung der staatlichen Gewalten. Der Rechtsanwalt kann seit dem Erlass der Rechtsanwaltsordnung vom 1. Juli 1878 nicht mehr als Träger von staatlicher Gewalt angesehen werden, er übt als unabhängiges Organ der Rechtspflege einen freien Beruf aus. Danach kann das Argument der Gewaltenteilung heute nicht mehr zur Begründung der Unvereinbarkeit des Notariats mit der Rechtsanwaltschaft herangezogen werden.

Das Argument der Wesensverschiedenheit von Notariat und Rechtsanwaltschaft wird heute nicht mehr vertreten. Das liegende Berufsbild des Rechtsanwalts hat sich im 20. Jahrhundert entscheidend verändert. Der Rechtsanwalt ist ebenso wie der Notar ein Organ der Rechtspflege. Anders als zu Beginn des 19. Jahrhunderts liegt die Tätigkeit des Rechtsanwalts heute nicht mehr ausschließlich oder hauptsächlich in der Prozessvertretung streitender Parteien. Der Rechtsanwalt ist oft rechtsberatend und vertragsgestaltend tätig. Dabei berät er häufig mehrere Parteien gleichzeitig mit dem Ziel, Rechtsverhältnisse mit Wirkung für die Zukunft zu gestalten und Streit zu vermeiden. Dies befähigt ihn in gleicher Weise wie den Nur-Notar zur Unparteilichkeit, wenn er nicht als Sachwalter tätig ist. Für die Verbindung könnte in diesem Zusammenhang sogar angeführt werden, dass die Einnahmen und damit die wirtschaftliche Unabhängigkeit des Anwaltsnotars größer sind als die des Nur-Notars.

Das Argument der Erreichbarkeit hatte früher durchaus seine Berechtigung. Dagegen ist das Nur-Notariat aus heutiger Sicht unter diesem Aspekt nicht mehr erforderlich, da sich die Erreichbarkeit durch die modernen Kommunikations- und Verkehrsmittel wesentlich verbessert hat. Hinzu kommt, dass sich der Rechtsanwalt heute nicht mehr permanent wegen der Wahrnehmung von Gerichtsterminen außerhalb seiner Kanzlei aufhält, sondern die meiste Zeit dort anzutreffen ist. Darüber hinaus ist es für die Frage der Erreichbarkeit nicht von Belang, ob der Notar aufgrund seiner notariellen oder seiner anwaltlichen Tätigkeit nicht erreichbar ist. Auch der Nur-Notar ist nicht erreichbar, wenn er auswärtige Termine wahrnimmt oder eine andere dringende notarielle Angelegenheit besorgt. Die größere Notardichte in den Gebieten des Anwaltsnotariats kann unter dem Gesichtspunkt der Erreichbarkeit sogar für das Anwaltsnotariat angeführt werden.

Auch unter dem Aspekt der Unabhängigkeit erscheint die Verbindung aus heutiger Sicht unproblematisch, da sowohl der Notar (gem. § 1 BNotO) als auch der Rechtsanwalt (§ 1 BRAO) unabhängig sind. Dagegen stellten frühere Bestrebungen, über die Verleihung des Notariats Einfluss auf die anwaltliche Tätigkeit auszuüben, eine Gefahr für die anwaltliche Unabhängigkeit dar.

Die Überfüllung des Notariats, der Zugang zum Notariat und das Argument, dass im Falle der Trennung des Notariats von der Anwaltschaft mehr Personen ihren Lebensunterhalt aus diesen beiden Berufen bestreiten können, lassen das Nur-Notariat ebenfalls nicht als erforderlich erscheinen.

Einer Überfüllung des Notariats kann unabhängig von der Notariatsform begegnet werden, indem die Ernennung zum Notar von einem entsprechenden Bedürfnis abhängig gemacht wird. Auch die Frage nach der gerechten Auswahl der Bewerber stellt sich sowohl beim Nur-Notariat als auch beim Anwaltsnotariat. Ob bei Trennung des Notariats von der Anwaltschaft tatsächlich mehr Existenzen durch die beiden Berufe gesichert werden können als im Falle ihrer Verbindung, ist von untergeordneter Bedeutung und kann daher dahingestellt bleiben.

Die beiden teilweise vertretenen Ansichten, wonach die Verbindung des Notariats mit der Anwaltschaft nicht „historisch" sei bzw. wonach das Nur-Notariat durch Art. 138 GG geschützt werde, sind unzutreffend.

Die Behauptung, die Verbindung sei nicht historisch, wird durch das Edikt Kaiser *Karls V.* vom 3. August 1548 widerlegt. Nach Artikel 138 GG sind lediglich die Notariatseinrichtungen in Bayern und Baden-Württemberg gegen Veränderungen ohne Zustimmung der Landesregierungen dieser Bundesländer geschützt. Beide Ansichten werden heute nicht mehr vertreten.

2. Die für die Verbindung von Anwaltschaft und Notariat vorgetragenen Argumente

Hinsichtlich der für die Verbindung vorgetragenen Argumente ist zunächst das der Lebensfähigkeit zu nennen, das sowohl von den Befürwortern der Verbindung als auch von vielen ihrer Gegner anerkannt wurde. Zumindest bis zum Beginn des 20. Jahrhunderts lag es nicht zuletzt unter dem Gesichtspunkt der Erreichbarkeit im Interesse der Rechtspflege, dass sich auch an den kleineren Orten Notare und Rechtsanwälte niederließen, wo sie ohne die Verbindung nicht existieren konnten. Allerdings ist die Verbindung dort unter dem Aspekt möglicher Interessenkollisionen nicht unproblematisch.

Dagegen können weder die Verstaatlichung des Notariats noch die Verfassungswidrigkeit des Nebeneinander der unterschiedlichen Notariatsformen oder die Altersversorgung der Rechtsanwälte als Argumente für die Verbindung des Notariats mit der Rechtsanwaltschaft anerkannt werden.

Die vereinzelt gebliebenen Bedenken einer möglichen Verstaatlichung des Notariats sprechen zumindest nicht für eine allgemeine Einführung des Anwaltsnotariats. Allerdings steht das Nebeneinander von Nur-Notariat und Anwaltsnotariat einer allgemeinen Verstaatlichung des Notariats insofern entgegen, als diese beim Anwaltsnotariat von vornherein nicht in Betracht kommt.

Die Ansicht, wonach das Nebeneinander der unterschiedlichen Notariatsformen gegen das Grundgesetz verstoße, ist nicht als Argument für das Anwaltsnotariat anzusehen, da eine Vereinheitlichung auch durch die allgemeine Einführung des Nur-Notariats möglich gewesen wäre. Im Übrigen ist das Nebeneinander der verschiedenen Notariatsformen innerhalb der Bundesrepublik Deutschland entgegen dieser Ansicht mit dem Grundgesetz vereinbar.

Auch die Altersversorgung der Rechtsanwälte lässt sich durch das Anwaltsnotariat bereits deshalb nicht gewährleisten, weil in den Gebieten des Anwaltsnotariats nicht alle Rechtsanwälte zugleich Notare sind.

3. Die Gründe für die Beibehaltung des Status quo durch die Bundesnotarordnung

Weder die für das Nur-Notariat noch die für das Anwaltsnotariat vorgetragenen Argumente ließen die allgemeine Einführung einer dieser Notariatsformen unter der Beseitigung der anderen als zwingend geboten erscheinen .

Für die Beibehaltung beider Notariatsformen in ihren jeweiligen Verbreitungsgebieten haben die bei einem allgemeinen Übergang zu einer der beiden Notariatsformen erwarteten Schwierigkeiten sicher eine Rolle gespielt. Da die Reichsnotarordnung bereits 24 Jahre zuvor eine Entscheidung zugunsten des Nur-Notariats getroffen hatte, mit einem Übergang verbundene Probleme nur von zeitlich begrenzter Dauer gewesen wären und Härten durch entsprechende Übergangsregelungen hätten vermieden werden können, dürften zwei weitere Gesichtspunkte von entscheidender Bedeutung für die Beibehaltung des Status quo gewesen sein:

Eine einheitliche Regelung der Notariatsverfassung für ganz Deutschland war bei Erlass der Bundesnotarordnung wegen der deutschen Teilung ohnehin nicht zu erreichen, denn im Falle der Wiedervereinigung wären große Gebiete des Anwaltsnotariats zur Bundesrepublik hinzugekommen.

Zudem hätte die allgemeine Einführung des Nur-Notariats nach Art. 138 GG der Zustimmung der Landesregierung von Baden-Württemberg, eine allgemeine Einführung des Anwaltsnotariats darüber hinaus der Zustimmung der bayerischen Landesregierung bedurft. Da mit dieser Zustimmung nicht gerechnet werden konnte, waren sowohl die allgemeine Einführung des Anwaltsnotariats als auch die allgemeine Einführung des Nur-Notariats ausgeschlossen.

III. Thesen

1. Die Verbindung von Anwaltschaft und Notariat hat eine lange Tradition. Das Problem einer möglichen Interessenkollision bei gleichzeitiger Tätigkeit als Advokat oder Prokurator und als Notar war bereits im 16. Jahrhundert bekannt.
2. Für die Beibehaltung des französischen Notariats im Rheinland war das Argument der Gewaltenteilung von wesentlicher Bedeutung. Entscheidend hierfür war, dass das preußische System neben der Verbindung des Notariats mit der Advokatur die Übertragung notarieller Aufgaben auf die Gerichte vorsah. Das Argument der Gewaltenteilung ist aus heutiger Sicht nicht mehr für die Vereinbarkeit von Notariat und Rechtsanwaltschaft heranzuziehen, da der Rechtsanwalt als unabhängiges Organ der Rechtspflege einen freien Beruf und keine staatliche Gewalt ausübt.

3. Wirtschaftliche Erwägungen haben eine allgemeine Einführung des Nur-Notariats verhindert und zur Einführung der Verbindung des Notariats mit der Anwaltschaft in Rheinpreußen (als Ausnahme) geführt.
4. Gesichtspunkte der Rechtssicherheit waren zu Beginn des hier untersuchten Zeitraums von Bedeutung dafür, dass das Nur-Notariat in Rheinpreußen erhalten wurde, haben aber am Ende den Ausschlag für die Beibehaltung des Status quo gegeben. Zu Beginn des 19. Jahrhunderts kam das preußische Recht auch deshalb im Rheinland nicht zur Einführung, weil dessen Revision beabsichtigt war und weil den Rheinländern eine mehrfache Änderung des Rechts innerhalb kurzer Zeit erspart werden sollte. Nach Gründung der Bundesrepublik war die Überlegung, dass die Notariatsverfassung nach der Wiedervereinigung ohnehin neu geregelt werden müsse von Bedeutung dafür, den Status quo beizubehalten.
5. Während die Reichsnotarordnung vom Grundsatz des Nur-Notariats ausging, stehen das Nur-Notariat und das Anwaltsnotariat nach der Bundesnotarordnung als gleichberechtigte Formen des Notariats nebeneinander.
6. Weder die für das Nur-Notariat noch die für das Anwaltsnotariat vorgetragenen Argumente sind von solchem Gewicht, dass sie die allgemeine Einführung einer dieser beiden Notariatsformen unter Verdrängung der anderen zwingend geboten erscheinen lassen.
7. Das Nebeneinander der beiden Notariatsformen hat dem Notariat nicht geschadet. Sowohl das Nur-Notariat als auch das Anwaltsnotariat haben sich in ihrem jeweiligen Verbreitungsgebiet bewährt.
8. Die Diskussion um die bessere Notariatsverfassung ist mit dem Erlass der Bundesnotarordnung nicht abgeschlossen worden; sie wird nach wie vor geführt und auch in absehbarer Zukunft nicht enden.

Abkürzungsverzeichnis

AGO	Allgemeine Gerichtsordnung für die Preußischen Staaten
AGRAK	Arbeitsgemeinschaft der Rechtsanwaltskammern
BJM	Bundesjustizministerium
BIM	Bundesinnenministerium
BNSDJ	Bund Nationalsozialistischer Deutscher Juristen
CCM	Corpus Constitutionum Marchicarum
CJF	Corpus Juris Fridericianum
DAV	Deutscher Anwaltverein
GDN	Gemeinschaft des Deutschen Notariats
GStA PK	Geheimes Staatsarchiv Preußischer Kulturbesitz
LArch NRW	Landesarchiv Nordrhein-Westfalen
NCC	Novum Corpus Constitutionum Marchicarum
NotMaßG	Gesetz über Maßnahmen auf dem Gebiete des Notarrechts
RNO	Reichsnotarordnung

Literaturverzeichnis

Ackermann, Conrad August, Einige Worte über das deutsche Notariatswesen und dessen Reform, Wismar 1827

Bebel, August, Aus meinem Leben, Erster Teil, 3. Auflage, Stuttgart 1914

Becker, Hans-Jürgen, Das Rheinische Recht und seine Bedeutung für die Rechtsentwicklung in Deutschland im 19. Jahrhundert, JuS 1985, S. 338 ff.

Bockemühl, Justus, 150 Jahre Rheinpreußisches Notariat, in: *Klein, Adolf/Bockemühl, Justus* (Hrsg.), Weltgeschichte am Rhein erlebt. Erinnerungen des Rheinländers Christoph Wilhelm Henrich Sethe aus der Zeit des europäischen Umbruchs, Köln 1973, S. 289 ff.

Bohlmann, Otto, Grenzen und Ziele der neuen Reichsnotariatsordnung (Vortrag, gehalten in der juristischen Gesellschaft zu Berlin), Zeitschrift für Gesetzgebung und Rechtspflege in Preußen 1871, S. 89 ff.

Bomsdorf, Falk, Prozeßmaximen und Rechtswirklichkeit. Verhandlungs- und Untersuchungsmaxime im deutschen Zivilprozeß. Vom gemeinen Recht bis zur ZPO, Berlin 1971

Bornhak, Conrad, Preußische Staats- und Rechtsgeschichte, Berlin 1903

Braden, Denkschrift, betreffend Wünsche und Anträge des Notariats-Vereins für Deutschland und Oesterreich bei Neugestaltung des Notariats im deutschen Reiche vom 9. April 1876, Beilage zu Nr. 14 zur DNotZ 1876

Bräutigam, Horst, Der Anwaltsnotar im Spiegel der Zeit, in: *Bender, Bernd* (Hrsg.), Rechtsstaat zwischen Sozialgestaltung und Rechtsschutz, Festschrift für Konrad Redeker, München 1993, S. 559 ff.

Brinkmann, Rudolf, Über das Justizwesen in den Elbherzogthümern in Vergleich mit dem Preußischen, Kiel 1867 (zitiert: *Brinkmann*, Über das Justizwesen)

Bühl, Wilhelm Adolf, Beiträge zur Kenntniß der altpreußischen Justizeinrichtungen und Gerichtsverfassung und dessen, was Noth thut, Leipzig 1843 (zitiert: *Bühl*, Beiträge zur Kenntniß der altpreußischen Justizeinrichtungen)

Conrad, Hermann, Die geschichtlichen Grundlagen des modernen Notariats in Deutschland, DNotZ 1960, S. 3 ff.

ders., Preußen und das französische Recht in den Rheinlanden, in: *Wolffram, Josef/Klein, Adolf* (Hrsg.), Recht und Rechtspflege in den Rheinlanden. Festschrift zum 150jährigen Bestehen des Oberlandesgerichts Köln, Köln 1969, S. 78 ff.

Deutscher Bundestag/Bundesarchiv (Hrsg.), Der Parlamentarische Rat 1948-1949, Akten und Protokolle,
Band 3 – Ausschuß für Zuständigkeitsabgrenzung, Boppard am Rhein 1986 (zitiert: Der Parlamentarische Rat, Bd. 3)
Band 14, Teilband 1 – Hauptausschuss, München 2009 (zitiert: Der Parlamentarische Rat, Bd. 14.1)

Deutscher Notarverein (Hrsg.), Das Urkundwesen der deutschen Staaten, Leipzig 1907

Dollmann, Carl Friedrich von (Hrsg.), Die Gesetzgebung des Königreichs Bayers seit Maximilian II. mit Erläuterungen, Zweiter Theil – Staats- und Verwaltungsrecht, Dritter Band, Erlangen 1863 (zitiert: *v. Dollmann* (Hrsg.), Die Gesetzgebung des Königreichs Bayern, Teil 2, Bd. 3)

Euler, Joseph, Ueber das Notariat in Rheinpreußen mit Rückblicken auf die altpreußischen Provinzen und Frankreich, Leipzig 1844 (zitiert: *Euler*, Ueber das Notariat in Rheinpreußen)

ders., Handbuch des Notariats in Preußen, nebst der freiwilligen Gerichtsbarkeit der Gerichte und mit Rücksicht auf das übrige Deutschland, Frankreich und andere Länder. Erstes Buch. Allgemeiner Theil. Düsseldorf 1858 (zitiert: *Euler*, Handbuch des Notariats in Preußen)

Feuerbach, Anselm, Betrachtungen über die Oeffentlichkeit und Mündlichkeit der Gerechtigkeitspflege, Zweiter Band, Ueber die Gerichtsverfassung und das gerichtliche Verfahren Frankreichs in besonderer Beziehung auf die Oeffentlichkeit und Mündlichkeit der Gerechtigkeitspflege, Gießen 1825 (zitiert: *Feuerbach*, Ueber die Gerichtsverfassung)

Feyock, Georg, Grundlagen der Stellung des Notars im Rechtsleben, DNotZ 1952, S. 244 ff.

Finger, Richard, Die Kunst des Notars. Eine systematische Darstellung ihrer Grundfragen unter besonderer Berücksichtigung der disziplinaren Rechtsprechung, Berlin 1914

Frank, Hans (Hrsg.), Nationalsozialistisches Handbuch für Recht und Gesetzgebung, München 1935

Franz, Eine deutsche Reichs-Notariatsordnung, DJZ 1907, Sp. 920 ff.

Friauf, Karl-Heinrich/Höfling, Wolfgang (Hrsg.), Berliner Kommentar zum Grundgesetz, Bd. 4 (Art. 83-146), Berlin, 34. Lieferung, Stand August 2011

Fuchs, August, Das Reichsgesetz über die Angelegenheiten der freiwilligen Gerichtsbarkeit vom 17. Mai 1898 unter Berücksichtigung des Preußischen Gesetzes über die freiwillige Gerichtsbarkeit vom 21. September 1899, Leipzig 1900 (zitiert: *Fuchs*, Das Reichsgesetz über Angelegenheiten der freiwilligen Gerichtsbarkeit vom 17. Mai 1898)

Gans, Salomon Philipp, Von dem Amte der Fürsprecher vor Gericht. Nebst einem Entwurfe einer Advocaten- und Tax-Ordnung, 2. Ausg., Celle 1827
Glück, Christian Friedrich, Ausführliche Erläuterung der Pandecten nach Hellfeld, dritten Theils erste Abtheilung, 2. Aufl., Erlangen 1806 (zitiert: *Glück*, Ausführliche Erläuterung der Pandecten nach Hellfeld, Bd. 3.1)
Gneist, Rudolf von, Freie Advocatur. Die erste Forderung aller Justizreform in Preußen, Berlin 1867 (zitiert: *v. Gneist*, Freie Advocatur)
Gönner, Nikolaus Thaddäus, Handbuch des deutschen gemeinen Prozesses in einer ausführlichen Erörterung seiner wichtigsten Gegenstände, Bd. 2, Erlangen 1801 (zitiert: *Gönner*, Handbuch des deutschen gemeinen Prozesses, Bd. 2)
Goßler, Christoph, Juridische Miszellen, Hefte 1 und 2, Berlin 1810
ders., Gedanken über die Einrichtung der Justiz in den Ländern, welche dem preussischen Staate jetzt zufallen werden; nebst einer kurzen Unterweisung über die Rechte und Pflichten der Eheleute, Berlin 1814 (zitiert: *Goßler*, Gedanken über die Einrichtung der Justiz)
Grävell, Maximilian Carl Friedrich Wilhelm, Prüfung der Gutachten der Königl. Preuß. Immediat-Justiz-Commission am Rhein über die dortigen Justiz-Einrichtungen, Leipzig 1819 (zitiert: Prüfung der Gutachten, Bd. 1/Bd. 2)
Grolman, Karl Ludwig Wilhelm von, Ausführliches Handbuch über den Code Napoleon, Bd. 1, Gießen, Darmstadt 1810 (zitiert: *v. Grolman*, Ausführliches Handbuch)
Grziwotz, Herbert, Kaiserliche Notariatsordnung von 1512, Spiegel der Entwicklung des Europäischen Notariats, München 1995 (zitiert: *Grziwotz*, Kaiserliche Notariatsordnung)
Gsänger, Johannes, Das Berufsrecht der Reichsnotarordnung vom 13. Februar 1937 und die Auswirkungen auf die Selbstständigkeit der notariellen Standesvertretung. Unter besonderer Berücksichtigung der Notare im Rheinland, Baden-Baden 2010 (zugl. Diss. Bonn 2009) (zitiert: *Gsänger*, Das Berufsrecht der Reichsnotarordnung)
Hagen, Albert Friedrich von, Die Reform der Advokatur in Deutschland und insbesondere in den altpreußischen Provinzen, Leipzig 1846 (zitiert: *v. Hagen*, Die Reform der Advokatur)
ders., Die Reform des Notariats in den altpreußischen Provinzen, Stendal 1863
Heckmann, Über die Neugestaltung des deutschen Notariats, DR 1933, S. 187 ff.
ders., Auf dem Wege zum reinen Notariat (ergänzte Version des in der Reichsnotarkammersitzung gehaltenen Vortrags), DNotZ 1935, S. 271 ff.
Hieber, Hans, Das Berufsbild des deutschen Notars, DNotZ 1952, S. 258 ff.
Hornig, Erich, Die Reichsnotarordnung, JW 1937, S. 777 ff.

Jastrow, Hermann, Formularbuch und Notariatsrecht, 11. und 12. Aufl., Berlin 1900 (zitiert: *Jastrow*, Formularbuch und Notariatsrecht)

Jonas, Die Reichsnotarordnung vom 13. Februar 1937, DNotZ 1937, S. 175 ff.

Josef, Eugen, Besprechung zu Lütkemanns Schrift „Anwalts-Notariat oder selbständiges Notariat", Zentralblatt für freiwillige Gerichtsbarkeit und Notariat sowie Zwangsversteigerung (ZBlFG) IX, S. 373 ff.

Kaufmann, Paul, Aus rheinischen Jugendtagen, Berlin 1921

Kersten, Fritz/Bühling, Selmar, Formularbuch und Praxis der freiwilligen Gerichtsbarkeit, 9. Aufl., Köln, Berlin 1957 (zitiert: *Kersten/Bühling*, Formularbuch und Praxis der freiwilligen Gerichtsbarkeit)

Kleensang, Michael, Zur Geschichte des preußischen Notariats im 19. Jahrhundert: Die Entstehung des preußischen Anwaltsnotariats und der „Verordnung und Tax-Ordnung für die Notarien in den Niederrheinischen Provinzen" vom 25. April 1822, in: *Rheinische Notarkammer/Verein für das Rheinische Notariat e.V.* (Hrsg.), Notar und Rechtsgestaltung. Tradition und Zukunft. Köln 1998, S. 633 ff. (zitiert: *Kleensang,* Zur Geschichte des preußischen Notariats, in: *Rheinische Notarkammer/Verein für das Rheinische Notariat e.V.* (Hrsg.), Notar und Rechtsgestaltung)

Klein, Adolf, Eine geschichtliche Einführung in die Lebenserinnerungen Christoph Wilhelm Henrich Sethes, in: *Klein, Adolf/Bockemühl, Justus* (Hrsg.), Weltgeschichte am Rhein erlebt. Erinnerungen des Rheinländers Christoph Wilhelm Henrich Sethe aus der Zeit des europäischen Umbruchs, Köln 1973, S. 9 ff.

ders., Hardenbergs letzte Reform – Die Gründungsgeschichte des Rheinischen Appellationsgerichtshofes, in: *Laum, Dieter/Klein, Adolf/ Strauch, Dieter*, Rheinische Justiz. Geschichte und Gegenwart. 175 Jahre Oberlandesgericht Köln, Köln 1994, S. 9 ff. (zitiert: *Klein*, Hardenbergs letzte Reform, in: *Laum/Klein/ Strauch* (Hrsg.), Rheinische Justiz)

Kockerols, Die Notariatsbezirke in Deutschland und Oesterreich, Straßburg 1897

Krüll, Franz Xaver, Prüfung einzelner Theile des bürgerlichen Rechts, Bd. 1, Landshut 1802

Kruse, Erwin, Richteramt und Advokatur. Ein Mahnwort, Leipzig 1897

Landsberg, Ernst, Die Instruktion der Preußischen Immediat-Justiz-Kommission für die Rheinlande von 1816, Zeitschrift für Politik 1913, S. 171 ff.

ders., Die Gutachten der Rheinischen Immediat-Justiz-Kommission und der Kampf um die rheinische Rechts- und Gerichtsverfassung 1814-1819, Bonn 1914 (zitiert: *Landsberg*, Die Gutachten der Rheinischen Immediat-Justiz-Kommission) *ders.*, Das rheinische Recht und die rheinische Gerichtsverfassung, in: *Hansen, Joseph* (Hrsg.), Die Rheinprovinz 1815-1915. Hundert Jahre preußischer Herrschaft am Rhein, Bonn 1917, S. 149 ff.

Lent, Das Reichsnotariat, DNotZ 1934, S. 637 ff.

Lombard, August, Ueber die bevorstehende Veränderung der Gesetze in den Königlich Preußischen Rheinprovinzen, Koblenz 1827 (zitiert: *Lombard*, Ueber die bevorstehende Veränderung der Gesetze)

Lottner, Friedrich August, Sammlung der für die Königl. Preuß. Rheinprovinz seit dem Jahre 1813 hinsichtlich der Rechts- und Gerichtsverfassung ergangenen Gesetze, Verordnungen, Ministerialrescripte etc., Erster Band, Berlin 1834 (zitiert: *Lottner*, Sammlung, Bd. 1.)

Lütkemann, Wilhelm, Anwalt-Notariat oder reines Notariat, DNotV 1909, S. 137 ff.

ders., Anwalts-Notariat oder selbständiges Notariat, 2. Aufl., Hannover 1910

ders., Eine Äußerung zu der „Denkschrift über Grundzüge einer landesrechtlichen Justizreform“ von Unterstaatssekretär Dr. Mügel-Berlin, Zentralblatt für freiwillige Gerichtsbarkeit und Notariat sowie Zwangsversteigerung (ZBlFG) XX, S. 33 ff.

Maunz, Theodor (Begr.)/*Dürig, Günter* (Begr.)/*Herzog, Roman* (Hrsg.) /*Scholz, Rupert* (Hrsg.), Grundgesetz, Kommentar, Bd. VII (Art. 104-146), München, 62. Lieferung, Stand Mai 2011

Meerkatz, H., Systematisches Handbuch der freiwilligen Gerichtsbarkeit nebst Formularen, 2. Aufl., Berlin 1847 (zitiert: *Meerkatz*, Systematisches Handbuch der freiwilligen Gerichtsbarkeit)

Meißner, Anwalts-Notariat oder selbständiges Notariat? Deutsche Rechtsanwalts-Zeitung 1908, S. 136 ff.; 1909, S. 7 f.

Menzen, Carl Degenhard (Hrsg.), Gesetz über das Grundbuchwesen und die Zwangsvollstreckung in das unbewegliche Vermögen im Geltungsbereich des rheinischen Rechts vom 12. April 1888, sowie Gesetz, betreffend die Vereinigung der Rechtsanwaltschaft und des Notariats im Geltungsbereich des rheinischen Rechts vom 13. April 1888. Nebst den amtlichen Materialien zur Erläuterung dieser Gesetze, Bonn 1888 (zitiert: *Menzen* (Hrsg.), Gesetz über das Grundbuchwesen)

Meyer, August, Die Notariatsordnungen von 1512 und 1871 als Beiträge zur Rechtssicherheit. Festschrift des Delegiertentages der österreichischen Notariatskammern anläßlich des hundertsten Jahrestages der Kundmachung der Notariatsordnung 1871, Salzburg 1971 (zitiert: *Meyer*, Die Notariatsordnungen von 1512 und 1871)

Meyer, Siegmund, Standesfragen angesichts der Zivilprozeßordnungs-Novelle, JW 1908, S. 506 ff.

Meyer, Ulrike, Die Abgrenzung von anwaltlicher und notarieller Tätigkeit beim Anwaltsnotar, Hamburg 2004 (zugl. Diss. Bielefeld 2004)

Mihm, Katja, Berufsrechtliche Kollisionsprobleme beim Anwaltsnotar, Bonn 2000 (zugl. Diss. Köln 2000)

Mügel, Oskar, Grundzüge einer landesrechtlichen Justizreform, Denkschrift dem Staatsministerium am 25. Januar 1918 vorgelegt, Berlin 1919

ders., Das Nur-Notariat, in: *Deutscher Notarverein* (Hrsg.), Festschrift für Hermann Oberneck, Halle (Saale) 1929, S. 3 ff.

Müller, Hans-Ulrich, Die Entwicklung des Notariats in Deutschland unter besonderer Berücksichtigung von Preußen, Diss. Halle-Wittenberg 1937 (zitiert: *Müller*, Die Entwicklung des Notariats in Deutschland)

Notariatsverein für Elsaß-Lothringen, Denkschrift betreffend die Mittel zur Erhaltung des selbständigen Notariats in Elsaß-Lothringen, mit Rücksicht auf den Entwurf des Ausführungsgesetzes zum Bürgerlichen Gesetzbuch in Elsaß-Lothringen, DNotZ 1898, S. 61 ff.

Oberneck, Hermann, Das Notariatsrecht der deutschen Länder insbesondere Preußens einschließlich des Kosten-, Stempel- und Steuerwesens, 1. bis 5. Aufl., Berlin 1925 (zitiert: *Oberneck*, Das Notariatsrecht der deutschen Länder)

Oesterley, Ferdinand, Das deutsche Notariat nach den Bestimmungen des gemeinen Rechts und mit besonderer Berücksichtigung der in den deutschen Bundesstaaten geltenden particularrechtlichen Vorschriften
Theil 1 – Geschichte des Notariats, Hannover 1842 (zitiert: Das deutsche Notariat, Bd. 1)
Theil 2 – Darstellung des geltenden Rechts, Hannover 1845 (zitiert: Das deutsche Notariat, Bd. 2)

Oesterreichischer Notarenverein (Hrsg.), Denkschrift über die Vereinigung des Notariates mit der Advocatie, Wien 1883

o. N., Ansichten und Wünsche der Bewohner der preussischen Rheinprovinzen bey der bevorstehenden Justizorganisation: mit dem Gutachten der Königlich-Preussischen Immediat-Justiz-Commission über das öffentliche und mündliche Verfahren im Civilprozesse, rheinländischen und altpreussischen Processtabellen und daraus gezogenen Folgerungen, Zürich 1827

o. N., Die Vereinigung der Rechtsanwaltschaft und des Notariats im Geltungsbereich des Rheinischen Rechts, Zeitschrift für das Notariat 1888, S. 41 ff.

Prischl, F., Advocatur und Anwaltschaft, Berlin 1888

Puchta, Wolfgang Heinrich, Über die Grenzen des Richteramts in bürgerlichen Rechtssachen, Nürnberg 1819 (zitiert: *Puchta*, Über die Grenzen des Richteramts) *ders.*, Entwurf einer Ordnung des Verfahrens in den Gegenständen der freiwilligen Gerichtsbarkeit, Erlangen 1824 (zitiert: *Puchta*, Entwurf einer Ordnung des Verfahrens)

Rausnitz, Julius, Der Entwurf eines Gesetzes über die Angelegenheiten der freiwilligen Gerichtsbarkeit. Ein Vortrag, gehalten im Berliner Anwalt-Verein, Berlin 1898

ders., Besprechung von *Lütkemanns* Anwaltsnotariat oder selbständiges Notariat, JurLitBl. 1909, S. 117 f.

Reibnitz, Ernst Wilhelm von, Versuch über das Ideal einer Gerichtsordnung, Theil 1 und Theil 2, Berlin 1815

Rösl, Georg Erhard, Das k. bayerische Gesetz vom 10. November 1861, das Notariat betreffend mit den Verordnungen über die Zahl, Sitze und Gebühren der Notare, den Tax- und Stempelgesetzen, der Vollzugs-Instruktion und einem Commentar, Nördlingen 1862 (zitiert: *Rösl*, Das k. bayerische Gesetz vom 10. November 1861)

Rotteck, Carl von/Welcker, Carl (Hrsg.), Das Staats-Lexikon. Encyklopädie der sämmtlichen Staatswissenschaften für alle Stände, durchaus verbesserte und vermehrte Auflage, Neunter Band, Altona 1847 (zitiert: *Rotteck/Welcker* (Hrsg.), Staatslexikon, Bd. 9)

Saage, Auf dem Wege zu neuem Notarrecht, DNotZ 1956, S. 4 ff.

ders., Der neue Entwurf eines Gesetzes über Maßnahmen auf dem Gebiete des Notarrechts, DNotZ 1958, S. 171 ff.

ders., Das neue Notarrecht, Beilage zum Bundesanzeiger Nr. 92 vom 16. Mai 1961

Sachs, Michael (Hrsg.), Grundgesetz, 4. Aufl., München 2007

Salzmann, Zum Reichsnotariat, DNotZ 1935, S. 7 ff.

Schack, Wilfried von, Zur bevorstehenden Neuordnung des Notarrechts, JR 1956, S. 161 ff.

Schieck, Helmuth, Der nationalsozialistische Notar, DNotZ 1934, S. 470 ff.

ders., Das Reichsnotariat, DJZ 1934, Sp. 704 ff.

Schlink, Das französisch-rheinische Notariat, Der Gerichtssaal, Jg. 2, Bd. 2, 1850, S. 46 ff.

Schmauß, Johann Jacob, J. J. Schmaussens Corpus Juris Publici S. R. Imperii academicum: enthaltend des Heiligen Römischen Reichs Grund-Gesetze, insonderheit die Gülden Bulle, den Land- & Religions- auch Westphälisch- & andere Frieden; die Cammer-Gerichts-Reichs-Hof-, Raths-Rothweilischen, Hof-Gerichts-Reichs-Hof-Cantzley-Cammer-Gerichts-, Cantzley- und andre Ordnungen; einen Auszug der Reichs-Abschiede, die Reichs-Matricul und neueste Wahl-Capitulation nebst verschiedenen andern Reichs-Schlüßen und Vergleichen, Leipzig 1774 (zitiert: *Schmauß*, Corpus Juris Publici)

Schottki, Rudolf, Die Ausübung der freiwilligen Gerichtsbarkeit durch die Gerichte und Notarien. Ein Beitrag zur Beantwortung des Justiz-Ministerial-Rescripts vom 23. März 1842, Breslau 1842

Schubert, Werner, Die deutsche Gerichtsverfassung (1869-1877). Entstehung und Quellen, Frankfurt am Main 1981

ders., Die vergeblichen Versuche Preußens und des Reichs, das Notariatsrecht zu vereinheitlichen (1868 – 1874), in: *Schuler, Peter-Johannes* (Hrsg.), Tradition und Gegenwart. Festschrift zum 175jährigen Bestehen eines badischen Notarstandes, Karlsruhe 1981, S. 159 ff. (zitiert: *Schubert*, Die vergeblichen Versuche Preußens und des Reichs, das Notariatsrecht zu vereinheitlichen, in: *Schuler* (Hrsg.), Tradition und Gegenwart)

ders. (Hrsg.), Entstehung und Quellen der Rechtsanwaltsordnung von 1878, Frankfurt am Main 1985

ders., Der Rheinische Provinziallandtag und der Kampf um die Beibehaltung des französisch-rheinischen Rechts (1826 – 1845), in: *Schulze, Reiner* (Hrsg.), Französisches Zivilrecht in Europa während des 19. Jahrhunderts, Berlin 1994, S. 123 ff. (zitiert: *Schubert*, Der Rheinische Provinziallandtag, in: *Schulze* (Hrsg.), Französisches Zivilrecht in Europa)

ders. (Hrsg.), Materialien zur Vereinheitlichung des Notarrechts (1872 – 1937), Entwürfe zu einer Reichsnotarordnung von Friedrich Adolf Ferdinand Kurlbaum (1872), von Eduard Graf (1876) und von Hermann Oberneck (1930) sowie Quellen zur Reichsnotarordnung von 1937, Köln 2004 (zitiert: *Schubert* (Hrsg.), Materialien zur Vereinheitlichung des Notarrechts)

ders., Geschichte des Notariats und Notariatsrechts in Deutschland, in: *Schmoeckel, Mathias/Schubert, Werner* (Hrsg.), Handbuch zur Geschichte des Notariats der europäischen Traditionen, 1. Aufl., Baden-Baden 2009, S. 203 ff.

Schubert, Werner /Regge, Jürgen (Hrsg.), Gesetzrevision

Bd. 9 – Zivilprozessrecht I und Justizverfassung, Halbband 1, Vaduz 1989 (zitiert: *Schubert/Regge* (Hrsg.), Gesetzrevision, Bd. 9.1)

Bd. 9 – Zivilprozessrecht I und Justizverfassung, Halbband 2, Vaduz 1989 (zitiert: *Schubert/Regge* (Hrsg.), Gesetzrevision, Bd. 9.2)

Bd. 11 – Zivilprozessrecht III und Justizverfassung: Novellen und Projekte (1833-1847), Teil 1, Vaduz 1991 (zitiert: *Schubert/Regge* (Hrsg.), Gesetzrevision, Bd. 11.1)

Bd. 11 – Zivilprozessrecht III und Justizverfassung: Novellen und Projekte (1833-1847), Teil 3, Vaduz 1991 (zitiert: *Schubert/Regge* (Hrsg.), Gesetzrevision, Bd. 11.3)

Schüler, Hans-Christian, Die Entstehungsgeschichte der Bundesnotarordnung vom 24. Februar 1961, Frankfurt am Main u. a. 2000 (zugl. Diss. Kiel 2000)

Schulze-Delitzsch, Hermann, Für das selbständige Notariat. Eine finanzpolitische Betrachtung, Hannover 1913

Schulze-v. Lasaulx, Hermann, Zur Entwicklung des Notariats in Hamburg, DNotZ 1961, S. 286 ff.

ders., Geschichte des Hamburgischen Notariats seit dem Ausgang des 18. Jahrhunderts, 2. erweiterte Aufl., Hamburg 1980 (zitiert: *Schulze-v. Lasaulx*, Geschichte des Hamburgischen Notariats)

Seidl, Franz, Die Entwicklung des Notariats in Deutschland, DRiZ 1959, S. 313 ff.

Senckenberg, Henrich Christian/Schmauß, Johann Jacob, Neue und vollständigere Sammlung der Reichsabschiede, welche von den Zeiten Kayser Conrads des II. bis jetzo auf den Teutschen Reichs-Tägen abgefasst worden, sammt den wichtigsten Reichs-Schlüssen, so auf dem noch für währenden Reichs-Tage zur Richtigkeit gekommen sind

Bd. II – Zweiter Theil derer Reichs-Abschiede von dem Jahr 1495. bis auf das Jahr 1551. Inclusive, Frankfurt am Mayn 1747 (zitiert: *Senckenberg/Schmauß*, Bd. II)

Bd. III – Dritter Theil derer Reichs-Abschiede von dem Jahr 1552. bis 1654. Inclusive, Frankfurt am Mayn 1747 (zitiert: *Senckenberg/Schmauß*, Bd. III)

Seybold, Franz von, Die Rückwirkung der bevorstehenden Reformen der Rechtspflege auf die Mitglieder des Advokaten-Standes, München 1857 (zitiert: *v. Seybold*, Die Rückwirkung der bevorstehenden Reformen)

ders., Die Verbindung des Notariats mit der Advocatur, Zeitschrift für das österreichische Notariat 1862, S. 175 ff.

Seyppel, Bernard, Gründe für und wider die Trennung der freiwilligen Gerichtsbarkeit von der Streitigen nebst einer Abhandlung über die Notarien, Niederrheinisches Archiv für Gesetzgebung, Rechtswissenschaft und Rechtspflege, Erster Band, Köln 1817, S. 321 ff. (zitiert: *Seyppel*, Niederrheinisches Archiv 1817)

Siegel, Max, Die gesammten Materialien zu der Rechtsanwaltsordnung vom 1. Juli 1878, Leipzig 1883

Siegeth, L., Die Rechtsanwaltsordnung vom 1. Juli 1878 mit ihren sämmtlichen Unterlagen (Allgemeine und besondere Begründung, Kommissions-Protokolle, Kommissionsbericht und Berathungen des Reichstages) nebst einem Anhang enthaltend A. die authentischen (bisher noch nicht veröffentlichten) Protokolle der Kommission des Reichstages für die Berathung der Rechtsanwaltsordnung; B. tabellarisches Verzeichniß der einzelnen Paragraphen der Rechtsanwaltsordnung; C. die Gebührenordnung für Rechtsanwälte, und einem ausführlichen Wort- und Sachregister, Pirna und Leipzig 1879

Sommer, Einiges über das Advokaten- und Notarienwesen in Preußen, Neues Archiv für preußisches Recht und Verfahren, sowie für deutsches Privatrecht 1843, S. 305 ff.

Ständige Deputation des Deutschen Juristentages (Hrsg.), Verhandlungen des Ersten Deutschen Juristentages, Berlin 1860 (zitiert: Verh. d. Ersten Deutschen Juristentages)

dies., Verhandlungen des Vierten Deutschen Juristentages,
Bd. 1, Berlin 1863 (zitiert: Verh. d. Vierten Deutschen Juristentages, Bd. 1)
Bd. 2, Berlin 1863 (zitiert: Verh. d. Vierten Deutschen Juristentages, Bd. 2)

dies. (Hrsg)., Verhandlungen des Neunten Deutschen Juristentages, Bd. 3, Berlin 1871 (zitiert: Verh. d. Neunten Deutschen Juristentages, Bd. 3)

Stranz, Josef, Deutschlands Anwaltschaft an der Schwelle des zwanzigsten Jahrhunderts, DJZ 1901, S. 357 ff.

Trusen, Winfried, Zur Urkundenlehre der mittelalterlichen Jurisprudenz, in: *Classen, Peter* (Hrsg.), Recht und Schrift im Mittelalter, Sigmaringen 1977, S. 197 ff.

ders., Notar und Notariatsinstrument an der Wende vom Mittelalter zur Neuzeit, in: *Kleineyher, Gerd/Mikat, Paul* (Hrsg.), Beiträge zur Rechtsgeschichte, Gedächtnisschrift für Hermann Conrad, Paderborn u. a. 1979, S. 545 ff.

Verein für das Rheinpreußische Notariat (Hrsg.), Denkschrift betreffend die Eingabe von Rechtsanwälten in den OLG Bezirken Düsseldorf und Köln zu dem Entwurf eines Gesetzes über Maßnahmen auf dem Gebiete des Notarrechts (BT-Drucksache Nr. 219/58), Köln 1959

Vogel, Wolfgang, Gemeinrechtliches Notariat, Diss. Bonn 1969

Vorstand der Anwaltskammer Köln, Gutachten über die geplante Vereinigung der Rechtsanwaltschaft und des Notariats im Geltungsbereiche des Rheinischen Rechts, DNotZ 1888, S. 27 ff.

Weber, Friedrich, Die Lage des deutschen Notariats angesichts der Einführung des BGB.s. Zugleich Bericht über die bisherigen Resultate der Bestrebungen des Deutschen Notariatsvereines, DNotZ 1898, S. 1 ff.

ders., Zuständigkeit und Organisation des Notariats in Bayern, Bayer. Not.-Ztg. 1899, S. 101 ff.

Weinrich, Alfred von, Zur Reform der deutschen Rechtsanwaltschaft. Nebst Anhang enthaltend einige Bemerkungen über Armenrecht und Gebührenwesen, Straßburg 1891
ders., Zur Enquête des preussischen Justizministers betreffend die Freizügigkeit der Rechtsanwaltschaft, Archiv für öffentliches Recht 1896, S. 1 ff.
ders., Die Trennung des Notariats von der Rechtsanwaltschaft und die Errichtung eines Reichsnotariats, Archiv für öffentliches Recht 1897, S. 405 ff.
Weiske, Julius (Hrsg.), Rechtslexikon für Juristen aller teutschen Staaten enthaltend die gesammte Rechtswissenschaft, Siebenter Band, Leipzig 1847 (zitiert: *Weiske* (Hrsg.), Rechtslexikon, Bd. 7)
Weisweiler, Wilhelm, Geschichte des rheinpreußischen Notariats
Bd. 1 – Die französische Zeit, Essen 1916 (zitiert: *Weisweiler*, Rheinpreußisches Notariat, Bd. 1)
Bd. 2 – Die preußische Zeit, Essen 1925 (zitiert: *Weisweiler*, Rheinpreußisches Notariat, Bd. 2)
ders., Gutachtliche Äußerungen über das Notariat, Köln 1921 (zitiert: *Weisweiler*, Gutachtliche Äußerungen)
Weißler, Adolf, Das preußische Notariat im Geltungsgebiete der Allgemeinen Gerichts-Ordnung. Unter Benutzung der gesetzgeberischen Vorarbeiten zu den beiden Gesetzen vom 11. Juli 1845 dargestellt, Berlin 1888
ders., Die Zukunft des Deutschen Notariats, DNotZ 1890, S. 167 ff.
ders., Die Umbildung der Anwaltschaft unter Friedrich dem Großen, Königshütte 1891
ders., Das Notariat der Preußischen Monarchie, Leipzig 1896
ders., Die Grundfragen des öffentlichen Urkundwesens, DJZ 1897, S. 136 ff. u. S. 158 ff.
ders., Reform der vorbeugenden bürgerlichen Rechtspflege in Oesterreich, Wien 1900
ders., Rechtsanwalt und Notar, DNotV 1907, S. 437 ff.
ders., Die Reichs-Notar-Ordnung, DNotV 1908, S. 589 ff.
ders., Statistik des preußischen Urkundwesens, DNotV 1910, S. 882 ff.
ders., Zur Geschichte des Preußischen Notariats, Freiburg (Baden) 1914
Wiedemann, Andreas Wolfgang, Preußische Justizreformen und die Entwicklung zum Anwaltsnotariat in Altpreußen (1700-1849), Köln 2003 (zugl. Diss. Marburg 2002) (zitiert: *Wiedemann*, Preußische Justizreformen und die Entwicklung zum Anwaltsnotariat in Altpreußen)
Wolpers, Carl, Das neue Reichsrecht. Die Stellung des Notars im neuen Staat, DNotZ 1933, S. 675 ff.
ders., Vom Ländernotariat zum Reichsnotar, DNotZ 1937, S. 170 ff.

Ziese, Zur Trennung von Rechtsanwaltschaft und Notariat, DNotV 1909, S. 339 ff.

RECHTSHISTORISCHE REIHE

Die nachfolgende Liste führt die Titel der "Rechtshistorischen Reihe" ab Band 300 auf. Eine vollständige Übersicht aller bisher in der Reihe erschienenen Bücher finden Sie auf www.peterlang.de.

Band 300 Jan Kohlmann: Der Marsch zu den Gräbern von Karl und Rosa. Geschichte eines Gedenktages. 2004.

Band 301 Christian Rainer Schlicht: Die kumulative Schuldübernahme in der Rechtsprechung des Reichsgerichts und in der zeitgenössischen Literatur. 2004.

Band 302 Hans Peter Glöckner: Positive Vertragsverletzung. Die Geburt eines Rechtsinstituts. 2006.

Band 303 João Manuel Azevedo Alexandrino Fernandes: Die Theorie der Interpretation des Gesetzes bei Francisco Suárez. 2005.

Band 304 René Funk: Die Wahlprüfung der volksgewählten Abgeordneten der Volksvertretungen im Frühkonstitutionalismus. Eine Untersuchung der Wahlprüfung in den Kammern der Abgeordneten des Großherzogtums Baden, des Königreichs Württemberg und des Großherzogtums Hessen. 2005.

Band 305 Carolin O'Sullivan. Die Ahndung von Rechtsbrüchen der Seeleute im mittelalterlichen hamburgischen und hansischen Seerecht (1301-1482). 2005.

Band 306 Martin Jürgens: Staat und Reich bei Ernst Rudolf Huber. Sein Leben und Werk bis 1945 aus rechtsgeschichtlicher Sicht. 2005.

Band 307 Florian G. Dürselen: Franz Beyerle (1885-1977). Leben, Ära und Werk eines Rechtshistorikers. 2005.

Band 308 Kai Bandilla: Urheberrecht im Kaiserreich. Der Weg zum Gesetz betreffend das Urheberrecht an Werken der Literatur und Tonkunst vom 19. Juni 1901. 2005.

Band 309 Stefan Mieth: Die Entwicklung des Denkmalrechts in Preußen 1701-1947. 2005.

Band 310 Catharina Lodemann: Die Geschichte des französischen *acte de gouvernement*. 2005.

Band 311 Christina Wicke: Kodifikationsbestrebungen und Wissenschaft in Hessen-Darmstadt im vorkonstitutionellen Zeitalter. Zu der Beteiligung der Gießener Rechtsprofessoren an den Gesetzgebungsarbeiten in Hessen-Darmstadt in der Zeit zwischen 1769 und 1820. 2005.

Band 312 Christiane Chlosta: Nur dem Gesetz unterworfen? Eine rechtsgeschichtliche Untersuchung zu Idee und Wirklichkeit richterlicher Gesetzestreue unter besonderer Berücksichtigung der Aufwertungsrechtsprechung und des richterlichen Prüfungsrechts. 2005.

Band 313 Kathrin Dirr: Hoheitsrechtliche Streitigkeiten zwischen den Kölner Erzbischöfen und der Stadt Köln auf Grundlage reichskammergerichtlicher Verfahren des 16. und 17. Jahrhunderts. 2005.

Band 314 Michael Racky: Die Diskussion über Gewaltenteilung und Gewaltentrennung im Vormärz. 2005.

Band 315 Petra Thiemrodt: Die Entstehung des Staatshaftungsgesetzes der DDR. Eine Untersuchung auf der Grundlage von Materialien der DDR-Gesetzgebungsorgane mit zeitgeschichtlichen Bezügen. 2005.

Band 316 Julius F. Reiter: Entstehung und staatsrechtliche Theorie der italienischen *Carta del Lavoro*. 2005.

Band 317 André Book: Die Justizreform in der Frühzeit der Bundesrepublik. Die Beratungen der Kommission zur Vorbereitung einer Reform der Zivilgerichtsbarkeit in den Jahren 1955 bis 1961. 2005.

Band 318 Frank Zentz: Das amerikanische Strafverfahren als Element der Besatzungspolitik in Deutschland. Erziehung zur Demokratie durch den *Court of Appeals* 1948-1955. 2005.

Band 319 Friederike Quaisser: Mietrecht im 19. Jahrhundert. Ein Vergleich der mietrechtlichen Konzeptionen im Allgemeinen Landrecht für die Preußischen Staaten von 1794 und dem gemeinen Recht. 2005.

Band 320 Stefan Burghard: Professor Dr. Wilhelm Kahl – Leben zwischen Wissenschaft und Politik. 2005.

Band 321 Günter Baranowski: Die *Russkaja Pravda* – ein mittelalterliches Rechtsdenkmal. 2005.

Band 322 Christina Schneider: Die SS und das „Recht". Eine Untersuchung anhand ausgewählter Beispiele. 2005.

Band 323 Werner Schubert (Hrsg.): Zivilprozessreform in der Weimarer Zeit. Quellen zur Emminger-Zivilprozessverordnung vom 13.2.1924 und zu den Arbeiten der Zivilprozesskommission des Reichsjustizministeriums (1922-1930). Eingeleitet und herausgegeben von Werner Schubert. 2005.

Band 324 Felix Gaul: Der Jurist Rudolf Isay (1886-1956). Ein verantwortungsbewusster Vermittler im Spannungsfeld zwischen dynamischer Rechtsschöpfung, ökonomischem Wandel und technischem Fortschritt. 2005.

Band 325 Konstanze Braun: Dr. Otto Georg Thierack (1889-1946). 2005.

Band 326 Eckart Klein / Stefan Chr. Saar / Carola Schulze (Hrsg.): Zwischen Rechtsstaat und Diktatur. Deutsche Juristen im 20. Jahrhundert. 2006.

Band 327 Stefan Botor: Das *Berliner Sühneverfahren* – Die letzte Phase der Entnazifizierung. 2006.

Band 328 Andreas Köhler: Die Sorgerechtsregelungen bei Ehescheidung seit 1945. Scheidungsstrafe und verordnete Gemeinsamkeit. 2006

Band 329 Lars Düwel: Die Nichtigkeit und Anfechtbarkeit der Ehe in der Rechtsprechung des Reichsgerichts zwischen 1900 und 1945. 2006.

Band 330 Katalin Polgar: Das Oberappellationsgericht der vier freien Städte Deutschlands (1820-1879) und seine Richterpersönlichkeiten. 2007.

Band 331 Julia Schweitzer: Schiffer und Schiffsmann in den Rôles d'Oléron und im Llibre del Consolat de Mar. Ein Vergleich zweier mittelalterlicher Seerechtsquellen. 2007.

Band 332 Diana-Catharina Kurtz: Das Institut der Adoption im preußischen Allgemeinen Landrecht und im französischen Code civil zwischen Rezeption römisch-rechtlicher Prinzipien und verändertem Familienverständnis. 2006.

Band 333 Dino Joakim Duderstadt: Spiel, Wette und Differenzgeschäft (§§ 762-764 BGB) in der Rechtsprechung des Reichsgerichts und in der zeitgenössischen Literatur. 2007.

Band 334 Ronald Hoffmann: Die Domänenfrage in Thüringen. Über die vermögensrechtlichen Auseinandersetzungen mit den ehemaligen Landesherren in Thüringen nach dem Ersten Weltkrieg. 2006.

Band 335 Joachim Windmüller: *Ohne Zwang kann der Humanismus nicht existieren...* – „Asoziale" in der DDR. 2006.

Band 336 Sven Christian Gläser: Die Mediatisierung der Grafschaft Wertheim. Der juristische Kampf eines kleinen Reichsstandes gegen den Verlust der Landesherrschaft und seine Folgen. 2006.

Band 337 Benjamin Schleyer: Friedrich Wilhelm Bornemann (1798-1864). Eine Juristenkarriere im Preußen des 19. Jahrhunderts. 2006.

Band 338 Die Reform des Ehescheidungsrechts von 1976. Quellen zum Ersten Gesetz vom 14.6.1976 zur Reform des Ehe- und Familienrechts (Parlamentarische Ausschussprotokolle – Anglikanische Denkschrift von 1966 zur Scheidungsrechtsreform – Schlussabstimmung 1969 in der Eherechtskommission des Bundesministeriums der Justiz). Eingeleitet und herausgegeben von Werner Schubert. 2006.

Band 339 Andreas Feld: Das Bayerische Gesetz zum Schutz des Eigentums an Erzeugnissen der Literatur und Kunst gegen Nachdruck vom 15.04.1840. Vorgeschichte und Zustandekommen. 2007.

Band 340 Bernd Wörner: Adelbert Düringers Einfluß als Richter am Reichsgericht in Leipzig auf dem Gebiet des Personengesellschaftsrechts. 2007.

Band 341 Jan Jelle Kähler: Französisches Zivilrecht und französische Justizverfassung in den Hansestädten Hamburg, Lübeck und Bremen (1806-1815). 2007.

Band 342 Jörn Eckert / Pia Letto-Vanamo / Kjell Modéer (Hrsg.): Juristen im Ostseeraum. Dritter Rechtshistorikertag im Ostseeraum 20.-22. Mai 2004. 2007.

Band 343 Ferdinand von Weyhe: A.E. Wassermann. Eine rechtshistorische Fallstudie zur „Arisierung" zweier Privatbanken. 2007.

Band 344 Martin Klaus Römermann: Kündigungen und Kündigungsschutz im Franquismus. 2007.

Band 345 Thomas Hoffmann: Der Landrechtsentwurf David Hilchens von 1599. Ein livländisches Rechtszeugnis polnischer Herrschaft. 2007.

Band 346 Ingo Ullmann: Die rechtliche Behandlung holsteinischer Leibeigener um die Mitte des 18. Jahrhunderts. Dargestellt unter besonderer Berücksichtigung der Schmoeler Leibeigenschaftsprozesse von 1738 bis 1743 sowie von 1767 bis 1777. 2007.

Band 347 Petra Fischer-Langosch: Die Entstehungsgeschichte des Familiengesetzbuches der DDR von 1965. 2007.

Band 348 Lasse O. Johannsen: Die rechtliche Behandlung ausreisewilliger Staatsbürger in der DDR. 2007.

Band 349 Ralf Schlottau: Deutsche Kolonialrechtspflege. Strafrecht und Strafmacht in den deutschen Schutzgebieten 1884 bis 1914. 2007.

Band 350 Hartwig Brandt / Ewald Grothe (Hrsg.): Rheinbündischer Konstitutionalismus. 2007.

Band 351 Nora Lutze: Der Verwandtenunterhalt nach den §§ 1601 bis 1603 und §§ 1610 bis 1612 BGB in der Rechtsprechung des Reichsgerichts. Unter Berücksichtigung der Entstehung des BGB. 2007.

Band 352 Frank Thiäner: Das Verhältnis von Aufsichtsrat und Abschlussprüfern in der rechtshistorischen Entwicklung bis 1937. 2007.

Band 353 Britta Heymann: Ernst Melsheimer (1897-1960). Eine juristische Karriere in verschiedenen staatlichen Systemen. Mitarbeiter im Preußischen Justizministerium in der Weimarer Republik, im Justizministerium Preußens und des Reiches sowie Richter am Kammergericht in der NS-Zeit und Erster Generalstaatsanwalt der Deutschen Demokratischen Republik. 2007.

Band 354 Susanne Adlberger: Wilhelm Kisch – Leben und Wirken (1874-1952). Von der Kaiser-Wilhelms-Universität Straßburg bis zur nationalsozialistischen Akademie für Deutsches Recht. 2007.

Band 355 Moritz Waibel: Josef Berchtold (1833-1894). Ein Leben gegen den Ultramontanismus. 2007.

Band 356 Aline Levin: Erinnerung? Verantwortung? Zukunft? Die Beweggründe für die gemeinsame Entschädigung durch den deutschen Staat und die deutsche Industrie für historisches Unrecht. 2007.

Band 357 Ferdinand Krause: Die hergebrachten Grundsätze des Berufsbeamtentums. Eine rechtshistorische Analyse. 2008.

Band 358 André Tiebel: Die Entstehung der Schutztruppengesetze für die deutschen Schutzgebiete Deutsch-Ostafrika, Deutsch-Südwestafrika und Kamerun (1884-1898). 2008.

Band 359 Holger Ruff: Sittenwidrige Rechtsgeschäfte in der späten Kaiserzeit. Die Entwicklung der reichsgerichtlichen Rechtsprechung zu § 138 BGB von 1900 bis 1914. 2007.

Band 360 Frank Rohrer: Strafjustiz im Dritten Reich und in der SBZ/DDR. Die personelle und organisatorische Neuordnung des Justizapparates in den totalitären Diktaturen (1933-1955) mit ihren Auswirkungen auf die Rechtsprechung zum politischen Strafrecht. 2007.

Band 361 Hans-Georg Knothe / Marc Liebmann (Hrsg.): Gerichtskultur im Ostseeraum. Vierter Rechtshistorikertag im Ostseeraum. 18.-20. Mai 2006 in Greifswald. 2007.

Band 362 Christina Meß: Das Vertragsrecht bei Adam Smith. 2008.

Band 363 Quellen zur dänischen Rechts- und Verfassungsgeschichte (12.-20. Jahrhundert). Herausgegeben von Ditlev Tamm, Werner Schubert und Jens Ulf Jørgensen. 2008.

Band 364 Günter Baranowski: Die Gerichtsurkunde von Pskov. 2008.

Band 365 Mark Spengler: Die Entstehung des Scheckgesetzes vom 11. März 1908. 2008.

Band 366 Ivan Biliarsky / Radu G. Păun (eds./éds.): The Biblical Models of Power and Law. Les modèles bibliques du pouvoir et du droit. Papers of the International Conference, Bucharest, New Europe College 2005. Actes du colloque international, Bucarest, New Europe College 2005. 2008.

Band 367 Thomas A. Roth: Ausgestaltungen der Rechtsfähigkeit im 19. und 20. Jahrhundert. Zur Rechtspersönlichkeit natürlicher Personen in den bedeutenden deutschen Zivilrechtsordnungen. 2008.

Band 368 Björn Alexander Rautenberg: Der Fiskal am Reichskammergericht. Überblick und exemplarische Untersuchungen vorwiegend zum 16. Jahrhundert. 2008.

Band 369 Thorsten Miederhoff: *Man erspare es mir, mein Juristenherz auszuschütten*. Dr. iur. Kurt Tucholsky (1890-1935). Sein juristischer Werdegang und seine Auseinandersetzung mit der Weimarer Strafrechtsreformdebatte am Beispiel der Rechtsprechung durch Laienrichter. 2008.

Band 370 Philipp Nordloh: Kölner Zunftprozesse vor dem Reichskammergericht. 2008.

Band 371 Judith Freund: Die Wechselverpflichtung im 19. Jahrhundert. 2008.

Band 372 Hans-Michael Empell: Gutenberg vor Gericht. Der Mainzer Prozess um die erste gedruckte Bibel. 2008.

Band 373 Rainer Schröder: Die DDR-Ziviljustiz im Gespräch – 26 Zeitzeugeninterviews. 2008.

Band 374 Christian Neschwara: Ein österreichischer Jurist im Vormärz. „Selbstbiographische Skizzen" des Freiherrn Karl Josef Pratobevera (1769-1853). 2009.

Band 375 Stefan Ullrich: Untersuchungen zum Einfluss des lübischen Rechts auf die Rechte von Bergen, Stockholm und Visby. 2008.

Band 376 Johanna Gertrude Schmitzberger: Das nationalsozialistische Nebenstrafrecht 1933 bis 1945. 2008.

Band 377 Christian Brom: Urteilsbegründungen im „Hoge Raad van Holland, Zeeland en West-Friesland" am Beispiel des Kaufrechts im Zeitraum 1704-1787. 2008.

Band 378 Christian Böse: Die Entstehung und Fortbildung des Reichserbhofgesetzes. 2008.

Band 379 Tobias Röhnelt: Timm Kröger. Leben und Werk. 2009.

Band 380 Andrea Elisabeth Sebald: Der Kriminalbiologe Franz Exner (1881-1947). Gratwanderung eines Wissenschaftlers durch die Zeit des Nationalsozialismus. 2008.

Band 381 Angela Kriebisch: Die Spruchkörper Juristenfakultät und Schöppenstuhl zu Jena. Strukturen, Tätigkeit, Bedeutung und eine Analyse ausgewählter Spruchakten. 2008.

Band 382 Nana Ozawa: Louis Adolphe Bridel – Ein Schweizer Professor an der juristischen Fakultät der Tokyo Imperial University. Die geschichtliche Bedeutung der Yatoi zur späten Meijizeit. 2010.

Band 383 Christian Weißhuhn: Alfred Hueck 1889-1975. Sein Leben, sein Wirken, seine Zeit. 2009.

Band 384 Andreas Hunkel: Eduard Dietz (1866-1940) – Richter, Rechtsanwalt und Verfassungsschöpfer. 2009.

Band 385 Meike Guskow: Entstehung und Geschichte der Europäischen Charta der Regional- oder Minderheitensprachen. 2009.

Band 386 Markus J. Jahnel: Das Bodenrecht in „Neudeutschland über See". Erwerb, Vergabe und Nutzung von Land in der Kolonie Deutsch-Südwestafrika 1884-1915. 2009.

Band 387 Matthias Günter Steiner: Die Klöster und ihr Wirken – eine der Wurzeln des Stiftungswesens? 2009.

Band 388 Cornelia Staats: Die Entstehung des Bundes-Immissionsschutzgesetzes vom 15. März 1974. 2009.

Band 389 Cai Niklaas E. Harders: Das Bundesjagdgesetz von 1952 sowie die Novellen von 1961 und 1976. Vorgeschichte, Entstehung des Gesetzes sowie Problemfelder. 2009.

Band 390 Matthias Pohlkamp: Die Entstehung des modernen Wucherrechts und die Wucherrechtsprechung des Reichsgerichts zwischen 1880 und 1933. 2009.

Band 391 Sebastian Baur: *Vor vier Höllenrichtern...* Die Lizentiats- und Doktorpromotionen an der Juristischen Fakultät der Universität Heidelberg. 2009.

Band 392 Christoph Salmen-Everinghoff: Zur *cautio damni infecti*: Die Rückkehr eines römischrechtlichen Rechtsinstituts in das moderne Zivilrecht. 2009.

Band 393 Till Meno Sellschopp: Der Weg zum Revokationsrecht der Ehegatten nach § 1368 BGB. Zugleich ein Beitrag zur Geschichte des ehelichen Güterrechts. 2009.

Band 394 Marc Biermann: Das Staatseigentum an öffentlichen Sachen im Gemeingebrauch in der ersten Hälfte des 19. Jahrhunderts. Die Theorie des reinen Hoheitsrechts an den öffentlichen Sachen von Rudolph von Jhering und Friedrich Ludwig Keller im Zusammenhang mit dem Baseler Schanzenstreit von 1859/62. 2009.

Band 395 Markus Tüxen: Kollegialprinzip oder Einzelrichter. Die Entwicklung des zivilrechtlichen Spruchkörpers bei den Landgerichten sowie den Oberlandesgerichten seit 1879 unter besonderer Berücksichtigung der Reformen von 1974 und 1976. 2009.

Band 396 Adam Polkowski: Die polnische Zivilprozessordnung von 1930/33. Unter Berücksichtigung des deutschen, österreichischen, russischen und französischen Rechts. 2009.

Band 397 Barbara Riedi: Die Porten der Unteren Strasse, ihr Ladungsrecht und der Strassenunterhalt. Rechtshistorische Betrachtungen zur Verkehrs- und Wirtschaftsgeschichte Graubündens. 2009.

Band 398 Stefanie Jessica Loroch: Zeitungsrubrik: Gerichtssaal. Strafprozessberichterstattung in Münster im 19. Jahrhundert (1848-1890). 2009.

Band 399 Dirk Henning Hofer: Karl Konrad Werner Wedemeyer (1870-1934). Ein Juristen- und Gelehrtenleben in drei Reichen. Eine Biographie. 2010.

Band 400 Thomas Simon (Hrsg.): Hundert Jahre allgemeines und gleiches Wahlrecht in Österreich. Modernes Wahlrecht unter den Bedingungen eines Vielvölkerstaates. 2010.

Band 401 Dörte Mentz: Die Beweislastumkehr in der Rechtsprechung des Reichsgerichts. 2010.

Band 402 Werner Schubert (Hrsg.): Oberster Gerichtshof für die Britische Zone (1948-1950). Nachschlagewerk Strafsachen – Nachschlagewerk Zivilsachen. Präjudizienbuch der Zivilsenate. Eingeleitet und herausgegeben von Werner Schubert. 2010.

Band 403 Yong Lei: Auf der Suche nach dem modernen Staat. Die Einflüsse der allgemeinen Staatslehre Johann Caspar Bluntschlis auf das Staatsdenken Liang Qichaos. 2010.

Band 404 Andreas Schwenk: Die Formbestimmung des § 313 BGB a. F. (§ 311 b Abs. 1 BGB n. F.) bei Verträgen über Grundstücke in der Rechtsprechung des Reichsgerichts. 2010

Band 405 René Schorsch: Eberhard Georg Otto Freiherr von Künßberg (1881-1941). Vom Wirken eines Rechtshistorikers. 2010.

Band 406 Ulrike Köbler: Werden, Wandel und Wesen des deutschen Privatrechtswortschatzes. 2010.

Band 407 Björn Florian Faulenbach: Rolle und Bedeutung der Lehre in der Rechtsprechung der Internationalen Gerichtshöfe im zwanzigsten Jahrhundert. 2010.

Band 408 Guangyu Fu: Das Causaproblem im deutschen Bereicherungsrecht. Eine rechtshistorische Untersuchung. 2010.

Band 409 Andreas Kimmelmann: Die Folter im Beweisverfahren der Leges Visigothorum. Chindasvinths Gesetzgebung im Spiegel der westgotischen Rechtsentwicklung. 2010.

Band 410 Jacqueline Schmaltz: Die Entwicklung der Industrie- und Handelskammern. Zwischen Pflicht und Kür. 2010.

Band 411 Hermann Nehlsen: Bayerische Rechtsgeschichte vom frühen Mittelalter bis zum 20. Jahrhundert. 2011.

Band 412 Kathrin Spoerr: Recht und Revolution. Deutsche Ökonomen und ihr Einfluss auf das Recht der Weimarer Republik – eine Zeitschriftenschau 1917-1920. 2011.

Band 413 Moritz von Köckritz: Die deutschen Oberlandesgerichtspräsidenten im Nationalsozialismus (1933-1945). 2011.

Band 414 Annika Lillemor Lara Rabaa: Die Ehe als Rechtsinstitut im Badischen Landrecht von 1810. Unter besonderer Berücksichtigung der gesellschaftlichen Entwicklungen im 19. Jahrhundert. 2011.

Band 415 Christian Hattenhauer / Klaus-Peter Schroeder (Hrsg.): 200 Jahre Badisches Landrecht von 1809/1810. Jubiläumssymposium des Instituts für geschichtliche Rechtswissenschaft der Ruprechts-Karls-Universität Heidelberg und der Heidelberger Rechtshistorischen Gesellschaft vom 23. bis 26. September 2009. 2011.

Band 416 Tobias Alexander Krammerbauer: Die Ministerverantwortlichkeit und die Vorformen sonstiger Verfassungsgerichtsbarkeit in Württemberg zwischen 1815 und 1918. 2011.

Band 417 Werner Schubert (Hrsg.): Quellen zur GmbH-Reform von 1958 bis zum GmbH-Änderungsgesetz von 1980. Eingeleitet und herausgegeben von Werner Schubert. 2011.

Band 418 Gisela Emling: Johannes Heckel. Leben und Wirken (1889-1963). 2011.

Band 419 Jochen Kirschbaum: Die Etablierung der Historischen Rechtsschule an der Ludoviciana (1814-1824). 2011.

Band 420 Sören Koch: Unaufgeforderte Hilfeleistung in Notsituationen. Eine rechtshistorische und rechtsvergleichende Studie zu den zivilrechtlichen Aspekten der Nothilfe mit besonderer Berücksichtigung des Rechts der Geschäftsführung ohne Auftrag. 2011.

Band 421 Friedrich Carl von Savigny: Die Prinzipienfragen in Beziehung auf eine neue Strafprozeß-Ordnung. Ausgearbeitet im Justizministerium für die Gesetzrevision. Eingeleitet und herausgeben von Werner Schubert. 2011.

Band 422 Stephan Faulwetter: Von der Zunft zur Handelskammer. Zur Entwicklung des Gewerberechts in thüringischen Staaten. 2011.

Band 423 Moritz Eisenhardt: Sanierung statt Liquidation. Die Geschichte des Vergleichs zur Abwendung des Konkurses unter besonderer Berücksichtigung der Vergleichsordnung von 1927 und 1935. 2011.

Band 424 Gerd Kleinheyer: Beiträge zur Strafrechtsgeschichte. Herausgeben von Franz Dorn, Mathias Schmoeckel und Jan Schröder. 2011.

Band 425 Ralf Maertens: Das Landgericht Altona (1879-1937) und die Anfänge des Landgerichts Itzehoe (1937-1945). Unter besonderer Berücksichtigung ihrer Tätigkeitsberichte und rechtspolitischen Stellungnahmen. 2011.

Band 426 Mark Friedrich: Ferdinand von Martitz (1839-1921). Rechtshistoriker, Staatsrechtler und Völkerrechtler zwischen dem Ende des Deutschen Bundes und dem Beginn der Weimarer Republik. 2012.

Band 427 Sebastian Krusche: Die Bundesrechtsanwaltsordnung vom 1. August 1959. Vorgeschichte und Entstehung. 2012.

Band 428 Marju Luts-Sootak / Sanita Osipova / Frank L. Schäfer (Hrsg./eds.): Einheit und Vielfalt in der Rechtsgeschichte im Ostseeraum. Unity and Plurality in the Legal History of the Baltic Sea Area. Sechster Rechtshistorikertag im Ostseeraum, 3.-5. Juni 2010 in Tartu (Estland) / Riga (Lettland). 6th Conference in Legal History in the Baltic Sea Area, 3rd-5rd June 2010 Tartu (Estonia) / Riga (Latvia). 2012.

Band 429 Margret R. I. Bootz: Die Hamburger Rechtsprechung zum Arbeitsrecht im Nationalsozialismus bis zum Beginn des 2. Weltkriegs. 2012.

Band 430 Heiko Zech: Die soziale Frage im Konkursrecht 1879-1900. 2012.

Band 431 Jan C. Lorenzen: Das Bundesnaturschutzgesetz vom 20. Dezember 1976. Die Entwicklung des Naturschutzrechtes in Deutschland von den Anfängen bis zur Neukodifikation des Bundesnaturschutzgesetzes von 1976. 2012.

Band 432 Ulrike Ingrid Bernhardt: Geschichte des Weinrechts im Deutschen Kaiserreich (1871-1918). Mit einem Überblick zur Vorgeschichte und Weiterentwicklung bis zur Gegenwart. 2012.

Band 433 Elisabeth Otto: Das Verwaltungsrecht in der SBZ / DDR bis zur Verwaltungsneugliederung im Jahr 1952. 2012.

Band 434 Werner Schubert: Zur Geschichte der Justizverfassung in Schleswig-Holstein im 19. und 20. Jahrhundert. Quellen und Studien. 2012.

Band 435 Stefan Ellenberg: Herrschaft und Reform. Zur Diskussion um die Aktienrechtsreform und den Konzern in der Weimarer Zeit. 2012.

Band 436 Jasmin Sonntag: Gesetzgebung und Verwaltung im Dalbergstaat 1802-1810. 2012.

Band 437 Martin Komusiewicz: Die Diskussion um das Verhältnis von Rechtsanwaltschaft und Notariat seit dem Ende des 18. Jahrhunderts bis zum Erlass der Bundesnotarordnung. 2012.

www.peterlang.de

Stefan Haeder

Die Neuordnung des Zugangs zum Anwaltsnotariat in Deutschland

Frankfurt am Main, Berlin, Bern, Bruxelles, New York, Oxford, Wien, 2009.
XXXVI, 387 S., 2 Tab.
Beiträge zum nationalen und internationalen öffentlichen Recht. Bd. 13
Herausgegeben von Burkhard Schöbener
ISBN 978-3-631-59354-7 · geb. € 68,95*

Die Dissertation hat im Wesentlichen verfassungs- und europarechtliche sowie rechtspolitische Fragen zum Gegenstand, die sich aus dem Gesetzentwurf des Bundesrates betreffend die Neuordnung des Zugangs zum Anwaltsnotariat vom 8. Dezember 2006 ergeben. Sie umfasst darüber hinaus neben einem rechtsvergleichenden Blick in die Schweiz auch einen Abriss der geschichtlichen Entstehung des Anwaltsnotariats in seinem derzeitigen deutschen Verbreitungsgebiet und setzt sich mit den geltenden Berufszugangsregelungen und Alternativlösungen auseinander.

Aus dem Inhalt: Entscheidung des Bundesverfassungsgericht vom 20. April 2004 zum Zugang zum Anwaltsnotariat und ihre Auswirkungen · Entwurf eines Gesetzes zur Änderung der BNotO vom 8. Dezember 2006 und Alternativen · Geschichte des Zugangs zum Anwaltsnotariat · Zugang zum Notariat für Anwälte in der Schweiz

*inklusive der in Deutschland gültigen Mehrwertsteuer. Preisänderungen vorbehalten

www.ingramcontent.com/pod-product-compliance
Ingram Content Group UK Ltd.
Pitfield, Milton Keynes, MK11 3LW, UK
UKHW021853290926
8980IPUK00005B/802

9 783631 625958